《证券时报》/ 券商中国 / 程大爷论市

百万粉丝热捧的财经专栏作家**最新力作**

第 2 季

假如炒股是一场恋爱

程峰 著

羊城晚报出版社
·广州·

图书在版编目（CIP）数据

假如炒股是一场恋爱 / 程峰著. —广州：羊城晚报出版社，2018.1

ISBN 978-7-5543-0513-3

Ⅰ. ①假… Ⅱ. ①程… Ⅲ. ①股票市场—研究 Ⅳ. ①F830.91

中国版本图书馆CIP数据核字（2017）第303727号

假如炒股是一场恋爱
Jiaru Chaogu Shi Yichang Lianai

策划编辑	谭健强
责任编辑	谭健强　王志娟
特邀编辑	汤　佳　李桂芳
责任技编	张广生
装帧设计	友间文化
责任校对	杨　群
出版发行	羊城晚报出版社
	（广州市天河区黄埔大道中309号羊城创意产业园3-13B　邮编：510665）
	发行部电话：（020）87133824
出版人	吴　江
经　销	广东新华发行集团股份有限公司
印　刷	佛山市浩文彩色印刷有限公司（佛山市南海区狮山科技工业园A区）
规　格	787毫米×1092毫米　1/16　印张21.75　字数410千
版　次	2018年1月第1版　2018年1月第1次印刷
书　号	ISBN 978-7-5543-0513-3
定　价	55.00元

版权所有　违者必究（如发现因印装质量问题而影响阅读，请与印刷厂联系调换）

序一

Preface

我眼中的"大爷"程峰

一、青城之夜

  2015年3月12日,这是一个春寒料峭的初春夜晚,在青城山下一个诗一般的客栈里,与一个从广州远道而来的好兄弟一起,畅聊文学和文化。聊到李白杜甫,感叹1400年前的那些唐宋大家们,是如何写出令人荡气回肠、奔放豪迈的诗歌;聊到现代的余光中、席慕蓉,感叹他们是如何写出那样温婉动人、催人泪下的思乡诗文。聊到上个世纪80年代初期的朦胧诗派和北岛、舒婷、芒克,聊到伤痕文学、寻根文学,那些改革开放初年的优秀诗人们是如何把人生的艰辛和希望,熬成一盅浓汤,端给我们细细品尝。最后聊到现在浮躁的俗世、诗歌的荒漠、文化的堕落……突然间一时无语。

  时间仿佛凝固,空间陷入沉寂。小小的四合院青砖古瓦,古老的川西坝子深处传来声声犬吠,远处青城山群峰,在一片黛色中,如水墨画般向天际缓缓铺开,茶杯里青城毛尖的香气慢慢飘散……

  "伟哥,我给你写一首诗吧。"良久。兄弟望着我说。

  "现在?为什么?"我一脸的不解,也有一点受宠若惊。

  "因为在你和我的心里,永远在孕育着春天。"他说着打开苹果手机的"备忘录",手指疾速在屏幕上划动起来。十分钟后,一气呵成。

一个男人孕育的春天——赠李伟

在一页日历的敏感部位
你精心地种下标记——
"今日立春"
有偏差的预产期
雪花却跑了几千里
贴在窗玻璃上
看你
触摸春天的胎动

你领着一群落叶
在草地上
慢跑
无数扑腾的翅膀
练习风中飞翔
最后
只有柳絮飞起来了
像一首儿歌

你早早地脱掉了棉衣
向花田敞开心扉
樱花避而不见
桃花闪烁其词
跑得最远的是紫云英
她们热爱乡间的小路

唯有蜜蜂是最谦卑的孩子

他们忙碌了一天
只为低声下气地赞美

你的好名声
像油菜花
铺满了春天

读了一遍又一遍，一个字一个字地咀嚼，泪流满面。

我明白，他这首诗，不仅仅是写给我的，也是写给他自己的，也是写给那些一直在与现代社会浮躁的、一味拜金拜物的俗世风气抗争着的人们。

我的这个好兄弟，就是程峰。华泰证券广州营业部的总经理。

二、诗人程峰

在外界看来，搞证券研究和分析的，都是一帮只知道分析金融市场数据和股票K线图并以此赚钱谋生的人。他们单调乏味得如同电脑上运行的股票分时图，生活了无情趣，无暇附庸风雅，不读文学诗歌，更遑论做文作诗了。

也许多数证券研究者和职业投资人确实如此。眼里除了各种各样的数据表格、各种各样的图形K线，便没有了其他；每天除了纠结于盘面的波动起伏，盘点于账户的亏损盈余，对其他事物便了无兴趣。

但是，在充斥着枯燥数据和表格图形的证券行业里，也有不少文人才子。程峰就是证券行业里文人才子的典型代表。

我曾经在我的微信朋友圈里这样描述他："峰兄是华泰证券广州老总，中国最老资格的证券牛人，谁能料想一个每天与枯燥K线和盘面万千红绿数字打交道之人，竟然是大文人，情感细腻如绢丝，纷扰世界在他眼中竟然变得如此的美和柔！"

在研究证券和管理证券公司营业部之余，程峰这些年写了大量优美的诗歌。他的诗歌意境优美、思维跳跃奔放、表现形式不拘一格。很多在常人眼里完全不足道的点滴事物，经过他意象化的表达，往往化腐朽为神奇，让人浮想联翩、拍案叫绝！

这一年

雨季被一把油纸伞遮盖
春天在草尖上发芽
鸟鸣被谁的翅膀打开
好让杏花住进春风的笑靥里
桃花潭水太深
腌制上好的诗词歌赋
而你的相思太浅
藏不住江南的一丝烟雨

烈日赶走了雷暴的敲诈
你涉过积水
索回被爱情掠走的平静
月亮的银壶重新斟满了露水
干杯吧
我陪你饮尽这漫天的繁星
村庄带着七分醉意
半裸热烈的夏夜
我们用萤火虫交谈到天亮

这卑微的收成
只需要一棵矮小的苹果树
就可以回报日月的光辉
甜中带酸的味觉

享尽生活的恩典
像苹果爱上羞涩
秋天爱上高远
红叶爱上寂寞
你爱上
这哭不出来的浪漫

一场大雪已经抹去了所有的遗憾
雪花还在努力飞舞
直到整个世界干净得
像母亲的怀抱
万物不再有色彩之分
品格却高下立见
那么多纷扰的日子
起初被白雪覆盖
后来
被你的脚印涂改
并重新定义为：去年

  一首描写从春天到冬天、季节流转、时光流逝的诗歌，程峰竟然用一个又一个异常细小的、美丽的意象，柔情地、感激地、怀念地写了出来，油纸伞遮盖的雨季；春天竟然在草尖上发芽；杏花住进了春风的笑靥；江南的一丝烟雨也藏在了你的相思里；陪你饮尽漫天繁星；用萤火虫交谈到天亮；大雪抹去了遗憾；你的脚印涂改了纷扰的日子，而且重新定义为去年……全诗写尽过去的一年春夏秋冬、时光无情流逝，但是在诗歌中，却没有遗憾、没有哀叹、没有伤感，也没有惋惜，只有对岁月的感恩和对未来生活的柔情。

  这就是诗人程峰的柔情。没有对生活的无限热爱，没有对生活体贴入微的观察和感知，是没有办法写出这样的诗句和意境来的。

程峰曾经出了一本诗歌和散文集《程大爷的朋友圈》。那书里的文字，仿佛就是一粒粒珍珠。在每一个细雨霏霏的日子里，在花园里泡一壶茶，点一支烟，在竹叶青的氤氲中，细细品味那一首首小诗和一篇篇散文，真有一种无我的境界了。

三、证券人程峰

诗人程峰，其实他的职业生涯却一直和资本市场相联结。早在上个世纪90年代中期，程峰就已经是证券界赫赫有名的研究分析人员和证券培训师了。听老联合（早前的联合证券）的人经常给我讲：程峰在老联合，是全公司最有影响力的证券培训大师，讲课时神采飞扬，旁征博引，拥有铁粉无数。

程峰不仅写诗，在股票和期货领域，都出版过多部专著。

我觉得，最为关键的是：一个能把对最枯燥无味的证券市场的研究分析，用像散文和诗歌一样的文法和笔法写出来，是绝对不多见的。这两年，程峰在《券商中国》的微信公众号上写专栏《程大爷论市》，他每一期的文章，围绕一个资本市场的主题，然后以天马行空、旁征博引、诙谐幽默的写法，迷倒无数读者，也为《券商中国》带来无数铁粉，这些人就是奔着程峰来的。这些本该归为金融和资本市场的文章，在写资本市场的同时，文章里透露出对人性、人心、社会的深刻关注和人文情怀，力透纸背，读后让人为之动容。

仅举一例，"程大爷论市"第68期的文章标题是《双重标准大行其道：当人们说股市的时候他们到底在说什么？》。

文章开始，程峰就描写了每一次从喧嚣的大都市回到交通闭塞、手机信号差、全是泥土道路的陆水湖畔的故乡的美好心情。他写道："满眼所见，皆是青山碧水，一路上，看清风徐来，芦苇丛中悠然起落的白鹭，藏在茂林修竹中与世无争的砖瓦房，那份出世的旷达，油然而生。"

然而，当他听说陆水湖现在建起了一座横跨湖中的公路大桥时，便不高兴了，他担心过于便利的交通，会毁了小村庄的宁静。

然而，当他中秋节回到陆水湖，在跨湖大桥上遇到了一个背着沉重编织袋的老人，老人细说这桥对他们的好处、出山的方便，而且感激政府修了这桥时，作者写道："望着老人佝偻的背影，我不禁为自己之前的想法感到羞愧，突然意识到了这是一种不自觉的自私。"

接着，作者用一个小标题"把道德装在手电筒里，只照别人不照自己"，开始了对股市各种不正常现象的批判："人们强烈呼吁上市公司不能只生不死，应该严格退市制度，却又飞蛾扑火般去买铁定退市的欣泰；人们呼吁严厉打击市场的内幕交易，却又四处打听有什么内幕信息可以赚一把快钱。"

程峰的证券文章就是这样，居然把对跨湖公路大桥的看法和股市的这些奇怪现象，巧妙无缝地联结起来了，而且充满了人心人性的道德自省和人文关怀！

所以，看程峰的证券文章，实在是一种阅读的快乐和思想的享受。

四、兄弟程峰

其实，对于朋友们来说，大家都不在乎他什么诗人、文人、证券分析专家之类的头衔。朋友们更在乎的是：他是一个乐观、活泼、真诚、充满正能量的好兄弟。

就我自己来说，这么多年里，和这一些人擦肩而过，又和另一些人狭路相逢；对多数的人而言，日日近咫尺，心却天地远，对不多的另一些人来说，身在千里远，时时在心间。程峰就是属于"时时在心间"的真正的兄弟和朋友。

与程峰一起，我们这一帮兄弟和朋友，每每相聚，或喜笑怒骂，或吟诗作乐，或神侃股市，或小赌怡情，完全就是孩童一般的嬉戏打闹、恣意随心。人生之纯真顽劣，此时尽显无遗。如果不是最无猜和知心的朋友，何能如此。我为有这样的兄弟和朋友而幸运！

其实，很多时候我都在想，人的生命其实就是一个过程，追求过程中的快乐和精彩，不就是短暂人生的全部意义吗？

我很感谢在追求人生的精彩过程中，有如程峰这样的一群好兄弟！

感恩的心，感谢有你！

《每日经济新闻》执行总编辑、研究院院长　李伟

序二

Preface

"恋爱"中的程大爷最可爱

总有一些事情让人回想起来觉得不可思议,"券商中国"微信公众号在过去两年多的飞速发展就是其中一个典型例子。

2015年4月初,我们开始全力运作券商中国微信号,作为向新媒体突破的一个尝试。从时机上来说,并不算很好,这只能说是搭新媒体的末班车。然而,在证券时报机构部小伙伴们的共同努力下,券商中国在财经媒体中的影响力迅速扩大,抢占了一席之地。两年多就能成长为拥有百万粉丝的财经公众号,这在创号初期是完全预料不到的。没有任何成绩是轻易获得的,券商中国的成长过程坎坷而曲折。有一句富有哲理的话:简单的事重复做,你就是专家;重复的事用心做,你就是赢家。在过去没有节假日的数百个日子里,我们确实尽心尽力了:一篇又一篇有影响力的新闻,一个又一个有创意的活动,凝聚了小伙伴们无数的心血。

正是靠这种坚持与专注的劲头,券商中国获得越来越多的粉丝认可,得到了许多让人感动的鼓励与帮助。其中,与券商中国契合度最高的非程大爷莫属。截至目前,影响力越来越大的"程大爷论市"已经刊出了100多期,总字数接近一百万。作为财经专栏文章,"程大爷论市"的每篇文章在券商中国上的阅读量都有数万,在同类文章中排名十分靠前。去年,集结了"程大爷论市"专栏精华文章的第一本书——《假如炒股是一种修行》一经发行,就被抢购一空。这些成就的背后是程大爷无数辛苦的汗水付出。现在,程大爷的第二本书《假如炒股是一场恋爱》也如期推出市场了。

究竟是怎样的程大爷，才能将炒股与恋爱联系起来呢？炒股如修行，修行是个人的事，一个人一日三省吾身，把炒股当作修行，多少还是有些主观成分在里面。而炒股如恋爱，恋爱是两个人的事，有交流有互动，有相互牵制和相互促进，这就要求面对股市，除了个人修行，更要关注对方的要求，才能实现长久的陪伴。我理解到，程大爷之所以抛出这样一个题目，确实是他自己早已经深深恋上了股市、恋上了财经评论。为了写好专栏，程大爷要随时关注财经领域的重大新闻，了解清楚来龙去脉，思考每个新闻背后的深刻逻辑；同时，他还买了大量书籍来进行深层次阅读，对每个思考进行反复论证。正是他这种一丝不苟的态度、坚持不懈的精神，才让这个专栏具有强大的生命力——内容新鲜又颇具代表性、观点理性而深刻、见解独到令人受益良多。

例如，在专栏中，程大爷创造性地提出，可以将人工投顾与智能投顾融合成一个新物种叫作"智神投顾"，就是赋予智能投顾以人文精神，将人工（自然人）投顾与智能投顾融合，而非替代。他认为，一旦智神投顾时代来临，财富管理的基本法则将会发生这样的变化：第一，情感比专业重要；第二，态度比聪明重要；第三，有趣比正确重要；第四，友谊比收益重要。这四个结论将来应该会逐步被市场所认可。

关于学习巴菲特，程大爷调侃：我大A股友学习巴菲特的投资经验主要还是为了实现个人的财富梦，而且大部分人都期待着能够一夜暴富。在他看来，巴菲特与芒格代表的价值投资理念是一种人生态度而非投资方法，是投资之道而非投资之术。道是通过修炼而达到的一种境界，只是跑去打打酱油，吃吃牛排是没有用的。因此，他认为，如果只是去学习投资之术而非投资之道，那跟暴发户去普陀山烧香拜佛的意义是一样的，都只是出于纯功利的目的，能有什么效果呢？最多获得一种"我被股神开过光"的心理暗示，既不是一种自我修炼，更不可能因此悟道成佛了！最后，他深情地劝告：修炼不是一劳永逸的，它是一辈子的功课。

……

在程大爷笔下，我们可以看透很多证券市场现象的本质，了解这个市场成长的艰难与期待，对中国经济未来发展充满更多的信心。因此，特别感谢程大爷这两年多的辛苦付出，让我们体会到坚持也是一种力量的深刻含义。

假如炒股也是一场恋爱，那么，"恋爱"中的程大爷，这次也会给大家带来更多惊喜，这时候的程大爷也最可爱。

《证券时报》编委　刘兴祥

目录
Contents

论风篇

人在股市飘，谁在接飞刀　/2

久经沙场，明枪暗箭一路趟过，视死如归的气概就这样被打磨出来了。说A股是个"英雄"辈出的地方，亦不为过，你看看，还真有飞刀铁棍飞来，毫不畏惧，勇敢地把自己的头迎上去的。

假如炒股是一场恋爱　/8

炒股与恋爱之间的关系，最早出现在一句深入人心的经典股谚之中——不要跟股票谈恋爱！这多少受了"人一旦坠入爱河智商也将会随之跌停板"这个"恋爱定律"的误导。

曾经的"不死鸟"，如今的"不死心"　/15

扭曲人性的闹剧之所以会反复上演，不可一概归咎于某些人"三观"不正，以如此不严肃的态度对待神圣的婚姻，热衷于房子的投机炒作，一夜暴富的企图心不死，节操碎了一地。

骗子如何骗了一群爱动脑筋的聪明人　/21

如果跟股市中的各种骗子相比，其他各种骗子便都是小巫见大巫了。

当然，也许根本无人能够统计出每年发生在资本市场中的各类骗局骗走了股民多少钱。

金字塔底端的经纪业务如何才能成功逆袭　/ 32

　　外表风光，内心沧桑，这差不多就是金融从业人员的真实写照。那群穿西装打领带经常从城市中心的甲级写字楼里鱼贯而出的帅哥美女，没准正是被大家亲切地称为金融民工的证券从业人员呢。

当人们说股市的时候他们到底在说什么　/ 39

　　这已然成为一种惯性思维方式，用双重标准来评判事物的是非曲直，事不关己的时候人人都是道德模范，一旦触及自己利益却又锱铢必较，比触及灵魂还难。义愤填膺、振振有词、泪流满面，这些都掩饰不了内心的虚伪与矫情。

房子太贵，股票太累，回到山洞最实惠　/ 46

　　市场控盘主力就是一群假正经，当女郎肚脐露得太多了，就赶紧跑过去让她把舞衣往上提一点，盖住肚脐。可是，当他发现，如果舞女把肚脐全遮住，市场的激情就一下子全没了，没办法，只好又放任露脐装往下滑。

不谈楼市的策略分析师不是一个好中介　/ 52

　　今年楼市确实是一个刷存在感的好秀场，无论是房地产行业分析师，还是首席经济学家、策略分析师，都在争先恐后地带着股民去"看楼"，各式看似专业的分析很是唬人，什么长周期短周期，什么理性繁荣非理性繁荣，煞有介事。

估值相差已超5倍，为何让人着迷的是房子却不是房地产股　/ 60

　　股票市场的剧烈波动以及长期存在的各种一股独大、造假、操纵、内幕交易、承诺失信等乱象，让人们很难重拾对股市的信心，而房子看得见摸得着，成了他们能够理解、可以控制的切实可行的投资。

假如巴菲特参加新财富分析师投票，他会把第一名投给谁　/ 67

　　21世纪的中国资本市场，研究咨询行业的发展趋势与娱乐业渐行渐近，就快要接轨了。有网友戏言，卖方只有三种分析师，即新财富第一、新财富上榜、新财富未上榜。

论花篇

拿着垄断的牌子，过着竞争的日子　/76

不得不承认，券商一直都是一个毁誉参半的行当，跟房地产行业差不多，被羡慕嫉妒恨，被妖魔化，一说起资本脱实向虚，矛头指向的便是房市与股市。

妖股的坐庄公式　/82

你是大股东，你具有影响力，你考虑问题的底线就不是"不犯法"这样肤浅，你还有义务与责任在那里。

美国大选早有剧本，特朗普从特离谱到特靠谱只用了7个小时　/89

让人无语的是，历史又重演了曾经的荒唐。这一次川普获胜，全球金融市场的第一反应就是恐慌，A股快速跳水的时候，除了黄金股全线上涨之外，一只名为川大智胜的A股接近涨停，望文生义，被冠以川普概念。

压垮乐视的最后一根稻草是什么　/96

颇有讽刺意味的是，生态正在成为一个垃圾桶，相关不相关的垃圾都在往里扔。以往，我们把企业缺乏战略规划，胡乱布局，东打一枪西打一枪却找不到有突出优势的主营业务这样一种糟糕状态称为不相关多元化。这下可好了，自从贾布斯发明了"生态"这个美妙的词汇，不相关多元化反而成了一种时尚。

看懂了"小马云"的脸，看不懂A股的心　/106

正如塔勒布所言，不管我们的选择有多复杂，我们多擅长支配运气，随机性总是最后的裁判，我们仅剩的只有尊严。
甚至，尊严也是随机的。

股市用"一根线"把人分成两类　/114

是什么让散户与大户之间的差距越拉越大呢？答案是，一根平均收益率曲线，短期（比如一年内）大户与散户的投资收益率分布可能表现出随机性，但是长期来看，大户的收益率大多在线上，散户的投资收益率大多在线下。

"妖精"是怎样炼成的 / 123

  险资应该强化社会责任感和企业公民意识，做价值投资者，做股市"稳定器"，而不是拿别人的钱去做投机性举牌的"带头大哥"，不分青红皂白地参与优质上市公司的控股权争夺战，扰乱企业的正常经营秩序，给实体经济带来负面影响。

信仰是战胜脆弱性的武器 / 131

  从熔断机制实施第一天就将市场熔断从而创造了全球熔断机制一个新纪录开始，我们就与"黑天鹅"结下不解之缘，然后离岸人民币汇率闪崩，英国脱欧，特朗普当选，美股创历史新高，国内国债期货跌停，年末出人意料的"钱荒"再现，感觉金融市场快要成黑天鹅湖了。

上帝会宽宥那些私刻萝卜章的人吗 / 137

  资本市场，总是习惯以江湖规矩摆平上不了台面的丑事，息事宁人，牺牲一个，救下一群。带来的后果就是，以后大家大胆启用萝卜章，反正不出事暴利装自己兜里，捅娄子有大佬出面讲数，损失算别人的，利润是自己的，最后变成"出来混，总是只有一个人要还的"，有暴利而无风险，难怪游走于灰色地带打擦边球的所谓"金融创新"会风起云涌层出不穷。

坐庄套路从股市玩到了王菲演唱会 / 145

  坐庄炒作这种模式，发轫于金融市场，但是，这种"一本万利"的赚钱技术很快就被"聪明人"推陈出新，跨越金融市场的边界，向生活的各个领域蔓延：从二手房屋到姜、蒜、绿豆等农产品，从苹果手机到各种门票，天下大势，无非就是一个"炒"字。

论雪篇

梦想家在仰望星空，实干家已迈开双脚 /152

　　目前，很多国内企业沉迷于营销策划与资本运作，精力都用在玩虚的东西上，却从来不注重研发，而是大量山寨抄袭，搞短平快。投机取巧式的成功学只是误导人们把成功之"术"当成"道"，久而久之，浮躁浮夸乃至胡说大行其道。

老板们押注的不是乐视前途，而是韭菜们执迷不悟的信念 /161

　　村上春树在一本书中写道，说谎是非常令人讨厌的勾当。不妨说，说谎与沉默是现代人类社会中流行的两大罪过。

坐在炉火旁打盹的父母们，是时候考虑一下财富传承的问题
　/168

　　假如，你没有什么房子与金融资产等财产传承给孩子，那么，恭喜你，你就继续安心打盹吧，无须为此费神！当然，你丰富的人生经验这些宝贵的精神财富还是得找时间传承给孩子们，精神财富的最大优势是，无论泡沫有多大，基本上都不用担心它会崩盘，此外，它大概率是永久免税的！

在一个错误的时间醒来，不仅孤独，而且危险 /176

　　讲效率的人都爱抄近路，但是，浪漫的人偏爱把直路走弯。以快乐优先的原则，假如有时间，我就爱自己跑去菜场买菜，按自己的爱好做吃的，然后，去电影院看场电影。看到烂片我就打会儿瞌睡，不骂娘；看到好电影，触动我了，思考一下，然后分享给朋友。

商业的最高境界是娱乐业 /184

　　正是由于全能自恋，大咖们往往会认为自己就是宇宙的中心，就是神一样的存在，所以，我咋说都有道理，你们都会听得津津有味，我可以正话反说，反话正说，不管怎样胡说八道，你们都会拿它们当"语录"。

大师不可怕，就怕大师有文化　　/193

中国股票市场二十多年的发展历程，一路有形形色色的"大师"相伴。"大师"盛行，装神弄鬼，总不见停歇，说明了两个问题，一是市场浮夸之风已然成为常态，二是投资者心态浮躁为"大师"提供了群众基础。

散户抱怨大股东减持：为何我的心痛竟是你的快乐　　/199

什么样子的股民能成为极少数的赢家？情绪波动率低的人，简而言之，就是那个表情平静的人。你可以看到他，在涨的时候，比别人少一点点贪婪；跌的时候，比别人少一点点恐慌；任何时候，比别人多一点点理性。

财富金字塔尖上的王卫如何保持内心的平衡　　/206

人生有百分之九十九的东西你都控制不了，只有一个百分点你可以掌控，那就是做事的态度。这个态度都有两面，究竟是采取积极的态度还是消极的态度，是接受正念还是邪念，由你自己来决定。

二股东有想法，大股东没办法　　/215

人心不足蛇吞象，说的是人类欲望的永无止境。对于已经实现财务自由的人来说，金钱所制造的满足感呈现出边际效应递减趋势，当钱已经多到几辈子都花不完的海量之后，财富已经不能带来完整的幸福感了。与此同时，对其他比钱"高尚"得多的东西，比如名分与权力的欲望就与日俱增了。

高房价面前，基金经理年薪百万也得认怂　　/225

假如买套房就像买部手机那么简单，那就真没必要为一套只是付了首期的房子跟前妻死磕了，即使恩断情绝，估计也不会如此撕破脸皮。

论月篇

头上那片瓦不是给你住的，它叫作金融产品　/234

　　也许是被"房形幽灵"伤害太深，有位网友竟然总结出了人生三大臆想：国足会赢、房价会跌、股市会涨。真是世事无绝对啊，有一种黑天鹅叫"正向黑天鹅"，恍惚之间，人生三大臆想就落实了三分之二，惹得屌丝们开始改变信仰，仿佛又找回了人生的意义。

是真的吗？每一个天真无脑的日子都是愚人节　/245

　　高送转以前都是新年行情的神器，神器一出，啪啪打板，简直屡试不爽。为了感谢股民朋友长期的默默奉献，给股民实实在在的回报，许多公司每年都照例祭出神器，遗憾的是，使了这么多年，狼牙棒都磨成搅屎棍了，终于很不好使了。

一场人与机器的虐恋　/254

　　事实证明，人类在自己所处的"井"里，始终还是"中心"。现在去忧虑机器人会不会控制人类，就像担心火星上会塞车一样，还是有一点儿早吧？

股票二级市场会消失吗　/262

　　资源自动优化配置了，市场成为有效市场，机器交易者是完全理性人，价格发现没有盲区，交易过程离开黑匣子，信息完全对称……那么，这样的未来，股票二级市场还需要吗？期货市场还有存在价值吗？外汇市场怎么玩下去了？

总有一只股票让你泪流满面　/271

　　要取得成功的投资，先人一步、更多的努力等等都不是最重要的，投资需要的是更加敏锐的思维即洞察力，这也是马克斯投资哲学的核心理念——第二层思维。不过，训练洞察力和提高身高一样，都不是一件轻而易举的事。值得庆幸的是，我们并不奢望成为大师，而是成为可持续的成功投资者。

我们都是这个时代的股市病人 /280

  除了贪婪与恐惧这两个心理因素之外，还有一个重要的因素就是，人们有容易放弃逻辑、历史和规范的倾向。这种倾向使得人们愿意接受任何能让他们致富的可疑建议，只要这个建议能够自圆其说就行。

投资就是一个不断在岔口选路的过程 /288

  从一个较长的时间尺度去看，在A股市场上，投资与投机并不是两个对立的存在，都有取得成功的范例。

去奥马哈不如去关帝庙，我们对巴菲特的误解原来这么深 /297

  我越来越觉得，我大A股友对巴菲特的崇拜有点变味道了。这么多年来，对巴菲特的疯狂已经演变成一种潮流和时尚，说真的，有几个大A股友从他和芒格的身上学到了炒股赚钱的绝招？又有多少人甚至连巴菲特投资理论都没有兴趣了解多一点，只是人云亦云凑热闹而已？我开始为人们这样去学习巴菲特感到担心。

成功交易者如何捕捉第六感觉发出的买卖信号 /307

  有时候，市场风平浪静波澜不惊，就算在这样的市道中，也会有人突然出现莫名的心悸和不安，就像利弗摩尔当年看见联合太平洋铁路的股票那样，感觉就是有哪儿不对劲又说不出原因。这说不定就是你的潜意识里感受到了某种不利的因素并且向你发出了信号。

菩萨太忙了，暂时顾不上股票的涨跌 /315

  宗教在解决人们精神渴求方面有一定的积极作用。

后记 读程大爷论市的三种心情 /325

假如炒股是一场恋爱
LUN FENG PIAN

论风篇

人在股市飘，谁在接飞刀

久经沙场，明枪暗箭一路趟过，视死如归的气概就这样被打磨出来了。说A股是个"英雄"辈出的地方，亦不为过，你看看，还真有飞刀铁棍飞来，毫不畏惧，勇敢地把自己的头迎上去的。

江湖上有一段流传至今的谚语：武功再高，也怕菜刀；技术再好，难敌圈套。说的是别人不按套路出牌，不按规则行事，出阴招使暗器，你就只有吃亏上当的份，跟武功高低没啥关系。

具体到A股这个神奇的地方，吃亏上当的次数多了，大家反而觉得无所谓，更有一种宿命般的自嘲：久在股市飘，怎能不挨刀？常在股市混，怎能不挨棍？好像不受点伤害就白来了股市一趟似的。

久经沙场，明枪暗箭一路趟过，视死如归的气概就这样被打磨出来了。说A股是个"英雄"辈出的地方，亦不为过，你看看，还真有飞刀铁棍飞来，毫不畏惧，勇敢地把自己的头迎上去的。

*欣泰上演刀尖下的"韭菜人生"

这不，即将永别A股市场的*欣泰复牌后，当市场普遍预测它会从14.55元的位置以无量连续跌停板的方式结束自己的上市公司生涯之时，它却让一众专家学者机构小散们的眼镜片瞬间碎了一地，人家不仅有量，而且，第一个跌停板就成交了4008万元，换手率达到3.39%，接盘侠全然不顾47万手的卖单泰山压顶，"欣"安理得，"泰"然自若，这个让人觉得无比晦涩难懂的盘面语言，掷地有声地"反驳"了关于退市*欣泰一文不值的价值判断。

*欣泰的"出色"表现果然引发了各个方面的关注，私募大佬们纷纷发表评论，惊呼这些刀口接盘的人不是傻子就是疯子，作为投资者的基本理性都已经丧失了。

随后又有媒体报道称，在第一个跌停板买入*欣泰的散户是误把它当作了新股申购，其中大部分是被诈骗短信误导了。

于是，欣泰电气晚间特地发了一个公告：*欣泰于2016年7月12日收到投资者咨询，询问其手机收到短信称今天可申购新股，代码为"300372"，是否属实。公司在此特别澄清：300372为公司股票代码，而非新股申购代码，请投资者注意投资风险。公司股票将于2016年7月13日上午停牌半天，下午复牌。

然而，更奇怪的事情发生了，7月13日上午停牌半天后，*欣泰下午成交依然活跃，不顾49万手的卖单压在跌停板线上，买盘视死如归，坦然接盘，于是，半天成交了3821万，换手率3.59%，盘中甚至还有20万股的大买单出现。事实证明，说是散户因误会而买入的理由牵强附会啊！

看到这样的场景，有位投行界大咖惊呼，强烈建议有关部门把这几天参与交易的小散户全部找出来，把这次投资损失对人生的影响拍一部投资者教育片，起名《刀尖下的韭菜人生》。

接着，一位投资界的大佬跟帖，干脆，就让跌停来得更猛烈些吧！关于*欣泰有十万个为什么，我就只问一个为什么：为什么不直接退市算了还要复牌交易？难道直接毙了会便宜那些造假的恶人，改用每个交易日来一个刀割一样的跌停板，"凌迟"处死，这样可以多折磨他30个交易日，让作恶者"不得好死"？

可能还有人至今都还没搞明白，怎么会有一个名叫*欣泰的"怪兽"出现在A股呢？

这个看起来非驴非马，古灵精怪的"怪兽"并不是来自外太空，而是一家曾用名为"欣泰电气"的上市公司，因"整形手术"失败，毁容了。

停牌一个半月之后，欣泰电气欺诈上市终于有了处罚结果。证监会新闻发言人张晓军称，对欣泰电气欺诈发行正式作出行政处罚，启动强制退市程序。欣泰电气退市后将不得重新上市，发行人股份将被采取冻结或限制减持措施。除对相关人员处以罚款外，对欣泰电气董事长温德乙、总会计师刘明胜采取终身证券市场禁入措施，终身不得从事证券业务或担任上市公司董事、监事、高级管理人员职务。

就这样，欣泰电气或将成为中国证券市场首家因欺诈发行被退市的上市公司。

对这样一个"不堪"结局，温老板倒是一副死猪不怕开水烫的态度，说是自己事前并不清楚公司将要被强制退市，但心里也有准备。由于身背6.26亿元债务，公司退市后，将不得不走破产程序。由此可见，一家造假上市的公司，不在市上，就在"地狱"，公司名字前加一颗钻石*，比死刑犯名字上打个X还要凶险，钻石恒久远，一颗就破产呀，后人要切记。

就是这样一个被宣判"死刑"的退市股，却让诸多股民不听劝阻，继续奋不顾身地伸手去接"飞刀"，这种非理性行为把各大券商急坏了。

几乎所有券商都如临大敌地为一只即将退市而连续跌停板的股票提示风险，这种事情在A股历史上，还真是第一次，这样的"殊荣"给了*欣泰，因为它是动真格的退市制度下第一个一退到底的上市公司，如此"高规格"的待遇，也算是配得上当初它为上市花费的苦心呀。

各大小券商动用了短信、网站公告、客户端公告、电话回访等几乎所有渠道，只为了提醒客户，爱惜生命，远离*欣泰。

各个券商经纪业务部门忙着风险提示，与此同时，不少券商的IT技术团队甚至正在评估和尝试研发出针对所有退市股票的"交易端强制风险提示"，然而，由于"交易端强制风险提示"在技术方面运算容量大，需条件筛选，在进行条件筛选时可能会导致交易体验变差，使原本流畅的操作出现卡顿甚至系统崩溃，是否运用这一技术手段，也让经纪业务口的高管们踯躅再三，举棋不定。

如此高规格强密度的风险提示竟然没有取得明显效果，7月14日，仍告跌停的*欣泰成交金额仍达2455万元，换手率2.56%，封在跌停板的卖单增加至50万手，继续超出市场预期。

7月15日，*欣泰成交金额1584万，换手率1.84%，高达52万手的卖单冰冷地压在9.55元的跌停板价上。

至上周五收盘，复牌交易仅仅四天的*欣泰，总成交金额达到了令人咋舌的1.19亿元，而换手竟然高达11.37%，也就是说，有那么一些人豪掷亿元去打水漂，到底图个啥呢？

于是，有网友歪评说，如果你爱一个人，带他去买*欣泰吧，他会就此金盆洗手；如果你恨一个人，也带他去买*欣泰吧，他会从此倾家荡产。

连交易所都说恢复上市的概率是零，这四天来，敢于持续地在跌停板上用真金实银接盘一堆废纸，这是要有多大的勇气才能痛下决心啊？

对于为何*欣泰在确定将强制退市的情况下，仍有众多买单出现，观众好奇又百思不得其解。

不是不知道有风险，而是，明知故买。你不得不承认，这个世界上，总有那么些可爱的人儿，他们天生就是跟钱有深仇大恨。

接盘侠的11个猜想

何人买入？为何买入？

程大爷经过一晚上的案头数据研究加上冥思苦想，终于有了惊人的发现。

原来，接盘侠就是他们：

第一，大头虾们。

误以为是新股申购，这里既有骗子的短信误导，也有股民的粗心大意。把*欣泰看成N欣泰，不假思索就把钱扔进了火炉。

第二，集邮爱好者。

作为第一家直接被退市且不得再次上市的公司，A股历史上目前唯一被冠以*号的股票，对集邮爱好者来说，是个不可多得的稀缺纪念封，买入一张作为见证历史的纪念品，今后跟别人吹牛时，就是个本钱。

第三，股市文青。

对人世间所有的生离死别都怀着"感时花溅泪，恨别鸟惊心"的不忍，一只两个月前还活蹦乱跳的"成长股"就这样离我们而去了，而且还是永别。一想到后会无期，本来就多愁善感的股市文青，心碎得，哎哟，捧出来都是饺子馅了，只恨手机屏幕太厚，不能与*欣泰抱头痛哭一场。虽说不能拯救其于跌停板的苦海，但买一手当作长亭外古道边送别时的礼物，还是舍得的。

第四，花钱赎罪的某个骗子。

*欣泰造假上市，坑人无数，但是，参与其中的骗子们早就赚得盆满钵满。欣泰电气2014年1月27日上市，当初发行价为16.31元，去年最高价炒到63.67元，其间涨幅惊人。

面对成千上万的散户被关门打狗，前几年赚到大钱且成功套现的某个大佬，忽然良心发现。再加上最近神州大地，雷雨交加，台风龙卷风神出鬼没，做了亏心事的某大佬半夜常被屋外的炸雷惊醒，遂决定以伸手接刀的方式，把以前从欣泰电气上赚到的亏心钱还回一部分给市场，以此来完成心灵的自我救赎，然后，踏踏实实地睡个安稳觉。

第五，急于解套的机构。

有可能是深度套牢的机构在以对倒制造交易量的方式来吸引散户的注意力，为后期的"开板"出逃作准备。

第六，股市佐罗。

专干劫富济贫的活儿，用病毒软件潜入某些股票大户的账户，盗卖部分其他股票并买入*欣泰。由于每个账户买入的量都不大，涉及的资金量占比微不足道，让大户误以为是新股上市，不屑一顾。

第七，股市陈光标。

看到大家都被关在里边，他那颗慈善的心颤抖不停，于是，掏出手机，在不同券商的App上总共开了20个股票账户，并从家里搬来1亿现金，怀着悲悯的心，慢慢买入。

第八，股市王海。

听说兴业证券准备了5个多亿的先行赔付资金，出于职业习惯，知假买假，然后打印好交易账单，就等*欣泰一退市，就启程前往，打假索赔。

第九，如假包换的傻子。

"博傻"成瘾，又不听劝告，坚信"越不让我买越说明是好东西所以我越要买"这个奇怪的A股真理。以前他都是对的，咸鱼都翻身了，可惜，*欣泰这条咸鱼，已经被晒成鱼干了。

第十，自虐狂。

以自残的方式获得一种变态的快感，由于对生活失去了信心，跳楼又缺乏

> 久在股市飘，怎能不挨刀？
> 常在股市混，怎能不挨棍？

勇气，只好用毁灭财富的方式，惩罚自己。

第十一，炫富者。

从不以赚钱为交易目的，倒是对富二代之间的斗富比赛颇为上瘾，上周二他们相约一起去炒股，看到*欣泰一字跌停，花名"渔民老公"的富二代幸灾乐祸地说，多大事啊？不就是一堆钱被烧了吗？说着就从钱包里抽出几张百元大钞，用打火机点燃，然后再点燃了叼在嘴里的古巴雪茄。

只见绰号"股民老公"的富二代用眼角扫了一下"渔民老公"手中燃烧殆尽的百元大钞，掏出手机，打开股票账户，轻描淡写地买入了20万股*欣泰。

假如炒股是一场恋爱

炒股与恋爱之间的关系，最早出现在一句深入人心的经典股谚之中——不要跟股票谈恋爱！这多少受了"人一旦坠入爱河智商也将会随之跌停板"这个"恋爱定律"的误导。

翻开今年的流年运程一看，发现八月是个好月份呢，诸事皆宜，最宜恋爱、举牌以及打排球，不过，也有一样不宜，就是容易戴绿帽，所以，颜值偏低的男星要特别小心。

在这样的运程之下，里约奥运会上中国女排势不可挡地火了，万科A出人意料地红了，唯独王宝宝同学义无反顾地绿了。

女排夺冠振奋人心，于是，有人说A股要加油哦，要学女排精神，要咬牙坚持，不轻言放弃，愈挫愈勇，勇创新高。

女排夺冠的当天是周日，于是乎，主要财经媒体在推出的"影响下周股市走势的13大消息"中都把女排夺冠列为重大利好，好像周一不拉根长阳就对不住郎平女神似的。

其实，咱大A股倒是从来不缺世界冠军的。不信你看看，地产股大多数都学得不错，万科的市值，已经是地产行业的世界冠军了，尽管如此，险资没有骄傲自满，而是选择了乘胜追击，百尺竿头，纷纷跃起，高举铁榔头，强力举牌。

再看看我们创业板，市盈率和市净率一直是世界冠军，把美国甩老远了，比乒乓球在国际上的优势还要明显。

当然，咱们大A股的优势项目还不止这些，比如说，我们随便派出一个股票指数，即便是最笨重的上证指数去参加奥运会的话，拿下10米板的跳水冠军照说也如囊中探物，分分钟的事儿。

所以，学习女排精神，还是要找到切入点。程大爷认为，最关键的一点就是要学习女排姑娘们超强的自我情绪控制能力，面对困难与挫折，临阵不乱，有章法。

"有章法"这一点，说起来容易，做起来却难。不说普通人，就算是公众人物，也不一定领悟得了其要领，比如王宝宝同学，面对老婆与经纪人的双重背叛，急火攻心，一口气没憋住，冲冠一怒为绿帽，就多少乱了套路，半夜三更在微博里高高跃起，扣球，出手迅猛，动作潇洒，获得观众一阵阵喝彩与掌声，但是，很遗憾，球被对方拦网成功了，老婆反过来跑去法院把宝宝同学给告了。哎呀，看似宝宝的必胜之局，因为被冲动激坏了的脑子，没章法，陡然增加了许多变数。

王宝宝的绿帽故事让许多人唏嘘不已，同情者有之，嘲笑者有之，更有好事者替宝宝沙盘模拟，预测这狗血剧情接下来该如何演绎。

自从宝宝自曝惨戴绿帽的那个深夜开始，各式评论与感慨就开始席卷朋友圈，也有不少富于想象的股民朋友将宝宝的恋爱婚姻与股票投资相联系，总结归纳出不少经验教训，貌似感触颇深。

于是，有一位热心读者很是激动地要求程大爷也写点什么，他说，人家付出如此惨痛代价，都戴绿帽了，你却没有受到启发，拜托，你就不要如此冷漠好不好？

如果王宝宝需要从女排姑娘们身上学习如何管理好自己情绪的经验的话，那么，A股投资者则需要从王宝宝一地鸡毛的恋爱与婚姻故事中吸取教训。

需要吸取什么教训呢？

炒股与恋爱之间的关系，最早出现在一句深入人心的经典股谚之中——不要跟股票谈恋爱！这多少受了"人一旦坠入爱河智商也将会随之跌停板"这个"恋爱定律"的误导，所以，这么多年来，咱们A股股民实践着"不要用情太深，以便随时抽身而行"的投资理念，练就了一身广交天下"逢场作戏"的过硬本领。

然而，也有人会用情专一，不仅跟股票恋爱了，还结婚了呢。例如，股神巴菲特与可口可乐的"恋情"穿越了半个世界，再例如，万科A的铁杆"小股东"刘元生，自从买入万科之后，20年过去了，从来没有卖出过一股，不过，当年的400万已经变成了如今的30亿！

反观那么多"逢场作戏"的高手们，看似机灵，戏演得也很热闹，结局大都是繁华过后成一梦。

也有人会哭诉，我当年以48元天价开盘就买了中石油，9年过去了，只剩7元，却从没卖出。人生能有几个9年啊，我痴心错付，一场虐恋，空留"问君能有几多愁，恰似满仓持有中石油"的喟叹。

可见，不是要不要跟股票恋爱的问题，而是，选择什么样的股票去恋爱，许多时候，不是你的态度，而是你的选择决定了最终命运。

因为怕受伤害，所以就不去恋爱，那么，就会与神仙眷侣有缘无分，注定会孤独一生。

同样，因为怕买错了股票就不敢长期持有股票，那又会像猴子掰玉米那样，与价值牛股失之交臂。

再说了，在目前这个流动性泛滥的环境下，优质资产如此稀缺，不跟股票恋爱，那跟谁谈去？难道还是继续去追房地产这个"万人迷"？举目望去，我们的选择真的不太多。

既然如此，如何才能在跟股票的这一场恋爱中，少受欺骗，不受伤害，并且最终修成正果呢？

第一，没有最好，只有最合适。

有句广告词说得非常好：只选对的，不选贵的。

如果人生就是一个不断断舍离的过程，那么，最关键的选择只有几次，跟谁恋爱结婚，这样的重大决定很显然就是其中之一了。

世界首富比尔·盖茨有一次接受记者采访时，被问到他一生中最聪明的选择是什么？他说既不是创建微软也不是做一个慈善家，而是，选择了一个合适的人结婚。

持同样看法的还有盖茨的好朋友股神沃伦·巴菲特，他谈及自己人生中最重要的决定，不是去做一笔金额庞大的投资，而是，选择跟什么人结婚。

难怪巴菲特会永远让人仰望又难以被模仿，股神的成功不是人们所相信的

"绝招"，而是，工夫在股市之外，善于选择才是这些商业天才共同的特质。

每个人的天赋不同，性情各异，不可能所有人都用完全相同的方法去做投资。选股票跟选择对象的相似之处就是，你得选择跟你投缘，气场相通，命理相合的对象去交往，不要赶潮流随大溜，适合别人的，不一定适合你，说得粗俗一点儿就是，什么人玩什么鸟，不要去觊觎你驾驭不了的东西，那个不是你的。

世界这么大，总有一只股票适合你，也总会有一种投资的方法适合你。

第二，品质是最高的颜值。

有人说成功的投资和成功的婚姻都只需要做对一件事：找一个好人，然后，自己做一个好人。

能在投资的马拉松赛跑中最终胜出的往往正是这样的人：找到一个好股，然后坚持持有它。

现实生活中，却很少人有这样的智慧，帅哥美女伴身，不仅能满足感官需要，还能体现身份的尊贵，虚荣心得到极大的满足。于是，颜值成了一种估值标准。

人们需要颜值来满足虚荣心，尤其是颜值偏低的人，会更加看重颜值，自己缺啥就特别想补啥，这就是一种补偿心理。

细心观察就会发现，股票市场的投资者，也普遍存在这种补偿心理。文化程度偏低的投资者，更加热衷于炒作一些他们完全不懂的高科技概念股，他们言必称VR、AR、石墨烯、量子通信、人工智能之类涂脂抹粉的玩意儿，生怕别人看低自己。你要是跟他谈茅台、伊利、云南白药之类一眼就能看得清真实面目的传统企业，他会表现出极为不屑。

所以，古人说，娶妻当娶贤，当然，嫁夫也要嫁贤，所谓男财女貌的登对婚姻，有善终者少，王宝宝的遭遇，殷鉴不远。

股神说，选股当重质，热衷于概念炒作者，其心态与以貌取人无异。

由此可见，不管跟人还是跟股票谈恋爱，品质绝对是第一个需要考察的要素。

因为，美貌只是稍纵即逝的噱头，品质才是永恒不变的价值。

12 | 假如炒股是一场恋爱

　　一开始就盯着别的东西的人，很容易被一些没有太多价值的花哨的噱头所误导，要知道，人生中的许多事，开错了头，就像扣错了衬衣的第一颗纽扣，接下来就会一错到底。

　　第三，绿帽不怕戴，只要摘得快。

　　A股的颜色就像男人的帽子，都特别忌讳绿色。

　　谁也不能保证自己的选择不会错，事实上，不管你如何谨慎选择，出错都是一个概率事件。

　　所以，炒股与恋爱，还需要理性地处理那些已经发生的错误选择，要有止损的智慧。

网友们对王宝宝打算马上摘掉绿帽的行动多数表示赞赏。不过，从来冲动都是魔鬼，摘帽之前，没有把损失降到最低，看起来还是不够理性，没有章法，有位网友对王宝宝的遭遇深表同情，很有创意地指出王宝宝的反义词是郎咸平！我也不知道这个比郎平还多一字的教授打排球是不是也很厉害，反正，据说他跟女人打官司那可是相当的厉害。

同样是关于房子的事，王宝宝在国内的好几套房子据说都登记在老婆及岳母名下，宝宝声称要摘掉绿帽，家里的门锁随即被换，名副其实被扫地出门，连换洗衣服都没来得及拿，最后有家不能回，天天住在剧组。法律人士分析，由于房产不在王宝宝名下，因此，如果没有法院的相关裁定，宝宝在案件宣判前可能要继续在外"漂泊"。

这是止损操作不当，把自己套住了。宝宝确实应该跟郎教授讨教几招，专家就是专家，不服不行啊。

第四，耳听为虚，眼见为实。

炒股与恋爱，最难分辨的是真真假假的甜言蜜语，最难逃脱的是如梦似幻的桃色陷阱，多少英雄豪杰，最终被迷魂汤灌醉，失去了判断能力，莫名其妙地犯糊涂。

昨晚读到这个关于狮子、狐狸和兔子的寓言，颇受启发。"好消息"没准就是一个进得去出不来的狮子洞。另外，在一个险恶的环境里，胆子小可能才是活下去的理由。"进洞"之前，要三思呀，搞不好就会成为狮子和狐狸的盘中餐。

话说狮子觉得每天去追逐猎物太累，但是，不尽力奔跑就会饿肚子，所以每天不管刮风下雨，还是得四处出击抓捕各种动物。有一天，狮子逮住了一只狐狸，狐狸向来以狡猾闻名于丛林，他一下子就看穿了狮子的心思，于是故作镇定地说，"狮子大王，你别吃我。我能帮助您坐在家里就可以吃到您想吃的各种动物！"

于是，丛林股吧里就传出这样一个内幕信息：这头母狮子丧偶多年，现在老了，倍感孤独。感觉时日不多，临死前想找一个雄性动物做个伴儿（恋不恋爱也就算了），唠唠嗑，挠挠痒，条件是顺便传授捕猎绝活，并承诺今后把丛林中最敞亮的山洞和董事长的位置一并传给他。有动物亲眼看见狐狸每天都守在狮子床边，可见，狐狸真如传闻所说，担任公证人了。

按照狐狸设计好的方案，狮子钻进一个山洞，躺着装起病来。许多动物好奇地跑到洞口来打探消息，当他们看见狐狸在狮子身边优哉游哉，啥事没有，犹豫了一下，最后还是好奇地走进山洞里去了。

有野猪、水牛、狼、豹子等各路雄性荷尔蒙分泌旺盛的大佬陆续进去了。

兔子也很好奇，但总是在洞口边上溜达，就是不进去，"兔子帅哥，你怎么不进来陪陪大王呀？狮子大王说她最喜欢你哦！"狐狸对着兔宝宝猛灌迷魂汤。

兔宝宝说，我不进去了。因为我看到许多脚印，可是，进洞的挺多，出洞的却没有！所以，我想还是赶紧走远点会比较安全。

人生无处不丛林，从情场到股市，诱惑无处不在呀，唯有把持住自己，才能逃出生天。

曾经的"不死鸟"，如今的"不死心"

扭曲人性的闹剧之所以会反复上演，不可一概归咎于某些人"三观"不正，以如此不严肃的态度对待神圣的婚姻，热衷于房子的投机炒作，一夜暴富的企图心不死，节操碎了一地。

芝加哥有两名专打离婚官司的律师曾经推出过一段小广告——"Life's short, Get a divorce."（人生苦短，离个婚吧！）这短短八个字，当时看了感觉很滑稽，但是，如今看来，现实远比滑稽剧可笑，我开始相信，每一个离婚事件的背后，不一定都隐藏着一段让人难以启齿的感情纠葛，却总是包裹着一团欲说还休的利益撕扯。

都说谈钱伤感情，谈感情伤钱，啥都不谈伤心。不过，还是有高人会在钱与感情之间左右逢源，啥都谈了，而且，都有赚无伤，平衡木玩得挺好。

听说，这几天很多上海人都在忙着离婚。他们查流年运程，选择"宜婚嫁"的吉日，穿红着绿，喜气洋洋地牵手去民政部门办离婚手续去了。

在常人眼里，离婚本是一个悲伤的字眼，它总是跟啜泣、泪水、怨恨甚至于大吵大闹联系在一起的，欢天喜地把婚离这种场面，恕程大爷孤陋寡闻，没听说过几次，如此成群结队争先恐后地去办离婚手续的大场面，更是把老夫惊得目瞪口呆。

婚姻问题一直是咱中国人民的一件大事，不轻易拿来开玩笑的，不到感情破裂反目成仇，没事不会闹离婚。要说有事吧，情节也大同小异，无非就是激情消退，生活平淡，审美疲劳，摸着Ta的手就像左手摸右手，接着，第三者插足，Ta就摸别人的手去了。

导致这些上海人毅然选择离婚的原因，其实无一例外也是出现了第三者插足，这个第三者真不是人，是房子！

为了破解房地产限购政策的"束缚",一线城市的"有识之士",面对只涨不跌的房价,"发明"了离婚获取购房资格并享受优惠贷款政策的高招,让看似严密的限购政策,一下子破出了大窟窿。

按照现行政策,上海户籍单身人士可以购买一套住宅,非单身人士可以购买两套住宅,但第二套需按照二套房政策来执行。

一些"机灵"人便通过离婚将名下房产划归夫妻一方,让另一方恢复单身身份,再购房的时候就可以按照首套房政策执行,不仅可以规避高首付的限制,还可以顺理成章地享受支持刚需购房的利率优惠。

事实上,为了多买N套房子而采用离婚"高招"并非上海人的首创,早在2012年,当沈阳市出台房产限购令时,这种购房式离婚就开始出现了。据有关报道,当年最牛的一对购房发烧友夫妻,离婚7次复婚7次,如此折腾,只要可以多买房子,他们就觉得值。

普通人根本无法想象,以北上深为代表的一线城市的房价,今年涨得有多疯狂。高房价造成了这些城市市民的普遍焦虑,有房子的焦虑,因为后悔没有多买一套,担心以后孩子买不起房子;没有房子的更焦虑,担心以这样的速度涨下去,一辈子都买不起房。

而这些需要用假离婚这样的奇招来获取买房资格的,往往是那些已经拥有多套住房的人,买房的动机当然不是刚需,也不是改善,而是投资甚至投机。

由此可见,房地产泡沫自我强化的加速不仅带来了市场风险,更是带来了人性的扭曲。

我们看到的是,近二十年来,一线城市的房价基本上处于一个超级大牛市之中,再也没有任何一个商品的价格走势曲线可以媲美中国房地产价格走势的上升曲线,你只要采取购买+持有的策略,就可以赚得盆满钵满,任何时候买入都是对的,任何时候卖出都会导致后悔,在这样的一种趋势之中,风险是最容易被忽视的因素。

房子的商品属性正在被金融属性所替代,价格长期脱离价值,无论以房价收入比还是租金收益率来衡量,北上深的房价都是全球领先的,泡沫显而易见。

看过动物世界的人都知道，几乎所有的爬行动物都需要一块自己的领地，有一个窝，有充足的食物，于是，生活就安稳了。说到底，房子就是高级动物的一个窝，是用来遮风避雨抵御外侮的地方，后来，房子成为划分社会阶层的一种标签，草棚与别墅的造价天壤之别，它们的交换价值相距遥远，但仍未从根本上脱离"窝"的使用价值。

不知何时开始，房子的使用价值被忽视，交换价值被强化，最终变成了投机炒作的筹码，异化成投资品和融资工具，现在北上深的房子，更接近一种金融衍生品。

房地产调控政策实施以来，各种市场化的招都使过，结果还是越调越涨，作为一种行政手段，限购政策的出台是无形之手按不住只好伸出有形之手的无奈之举，可惜的是，有很多人的聪明才智都用在了如何钻空子上，上有政策下有对策变成了一种备受推崇的人生哲学，出现这种为了多买套房而不惜假离婚的壮举，其实是不难理解了。

这种扭曲人性的闹剧之所以会反复上演，不可一概归咎于某些人"三观"不正，以如此不严肃的态度对待神圣的婚姻，热衷于房子的投机炒作，一夜暴富的企图心不死，节操碎了一地，同时应该看到，造成这种"不死心"的动因正是来自房价持续的"完美"上升曲线。

也可以说是房价长期上涨这只"不死鸟"，造就了人们笃信"买房不败"这样的心理预期。

罗马诗人奥维德对不死鸟有过这样的描述：

大部分怪物都是由其他生物衍生而来的，只有一种例外，它们可以再生，亚述人称之为不死鸟。

不死鸟并非靠花草果实维生，而是以乳香为食，在降生五百年后它会落在棕榈树顶端的橡木枝上为自己搭建一个巢，然后出外收集肉桂、甘松和没药等香料，衔入巢内，垫在自己的身下，当它呼出最后一口气后会悄然死去，此时从它的身体里将飞出一只新的不死鸟，同样拥有五百年的生命。

等这只不死鸟长大到有足够的力量时，就会把父母的巢从树上升起，衔往埃及的赫利奥波利斯城，放在太阳庙里。这个巢是它的摇篮，同时也是它父母的坟墓。

好家伙，原来不死鸟本来只有500年的生命，但是，它可以通过保壳（巢）实现永生！

这多么像以往A股市场上那些永不退市的上市公司啊！不过，现在这些股市不死鸟的命运正在悄然改变。

房价这只"不死鸟"会不会永生不好说，但是，股市的不死鸟怕是500年生命也不用想了，因为它的壳（巢）一旦不保，就得退市。

对于这个正在发生的变化，许多股民还是将信将疑。

比如，由于造假上市现在几乎只剩下一个壳的*欣泰，监管部门早已经明确表示，要将它的"巢"从橡木枝上捅下来，不死鸟之梦要看就要破碎了，有人就偏偏不信"覆巢之下岂有完卵？"之道理，掐准它在创业板的最后一个交易日，争先恐后地买入。

*欣泰的最后一天，没有哭天抢地，没有啜泣泪水，像极了上海滩为了买第N套房而幸福地去离婚的有识之士，它锣鼓喧天彩旗飘飘地涨停板了，以3.03元的价格"完美"结束了退市流程的第二步。

有个帅哥不仅买了，还充满自豪地到处炫耀自己的"精明"。程大爷实在不忍卒读他的执迷不悟，于是就跟他说，兄弟啊，你这么英俊潇洒加上才华横溢，有什么想不开的，非要去买*欣泰？

证监会明确表示，根据深交所相关规定，创业板没有重新上市的制度安排，所以，欣泰电气（300372）退市后，将进入股转系统设立的专门层次挂牌转让，不能在交易所重新上市。

按照依法、从严、全面监管的原则，证监会对欣泰电气欺诈发行负有责任的发行人及其董事、监事和高级管理人员和相关中介机构及其责任人员作出行政处罚，坚决、严肃、从重、从快追究行政法律责任，并对主要责任人员采取了证券市场终身禁入的措施。

在抓紧做好行政责任追究工作的同时，根据《行政执法机关移送涉嫌犯罪案件的规定》要求的执法程序，证监会专门与公安机关进行了会商，决定将欣泰电气及相关人员涉嫌欺诈发行及其他有关犯罪问题移送公安机关，依法追究刑事责任。近期，公安机关已专门部署开展相关刑事侦查工作。

至此，欣泰电气的不死鸟美梦，应该是醒了一大半吧。

自从欺诈发行被查处以来，面对铁定退市的现实，各种"不死心"却纷至沓来，老板高声叫屈，分析师宣称它还是有价值的，游资博懵"万一退不成呢？"，而散户根据以往经验，相信"它还会回来的"。

为了打破这样不切实际的幻想，早点"死了这条心"，证监会明确表示，希望各有关责任主体以此为例，充分警醒，吸取教训。发行人及其控股股东、实际控制人和相关高管人员要坚决纠正"上市圈钱"的错误观念，特别是要摒弃任何对投资者不负责任的想法和做法，不抱任何侥幸心理，更不能认为发行上市后就万事大吉，遇到问题可以一走了之，要真正把保护投资者合法权益的要求装在心里，落到实处。

企业公开发行股票募集资金是资本市场发挥直接融资功能、服务实体经济、服务供给侧结构性改革的重要方式，希望市场和社会各个方面，以欣泰案件为镜鉴，共同努力，全面净化IPO市场环境，做好问题企业风险化解的配套工作，共同维护资本市场长期健康稳定发展。

欣泰电气对监管部门的处罚似乎并不服气，早早就提出了行政复议的要求，理由是处罚过重。

一家有足够证据表明其上市时存在严重造假行为的公司，在被给予可能被退市的处罚时，竟然鸣冤叫屈，就是不死心，为何？程大爷推测，原因有三：

第一，欣泰电气可能不知道造假上市是犯罪。因为长期以来，资本市场还是存在有法不依，执法不严的现象，把造假上市等同于"合理"的包装上市，认为行业潜规则就是如此，大家都是这么干的，我这么干也没有什么了不起，不过是随大溜。

第二，欣泰电气可能认为这么多年来，造假上市的公司比比皆是，为何不抓别人，唯独拿我开刀？所以，不服。

第三，造假上市被揭穿的上市公司都没有真正退市过，都被各种借壳重组给蒙混过去了，有的甚至因祸得福，控制人卖壳得了一大笔钱，股票被借壳后咸鱼翻身，变成大牛股了，我承认造假上市，但是，我可以重组嘛，为何不给我"改过自新"的机会？伟人都说过，犯了错误不要紧，改正了还是好同志嘛！

只是，不服气也好，不死心也罢，都改变不了如此不堪的结局。

骗子如何骗了一群爱动脑筋的聪明人

如果跟股市中的各种骗子相比，其他各种骗子便都是小巫见大巫了。

当然，也许根本无人能够统计出每年发生在资本市场中的各类骗局骗走了股民多少钱。

最近电信诈骗闹得沸沸扬扬，大爷我倒是觉得见怪不怪，毕竟程大爷也是有经历的人嘛，虽然没做过骗子，但见过的骗子倒也不少了，骗男骗女骗老骗少，骗财骗色骗名骗誉，世界之大，没见过骗子的人肯定没长大。

但是，当一个如假包换的骗子不请自来，突然闯进自己平静的生活之时，感觉还是被冒犯了。俗话说，白天不能说人夜晚不能说鬼，说骗子骗子就到，这不，上周就给摊上了。

骗术很低级，但差点就有朋友上当。一个冒充程大爷的骗子给通信录里的朋友发短信，说是大爷电话号码已改，让他们保存，之后见有人回复，就发信息说在开会太忙，请帮忙转50000元给张三李四王五，回头再还你之类的内容。搞得朋友们纷纷打电话来问我是不是改号了？还要帮忙转50000元给张三李四王五？

对此，我耐心地做了两点说明，第一，除非程大爷做了中国首富，否则电话号码50年不变；第二，程大爷从不开口叫朋友帮忙转50000元这么小的钱，你想想程大爷的朋友圈里，非富即贵，随便说几个都可以吓晕骗子，例如比尔盖茨、李嘉诚、王健林、巴菲特、马云，哪个还缺区区50000元急用？这不是笑话吗？所以，凡是以程大爷名义发短信让你们转钱，金额低于5亿元的必属骗子无疑，高于5亿元的，请你们赶紧私信我，我去通知精神病院。

有感于这么弱智的骗术竟然还在四处游荡，我赶紧在朋友圈发微信提示：这年头，如果做个骗子都不愿动脑筋，那就只能去搞IPO了！这种骗术简直太弱智，他应该知道，程大爷的朋友可都是高智商呀，不搞点技术含量高的新花样，照抄别人用滥的套路，哪里可以得手？我劝骗子快回去研究新骗术吧，没有专业何来"事业"？

鬼知道是怎么回事，昨天还是有一位智商200的朋友打电话来问，我极不耐烦地说，一看就是假的嘛，我还多此一举地在朋友圈澄清了呀！意思是你这么高的智商是用来做摆设的吗？

智商200先生忽然发出一声尖叫，哎呀妈呀，好险，我完全没有想到是假的，幸亏我卡上的钱早上全部买了基金，不然我就毫不犹豫地转给他了！

我厉声警告他说，如果你因此上当受骗，我不仅不会同情你、补偿你，我只会鄙视你！

人生如戏，全靠演技

前段时间，骗光徐玉玉学费并导致其猝死的犯罪分子刚被抓获，清华大学一教授又被电信骗子骗走1760万元。徐玉玉的不幸遭遇引来的是人们广泛的同情，而清华教授被骗案件引起的却是一场轩然大波，各种议论纷至沓来，有对如今骗子太多太猖狂的担忧，也有对"大学老师怎么会有1760万"的好奇，还有对清华教授这样高智商的人怎么也会被骗的不解。

有个别幸灾乐祸的网友快速出动，于是神评论就出来了：一是清华老师真有钱；二是清华老师也能被骗？三是这么傻的老师怎么也能在清华；四是这么傻的人怎么能赚这么多钱？五是谁能告诉我骗子到底是哪个学校毕业的，这个学校现在招不招研究生？

最狠的段子手鼓捣出一个相当"恶毒"的场景：2016级清华大学经济学院开学典礼。院长：你们是天之骄子，作为经济学专业的一名学生，你如何实现首富王健林"先挣它一个亿的小目标"？学生：只需骗到6个清华老师。院长：滚！

有些人不去抨击诈骗犯，而去质疑这个清华老师为啥有这么多钱，是怎么搞到这么多钱的？实情是，这位清华大学老师，之所以手里有这么多钱是因为他刚刚卖了一套房子（有一套大房子的北京人可都是千万富翁呀），回到家立即就接到了诈骗电话，称他漏缴各种税款等等，一顿恐吓威逼，一步步走入圈套，1760万就这样全部被骗走。

你看看骗子们用的剧本和桥段，都是老一套，能否得手，关键看每个骗子的演技。经过长时间的演艺培训，电信诈骗分子们，无论文盲还是初中辍学，据说最后个个都成影帝影后了，不论是"有关部门"、"银行员工"还是"亲朋好友"，各种身份张嘴就来，演技炉火纯青，一个不小心就会上当，这个行业的"职业技术教育"确实有效。

针对最近屡屡发生的恶劣电信诈骗案件，上周，互联网安全公司360在京发布了一份《2016中国电信诈骗形势分析报告》，这也是中国首份基于大数据研究的电信诈骗分析报告。

骗子们最喜欢也最擅长"扮演"的角色是运营商、公司领导、快递、医保社保机构、有关部门、商家客服、银行、公检法机关、学校、亲友等10种不同的身份与社会分工。这些骗子往往有一套非常完整成熟的骗术体系和套路，在接通电话后，快速进入"角色"，有些骗子中的老司机从语调到措辞真的到了以假乱真的程度。

报告显示，从身份扮演类诈骗的细分类型分布可以看出，骗子最喜欢扮演电信运营商，其诈骗数量最多，占比达到26%；其次是扮演领导，占21.2%；排名第三的是扮演快递小哥，占14.3%；接下就是扮演医保、社保机构工作人员，占12.5%，扮演带点神秘色彩的"有关部门"人员的占5.7%，扮演商家客服人员的占了5.7%，扮演银行工作人员的占5.3%，这个比较厉害，扮演公检法干部的占3.9%，还有扮演学校老师的占2.9%，扮演我们可爱的亲朋好友的占1.5%。

不是我们无能，而是骗子太狡猾？

以往是一招鲜吃遍天，现在是无须动脑筋去憋出个啥鲜招大招的，简单的骗术重复做，就一定会行骗成功。

其实，十多年前就出现过一件骗中奇事，一位大字不识的文盲骗子，竟然"成功"地把一位妙龄女研究生骗到穷乡僻壤，卖给当地的老光棍做老婆。大家当时的反应就是，这研究生读这么多书有啥用？还不敌一个文盲。

与其去质疑受骗人有问题，倒不如动真格地追查这些骗子，尽管现在的骗子技术和演技都比以前上了一个大台阶。

可恶的电信骗子骗光了徐玉玉的学费致其死亡，有些人首先想到的不是这群骗子有多坏，而是这个学生为何如此笨，心理素质为何如此脆弱。这就好比有女孩子在公交车上被性骚扰，某些人首先想到的不是怎样去严惩罪犯，而是去猜测这个女孩子是不是穿得太暴露了？这种逻辑真是很奇葩。

那些说风凉话的人总是以为自己永远不会被骗，自信火眼金睛可以识破骗子的各种花招，所以，他们始终认为，被骗是因为愚蠢。

可是，骗子真的比受害者更聪明？

当然不是。网上有一位聪明过人的IT男子自曝与骗子周旋的经历，同样感叹差点中招。作为人精的该IT男自持警惕性高且熟识各种骗局，还以为可以跟骗子谈笑风生顺便戏弄他一番呢，结果险些中招，最后还是认怂，认为骗子套路虽然老套，但是显然人也是老手，一旦接了骗子的招，就很难脱身，即便是个老司机搞不好也会出车祸。

那些被骗的人，内心崩溃的不仅是破了财，还有自尊心受损，会懊悔自己竟然败于如此老套的一个骗局，骗子演技固然了得，但是，事后，当一个个显而易见的漏洞在你的回忆里展开时，还是会为自己当时的粗心大意而自责不已。

最简单最有效的办法是不搭理、不接招，不管骗子他几路来，我只一路去，就是不信！

股市骗子一年骗走了多少钱？

有人调侃，在实体经济持续低迷的情况下，当下最赚钱的行业其实是骗子产业，小到谎称路边捡到金龟骗取几百块的小骗子，大到搞传销一次非法获利可达千万元的大骗子，每年被骗子们骗取的金钱，估计可达数千亿元之巨。

比如马路骗子。如果有一天你正走在马路上，忽然有一个农民工模样的人出现在你面前，问你到银行或邮电局怎么走，然后，很神秘地拿出一些金元宝、金佛像或者几枚古旧的钱币，声称是刚刚在工地上挖出来的，应该值很多钱，如果你想要的话，就随便给点钱拿走。经常有贪图便宜的大爷大妈上当受骗，少则被骗数百元，多则被骗数万元。

比如官场骗子。一般会说自己是某领导人的亲戚或亲信，关系能上通中央领导人、下达公安派出所，如果你想升官发财，他吹牛可以包你如愿以偿。这种骗子只要得手一次，就是百万大单。

短信骗子。发送各种手机短信和微信诈骗信息，内容包括诱导你中奖交

税、吓唬你去法院领传票、谎称房东换新号码催交房租等等五花八门，小到骗取几百几千元，大到非法获利上百万元。

还有婚恋骗子。主要是冒充高富帅或者白富美，在婚恋网或婚介所以交友婚恋为名，对急切渴望结婚的男女骗取钱财。有些骗子会扮成有钱人，衣着光鲜，出手大方，说自己是做大生意的，一下把对方迷惑，等时机成熟后，就说正在做一个大项目，回报很丰厚，现在项目还差点资金，于是别人的钱就这样到了骗子的手中。

造假骗子。此类骗子主营造假，假酒、假饮料、假食品，就算是事关工程质量的假钢材、假水泥，他们都照样敢做，这样的案子媒体已经曝光很多次了。

还有炒黄金骗子。2013年，一对80后夫妻坐庄操纵地下炒金，8个月吸金23亿，干了8个月，就有6000亿元交易额、被骗人数近4万人。

传销骗子。2008年，山东破获一起网络传销案。他们以发展LOB远程教育网为名，进行网络传销活动，在全国共有20余个省份的数十万人参与，涉案金额达到8.9亿元。

由此可见，中国的骗子种类事实已经遍及各行各业了，真是360行，行行出骗子。

如果跟股市中的各种骗子相比，上述各种骗子便都是小巫见大巫了。

当然，也许根本无人能够统计出每年发生在资本市场中的各类骗局骗走了股民多少钱。

第一，IPO骗子。

这么多年来，A股市场中的包装上市、披露不实乃至欺诈发行时有发生、屡禁不绝，主要表现为：

一是发行人报送或披露的信息存在虚假记载，包括虚构业务，虚增资产、收入和利润等。

二是发行人报送或披露的信息内容依据不充分或者夸大性披露，存在误导性陈述。

三是发行人报送或披露的信息存在重大遗漏，故意不披露关联关系及关联交易、独立性方面的重大问题、重大债务、违约或对外担保等。

四是发行人未按规定报送或披露信息，包括未及时披露生产经营的重大变化，未及时披露重大诉讼或仲裁进展等。

五是保荐机构及保荐代表人出具的保荐书存在虚假记载、误导性陈述或者重大遗漏。

六是会计师事务所、律师事务所、资产评估机构等证券服务机构制作、出具的文件存在虚假记载、误导性陈述或者重大遗漏或者违反业务规则执业。

造假上市，洗劫投资者，这样的骗局，涉及金额动辄数以亿计。而每一个IPO骗局的背后，都有一串说不上是助纣为虐还是无所用心的中介机构。

不过，今年来IPO骗子们的日子不太好过，监管部门对此采取了严打高压态势，一批骗子及其帮凶接连被查获。

欣泰电气被强制退市，更是让造假者真切感受到了出来混迟早要还的因果定律。

自证监会出台鼓励内部知情人举报IPO欺诈发行以来，造假者胆战心惊，欺诈发行已经上市的企业老板也是噩梦连连，担心其违法犯罪获得的巨额财富会东窗事发，一夜间灰飞烟灭。

上周证监会公布了对撤回申请IPO企业及相关人员的处罚，直接要了还在幻想的老板和部分中介人员的命。

根据证监会公告，振隆特产于2013年至2015年向证监会申报的四份招股说明书存在虚假记载。证监会对振隆特产进行专项财务检查发现异常情况后，振隆特产于2015年6月10日撤回IPO申请。

证监会决定对振隆特产给予警告，并处以60万元罚款；对直接负责的主管人员给予警告、处以罚款、采取证券市场禁入等措施。

对振隆特产首次公开发行股票并上市项目法律服务机构北京市中银律师事务所、IPO审计机构原深圳市鹏城会计师事务所给予警告、没收非法所得并处以罚款、对直接责任人采取证券市场禁入措施。

针对信达证券两名保荐代表人寻源、李文涛处以5年证券市场禁入措施。两人为该项目的签字保代。据券商中国报道，多位业内保荐代表人表示，此项处罚可谓严格，5年市场禁入对于保荐代表人影响巨大。

值得注意的是，信达证券两位保代曾称，辽宁振隆IPO财务造假"是有组织、有预谋的、高度隐蔽化的行为"而两位保荐代表人对此毫不知情，而且并未参与。但证监会的处罚结果对此进行反驳认为，信达证券承接该项目后，从上市辅导到推荐上市持续5年时间，"对造假情况完全不知悉，有悖常理。"

跟骗子在一起五年，竟然不知道对方是骗子，这到底是骗子的骗术太高超，还是保代完全不动脑筋？只管闭着眼签字拿钱，这钱也挣得太容易了，难怪有人说，自从东莞扫黄打非之后，能继续躺着挣钱的就只剩保代了。

以前撤回材料就不追究了，造假的事就了了，现在撤了材料也追究责任，看来造假上市风险加大，只有造假成本十分巨大，才能有效遏制造假歪风。

第二，并购骗子。

近年来监管部门严厉打击各式忽悠式重组行为。

并购重组一直是A股市场炙手可热的炒作主题，投资者几近疯狂地追逐任何可能存在重组机会的股票，炒作风潮之下，上市公司业绩做得好，不如故事讲得好。

既然投资者有需要，并购重组题材于是就批量供应，这里边既有通过并购重组脱胎换骨，获得巨大发展机会的上市公司，当然，也有很多利用并购重组故事忽悠投资者，诈骗投资者钱财的骗子混迹期间。

并购重组中的各色骗子比电信诈骗犯更有欺骗性，往往是发现被骗之时，损失已经无可挽回了。并购各方参与者获利离场，上市公司徒然只剩一个烂摊子。

当初溢价数倍收购的资产，如今已经到了破产清算、"一折甩卖"的境地。这样的悲情故事不是个别哦。

*ST宇顺曾发布公告称，将以1.88亿元的价格，公开挂牌转让全资子公司雅视科技100%股权。雅视科技是*ST宇顺2013年以14.5亿元收购而来，上述转让价，仅相当于当初收购价的12%左右。

*ST宇顺的遭遇，在A股并购大潮中并非鲜见。在此之前，粤传媒高价收购的资产，不到一年经营就出现巨额亏损，目前已申请破产。而参与并购的各方，却通过种种途径，带着丰厚利润离场，损失难以追偿，给上市公司留下一

地鸡毛。

按照承诺，2013年至2015年，雅视科技的净利润不低于0.83亿元、1.18亿元和1.42亿元。但收购后第二年，业绩立马变脸，2014年仅实现净利润0.74亿元，2015年甚至亏损5346万元，2016年上半年更是亏损1.17亿元。我们见过业绩变脸的，但没见过像这样业绩毁容的。

2014年，粤传媒及其子公司以4.5亿元的高价，收购香榭丽100%股权。当时，香榭丽承诺，2013年至2016年利润不低于4600万元、5683万元、6870万元和8156万元。但是，理想很丰满，现实很骨感，2015年香榭丽就出大事了，其董事长和总经理等高级管理人员已身陷囹圄，据公告披露，他们是因涉嫌贿赂犯罪、合同诈骗等犯罪，先后被公安部门立案调查的。

与此同时，香榭丽经营也巨额亏损。2015年亏损3.86亿元，2016年上半年再次亏损7557万元，城门失火，殃及池鱼，这也导致了粤传媒2015年对香榭丽计提应收款项坏账、固定资产减值及商誉减值准备等2.99亿元，结果，粤传媒当年巨亏4.45亿元。

你看看，当初参与收购的各路玩家都赚得盆满钵满，最后垃圾遍地，却扔给了上市公司来打扫。这些拍脑袋并购的失败案例，对并购重组中信口开河式的估值方式扇了一记响亮的耳光。

没人买单？当然是散户买单了。

在征求意见近3个月后，旗帜鲜明地给以"借壳"为代表的各类重组热潮降温的新版《上市公司重大资产重组管理办法》面世了，这对于那些长期忽悠广大A股投资者的并购骗子们，无疑是一个晴天霹雳。

第三，操纵股价骗子。

A股市场虽说只有二十多年的历史，却是一个枭雄辈出的地方，而那些最后鲜有善终的牛人们，最擅长干的事情就是操纵股价。股市的坐庄模式类似赌博坐庄，一般来说，十赌九骗，实质上就是出老千骗散户的钱。

第四，黑嘴骗子。

这些人就是自己先买了某只股票，然后就亲自或者雇人上电视、报纸、网络一通猛吹，再加上电话一通乱打，见人就说明天开盘某股必涨。第二天利用自己掌控的账户做个开盘价，等散户一追高，他就赶紧出货，此种骗术简单得很，却长盛不衰，散户被他们骗得晕头转向，有的甚至长年被此种没有任何技术含量的弱智骗局蒙蔽，沦为骗子们最爱割的韭菜。

其他还有倒卖子虚乌有的"原始股"骗子，以售卖炒股软件为名行非法咨询服务之实的软件骗子，以炒股培训班为幌子骗取巨额学费的教育骗子等等，简直不胜枚举。

为何骗子如此之多，涉及领域如此之广？

第一，犯罪成本太低。现在出现了一种行骗职业化和产业化的趋势，而且，由于技术手段的现代化，精准行骗成为一种潮流。

第二，维权意识太弱。遇到骗子，金额小的，多数怕麻烦，不去报案，息事宁人，让骗子们的胆儿越来越肥。

第三，执法手段和技术亟待提高。大数据时代，骗子无孔不入，提高办案效率和质量，都需要在技术创新上下功夫。

第四，个人信息趋于透明化。个人隐私保护难度系数空前提高，仅靠呼吁不要随便泄露个人信息是不够的，关键是如何做到魔高一尺道高一丈，防止个人信息被骗子利用。

技术从来就不是一个问题，重视的态度与执行的力度才是决定性因素。

互联网时代，骗子固然更容易窃取个人信息，但是，执法部门同样也容易发现、追踪和逮住骗子。

骗子的骗术再高超，也高超不过执法部门严密监视的眼睛。

骗子的技术手段再先进，也不可能比执法部门可以运用的手段更强大。

态度决定一切，如果重视起来了，加大打击力度，天下无贼固然不可能，但让天下之贼犹如过街老鼠人人喊打，则不难成为现实吧？

回到本文标题所提出的那个问题，不爱动脑筋的骗子为何会骗到爱动脑筋的聪明人呢？

第一，在骗局之中，起决定作用的不是智力，而是演技。

第二，比拼的是谁更没有底线。而有底线的人总是玩不过没有底线的人，这是一个社会规律，骗子既利用你人性中那些善良的部分，比如爱心，比如乐于助人，也利用你偶尔的非分之想，比如贪念。

第三，你在明处，他在暗处，如果有一把在暗处瞄准你的枪，就难度系数而言，躲避比击中的难度显然要高太多。而神奇的骗子，总是有办法搞到如此精准的信息。

徐玉玉前一天刚接到政府部门的教育救助金电话，第二天接到了骗子相同的电话，结果为此付出了生命的代价。

清华老师刚刚卖完房子，钱在银行卡里，就接到了骗子说自己卖房漏缴税款的电话，结果卖房子的钱就全部被骗走。跟骗子同样可耻的是，那些骗子的帮凶们，那些为了一点蝇头小利而泄露出卖我们信息的内部人士。

第四，骗子聚精会神，只专注一件事，就是骗倒你；而聪明人一遇到骗子，往往心有旁骛，想得太多，不是担心还有各种需要掩饰的坏事，就是贪心可能会有天上掉馅饼的好事。

金字塔底端的经纪业务如何才能成功逆袭

外表风光，内心沧桑，这差不多就是金融从业人员的真实写照。那群穿西装打领带经常从城市中心的甲级写字楼里鱼贯而出的帅哥美女，没准正是被大家亲切地称为金融民工的证券从业人员呢。

世事一场大梦，人生几度秋凉。

中秋节一过，吃剩的月饼还历历在目，便遽然发觉这一年只剩一小半了。田野千里稻菽，山坡累累硕果，却都挡不住这恼人秋风和绵绵秋雨，才下眉头，却上心头。

秋天不仅适合登高远望，也适合来一场说走就走的别离，这不，又有一位券业老兵要离开券商圈了。

尽管之前已经传了一段时间，但是，当银河证券副总裁朱永强即将离职的消息被证实之时，券商圈还是出现了不小的骚动。朱先生曾先后在联合证券、中信证券、银河证券等国内一流券商担任要职，券业生涯已有20多年，其间大部分时间都奋斗在经纪业务战线上，既是老兵，也是行业中经验丰富的领军人物，在券商经纪业务领域拥有很高的威望。

不同于以往一直围绕着经纪业务这个轴心的工作环境转换，这一次，朱先生选择离开原来的路径，有一种从头再来的果敢。虽说他的下一站是与券商同属财富管理领域的基金公司，但是，毕竟还是换了一个全新的跑道。

金字塔底端的经纪业务

是什么原因导致了券业经纪业务战线的老兵接连"出走"？虽说每个人的情况都不尽相同，但是，原因无非就是这样几个：第一，厌倦了经纪业务；第二，有了更好的职业方向；第三，对经纪业务的转型成功持悲观态度。

外表风光，内心沧桑，这差不多就是金融从业人员的真实写照。那群穿西装打领带经常从城市中心的甲级写字楼里鱼贯而出的帅哥美女，没准正是被大家亲切地称为金融民工的证券从业人员呢。但是，同样是农民工，技术含量和待遇却相差悬殊，比如说，电工、木工、泥瓦工、水电工跟搬运工就不在一个层级之上。

长期以来，经纪业务一直都处在券业金字塔的最底层，这个塔底的从业人员，不仅数量庞大，而且，相比金字塔中间和塔尖的其他业务人员，他们学历偏低，年龄偏大，学习新知识的积极性也偏弱。

如果说研究、资管、投行等工种是技术活，他们大概只相当高速公路收费站的收费员，可见这个工种的技术含量之低。

过往，带有强烈垄断色彩的券商经纪业务其实就是一种"雁过拔毛"式的纯通道业务，确实类似高速公路的收费站，而且，这些公路其实是政府修的，券商之间的规模差距表现在拥有收费站的数量以及收费站的地址不同上，而这些都需要行政许可，不能随意设置。

渐渐地，尽管车流量不断增加，但是，收费站新设也越来越多，于是，降价竞争的情况开始出现，最终，价格战成为一种竞争手段被广泛应用，佣金下行趋势一旦形成就不可逆转。

为了阻止或者延缓这种趋势的加速态势，多年来，各大小券商无不绞尽脑汁，各式应对策略横空出世，大体经历了以下几个阶段：

第一，大力改造信息技术系统，提升交易系统的安全、稳定及速度，以此改善客户体验。

第二，加大研究咨询业务的投入力度，引进丰富资讯产品，以期用高质量的研究报告吸引客户，稳定并提升高净值客户的佣金水平。

第三，发展壮大经纪人队伍，从坐商到行商，期望通过加速新客户的开发引进，抢占更大的开户份额，从而做大增量来对冲存量客户佣金水平下滑带来的经纪业务收入减少。

第四，通过银证合作等方式加大渠道建设，抢占更多入口。

第五，互联网时代的各种引流方式，也是过往渠道拓展的一种延续，经纪业务的主战场开始从线下移到线上。

第六，通过全业务链模式将经纪业务与投行、债券、资管、研究等业务部门有机联系起来，以期发挥各业务板块的协同效应，既能多层次地满足客户的需求，又能有效共享客户资源，可谓是一举多得的战略部署。

第七，通过打造投资顾问团队直接参与到高净值人群的财富管理过程中去。以往只是满足客户投资股票的单一需求，而现在，目光则要从赚取交易佣金转向了更宽广的领域。到了这个阶段，大家开始认识到财富管理的本质其实是风险管理，它包含了财富管理、财富保护、财富增值和财富传承等四个维度，缺一不可，这才是财富管理真正要做的事情。投顾的工作不是制造客户的交易活跃度，提高佣金率来获取更多的交易佣金，而是通过满足客户的一揽子需求来拓展新的收入来源。

第八，现阶段少数大型券商正在积极尝试运用以人工智能为基础的金融科技来全面改造经纪业务体系。智能投顾的投入使用已经取得了显著进展，下一波经纪业务的革命性变革也许正在于此。

不管怎样去改进我们的交易通道，通道业务价值总是在不断下降，收费站式的传统经纪业务难以为继，而且，并非危言耸听，没准末日也不远了。

对经纪业务进行大胆创新的业内大佬中，朱永强应该算得上是一个先行者。在他的带领下，联合证券率先提出利用市场化手段打造一支强有力的证券经纪人队伍、首家获批证券经纪人制度，率先提出"服务即营销，营销亦服务"的全新理念。

不仅如此，在2009年，朱永强还在当时的华泰联合证券提出了产品化服务建设，要求经纪业务条线配合产品化服务，对经纪人培养进行战略调整，推出服务型经纪人，实现经纪人功能进一步细分，并在华泰联合证券打造了"金掌柜"财富管理平台，以满足客户的财富管理需求。

券商经纪业务的竞争从拼技术到拼渠道，然而，最终还是要回归到拼人才。比如，如今成为行业共识的投顾服务，人才的贮备就捉襟见肘。

在去年的一次投顾会议上，朱先生言辞犀利的发言依旧让业内警醒，他指出，社会如今面临着怎样保卫财富的问题，而券商投顾业务对此的表现是失职的，以至于骗子横行。目前激烈的佣金价格战，对投顾而言是一种耻辱，在财富毁灭的2015年，在杠杆时代的压力测试下，投顾的表现是无能的。

券商全业务链为何老是掉链子？

话说从前，村里有一家人，兄弟姐妹众多，大哥大姐只会种地，而弟弟天资聪颖，有远大抱负，从小就对种地不感兴趣，一心要进城去拜师学手艺。大哥大姐为了让弟弟学到手艺揽到活，最好能创个家族品牌，心甘情愿扎根农村，种地喂猪，省吃俭用，任劳任怨，全力支持弟弟在城里创业打拼。

终于，弟弟学得一门装修房子的好手艺，而且，一开始就定位高端，专事帮有钱人装修豪华别墅，那可是赚大钱的活儿啊。

这个时候，在农村种地的哥哥姐姐发现种地喂猪已经赚不到钱了，老父去跟弟弟说，打仗亲兄弟，上阵父子兵，你带上哥哥姐姐进城务工吧，给有钱人装修别墅也不是造卫星那样高精尖的工程，哥哥姐姐也可以帮你出去招揽点业务，帮着做点糊墙贴瓷砖的工作，赚到钱了，就按比例分一点给他们，这样你也多几个帮手，你大哥大姐也可以在城里先有个立锥之地。

弟弟觉得这主意还不错，于是，便爽快答应了。起初大姐积极性挺高，满世界帮他们联络老板们，认识的不认识的，都主动贴上，很快装修活儿就多得忙不过来了。

这时候，弟弟觉得，没大哥大姐揽活，也有做不完的装修，有他们揽活，还得分钱给他们，于是，对大哥大姐拉来的装修单子采取冷淡对待的态度，以前揽来的活，高兴时就象征性分点，不高兴就分文不给。帮忙干点粗活的哥哥姐姐忽然觉得，说好的有福同享完全变成了一句空话。可是，找谁说理去呢？老父也拿财大气粗的弟弟没多少办法。

全业务链的战略设计理念是完美的，但是，实际操作起来却完全不是那么回事。一个好的设想，要成为现实，真不是那么简单。

全业务链为何发挥不了协同效应？说得文雅一点是券商各业务板块的员工人生观与价值取向的显著差异，好像一支足球队里有11个C罗，人人都希望由自己来掌控局面,并完成最后的射门,然后独揽荣誉与奖金,个人英雄主义无限膨胀的人还是太多了。

说得难听点就是,但凡读书人合伙做小生意,多半只能同患难不能共富贵,这确实是一个千古难题。

在过去二十多年时间里,券商虽说设有很多业务部门,有投行、资管、自营、研究以及经纪业务,但是,其实真正能赚钱的也就是经纪业务,一般大型券商的经纪业务的依存度高达八到九成,小券商就基本上是百分之百了。

经纪业务负责赚钱,投行等部门负责赚吃喝,经纪业务一直都是券商的粮仓和米袋子,这样的格局直到前几年才有所改变。由于政策管制逐渐放松,两融业务带来了券商收入结构出现重大变化,交易佣金收入占比快速下降,券商资管业务出现井喷式发展,债券业务、投行购并业务也开始进入收获阶段。

投行等高大上业务逐渐强大起来了,看在这二十年来的兄弟情分上,照理说也需要反哺一下经纪业务,在转型的路上带兄弟一起玩,然后按贡献大小,赚钱分钱就是了。

然而,现实总难如人意。亲兄弟,明算账,业务拿下来了,一九分还是二八开甚至于三七分?这个比例还真是伤脑筋,谁的贡献更大?谁的作用更关键?没法量化,又不得不量化,到这个时候,谈钱伤感情,谈感情又伤钱,所以,大家就干脆啥都不谈了。

财富管理转型任重道远

佣金率的下降趋势无法改变,而互联网券商的强势崛起,更加坚定了传统经纪业务转型的决心。内忧外患,时不我待,经纪业务希望借道全业务链实现转型突围的努力,在实践中还是面临诸多严峻的考验,通过渠道合作、互联网引流等手段来扩大开户与交易份额占比优势,又有着显而易见的天花板,于是,通过大力发展投资顾问来实现经纪业务向财富管理转型突围成为一种可行的途径。

优势券商经纪业务在财富管理转型方面起步较早。

据券商中国报道,加盟老牌券商银河证券之后,朱永强就开始力推经纪业务向财富管理的转型。2013年银河证券提出"重新定义客户",将各级政府、企事业单位、上市公司等均纳入该公司客户范围,以扭转该公司金融产品销售、业务协同的不力局面。银河证券内部针对营业部的改革在于实行成本控制的同时进行开源——员工不能仅盯着佣金,而是要做产品并开发高端客户。

朱先生坦言,银河证券在转型的过程中也曾遇到过很大挫折,但他认为,如果不变就没有出路了,他主张要全面地进行改造。

对于互联网金融,朱先生的判断是,互联网对金融领域的渗透的确很深,但是线上线下的结合必不可少,要实现财富管理方向的成功转型,只重视线上是不够的,互联网不可能包揽一切,必须要有实体店作为依托。

当然,关于价格战这个问题,程大爷的看法是,这是不以任何人的意志为转移的,打不打价格战,净佣金率无限逼近于零的残酷未来就摆在那里,你只要抬头就可以望见,让人不寒而栗。

行业老兵的纷纷出走,也并不意味着行业冬天的来临,因为,永远只有冬天的企业,没有冬天的行业。

对于从业人员来说,世界上没有绝望的处境,只有对处境绝望的人,离开还是坚守,都是一种选择。

传统经纪业务向财富管理转型的路径,穿越的是荒无人烟的戈壁,指向充满不错定性的远方。

那些离开的人,没准走的是一步跳棋,黄沙漫天,夕阳无限,那些秋天的离

……什么时候才能升职加薪,迎娶白富美,走上人生巅峰……

别，或许又会重逢于下一个山丘之后，假如殊途同归，一定会心一笑。

良禽择木而栖，是一种智慧。

站在任何树枝上都飞得更高，是一种能力。

想起一句箴言：鸟儿从不担心树枝会断掉，因为，他相信的不是树枝，而是自己的翅膀。

当人们说股市的时候他们到底在说什么

这已然成为一种惯性思维方式，用双重标准来评判事物的是非曲直，事不关己的时候人人都是道德模范，一旦触及自己利益却又锱铢必较，比触及灵魂还难。义愤填膺、振振有词、泪流满面，这些都掩饰不了内心的虚伪与矫情。

每次回到家乡，程大爷最喜欢的去处就是陆水湖畔大山深处的屋村，呼朋唤友，一边聊着乡下最近发生的新鲜事，一边在高低不平的山间土路漫无目的地溜达，那里交通闭塞，手机信号很差，无汽车之乱耳，无微信之劳形，让人有一种从喧嚣中逃离的小确幸。

满眼所见，皆是青山碧水，一路上，看清风徐来，芦苇丛中悠然起落的白鹭，藏在茂林修竹中与世无争的砖瓦房，那份出世的旷达，油然而生。

所以，当听说我们经常造访的那个名叫芳世湾的小山村建成了一座跨湖公路大桥之时，我的第一反应竟然不是喜悦，而是担心。我担心过于便利的交通，会毁了这个原生态小村的宁静。

今年中秋节，我带着复杂的心情走上了那座宏伟的现代化大桥，感觉它就像一个第三者插足了浑然天成的山与水的恋情之中，有种说不出的别扭。

在桥上，遇见一位背着沉重编织袋的老人，我好奇地问他家住在哪里，老人指着桥头那边的高山说，家在山上。我又试探性地问道桥修到山脚下，以后会有很多人来山里游玩，会不会打扰到他们的生活，出乎意料的是，老人说，不会，要不是有了这座桥，他们要先坐船到湖对岸，再步行很远的山路才能走出大山，现在出山方便多了，他们都非常感激政府修了这座桥呢！

望着老人佝偻的身影，我不禁为自己之前的想法感到羞愧，突然意识到了这是一种不自觉的自私。许多热爱原生态的驴友，都希望大山深处的人家，永远交通不便，永远与世隔绝，最好是住在竹木搭建的低矮棚屋里，山民们一直穿着破旧的布衣，头发凌乱，胡子斑白，神情木讷，以便满足他们对原生态风土人情的好奇心。

我们都喜欢原生态，那是因为我们都只是原生态的过客或者旁观者，如果设身处地想一想，让你长年累月地生活于封闭落后的山里，过着交通不便、电信不通的生活，你还能有这样的闲情逸致吗？

把道德装在手电筒里，只照别人不照自己

这已然成为一种惯性思维方式，用双重标准来评判事物的是非曲直，事不关己的时候人人都是道德模范，一旦触及自己利益却又锱铢必较，比触及灵魂还难。义愤填膺、振振有词、泪流满面，这些都掩饰不了内心的虚伪与矫情。

不久前，有一篇"长太息以掩涕兮，哀民生之多艰"风格的奇文刷爆朋友圈，该文据说出自某金融精英之手的，它把一个极其变态的杀人案件直接包装成了催人泪下的悲情故事，引来无数不明真相的围观者热情转发，一时间群情激愤，奇怪的是，人们似乎对杀人者的残忍视而不见，却想当然地认为是贫穷造成了这样的人伦惨剧，进而纷纷指责我们每个人都身处其中的"社会"。

大爷我也不能免俗地找来读了一遍，感叹这起特大杀人案件被人们"消费"得走样变形了，除了看到有人用死者的鲜血把自己的网名染得更红之外，我愣是没看出他们所标榜的"意义"在哪里。

人们对为了发泄私愤用汽油烧公交车的杀人并自杀者给予毫不留情的谴责，原因是，这样的自杀者离自己的生活太近，人们担心这样的报复行为会伤害到自己和家人，所以，我们不惜一切代价也要去阻止这样的行为再次发生。

甘肃杨某兰杀人后自杀这样的极端行为发生在远离我们生活圈的偏僻山村，这样的人对我们的生活几乎不构成威胁，所以，才会有那么多气定神闲的同情与悲悯，才会有人言之凿凿地将原因推给"社会"。

其实，为了报复社会而纵火焚烧汽车的自杀与杨某兰杀子后自杀的性质是一样的，只不过，烧车罪犯杀害的是别人，杨某兰杀死的是自己的亲人，而且，他们遇到的问题也有可能是相似的，比如精神障碍、心理变态、贫穷、认

为受到了别人不公平对待、复杂因素导致的绝望等等。但是，我们完全不会同情并宽恕我们身边的报复社会者，却对远处的杨某兰们抛洒同情的泪水。

只要闭上眼睛思考一秒钟，你就会"看见"双重标准，几乎遍及我们生活的各个角落。

比如，时不时就会跑出来鼓噪一番的抵制"洋货"活动，就有人自己开着宝马奥迪，却在车上挂出标语口号不许别人用苹果手机，看到这样的场景，确实有点儿滑稽，难怪有人会说，你要是真有种，坐飞机就别坐波音空客了。

比如，经常闹得沸沸扬扬的垃圾焚烧站选址问题，就是因为有那么多热爱卫生的居民，死活不让垃圾处理厂建在自己的小区附近，他们理所当然地主张垃圾这种东西，可以离别人家近一点，但绝不能离自己家近，就算建到别人家里去，他也不会觉得有何不妥。

比如，人们对殴打小偷的行为深恶痛绝，但是，当小偷光顾的正是自己的家里时，他又立马改变立场，恨不得自己亲自动手。

再比如，当摆摊的小贩跟城管之间发生冲突时，人们会毫不吝啬地对小贩给予同情，但是，假如小贩们的摊子摆到自己小区出入口并且妨碍了自己的交通之时，他们又会对小贩大声斥责，甚至于拳脚交加。

正如一位网友所言，那些五分钟热情的呐喊之后，你还是在继续关注哪里可以买到钢琴黑的苹果7，关注国庆节去哪里度假，那些空洞无物的呐喊，显得矫情而让人恶心……如同消费一个事件而已，谁还记得天津港爆炸案中英勇牺牲的那些年轻的消防队员？谁还记得曾经伤亡惨重的动车事件？这种廉价的同情和关注，最终只会让世界更加绝望。

尼采曾说，"爱你的邻居。"话虽如此，可大多数人所爱的并非自己的邻居，而是邻居的邻居，或是住在更远地方的人。为什么？因为邻居很烦人，一点都不招人喜欢。然而人们自以为爱那些住在远方的人，就是在实践"爱邻居"这句话。

当人们说股市不行的时候他们在说什么

据程大爷观察,对地产行业来说,凡是涉及股票的事情,再大的事也是小事;对股票市场来说,凡是涉及房地产的事情,再小的事情也是大事。

比如地产大佬们买股票,一出手就是上百亿,举个牌跟玩儿似的,人家却总是轻描淡写地说,看好某某上市公司的长期发展,区区100亿,买块好一点的地都不够,所以,也不是什么大钱,请上市公司各大小股东不要过分解读,财务投资而已,不主动谋求控制权。你们认为这是个大事那是因为你们没见过大钱,对我来说,就是小事一桩罢了。

可是,地产大佬们,你们真是站着说话不腰疼耶,对我们很多上市公司来说,别说100亿是大钱,就算你们在北上深随便一个小楼盘里卖剩下的两套房子,都是大钱,搞不好还是救命钱。

比如,*ST宁通B发布公告称,公司董事会日前审议通过了《关于转让公司在京两套房产的议案》,同意公司以公开挂牌方式通过北京产权交易所转让北京市西城区槐柏树街11号楼②-201、②-202两套房产,挂牌价格不低于经备案的房产评估价值。说得直白一点吧,就是一家公司依靠出售两套学区房以求扭亏为盈,保壳自救。

如果此举顺利完成,那么,中国的房地产行业将会创造一个"两套学区房成功拯救了一家上市公司和它的1万名股东"的励志故事。

就这样一个充满正能量的"励志故事",却被许多幸灾乐祸的网友说成是A股市场的奇葩异事,极尽冷嘲热讽之能事,但是,不管怎样说,*ST宁通B卖房来保壳,总比那些业绩造假保壳、通过忽悠式重组保壳甚至卖壳套现的上市公司要光明正大一点吧?

近段时间,上市公司只要涉"房",就可以成为引人注目的焦点。房地产炙手可热,各行各业都不淡定,乐于卖房的上市公司还真不少,除了保壳卖房的,也有出于其他各种动机积极卖房的,例如,云赛智联和海航创新都在上周发布了与房产转让有关的公告。

你看看,房地产公司豪掷多少亿买股票,人们都没啥感觉,上市公司卖个

房，却一下子就闹得街知巷闻。

之前有媒体报道，A股市场有大量的上市公司半年利润还不够在北上深买一套像样子的房子，引起朋友圈疯狂刷屏。人们同样是对A股上市公司的盈利能力大加鞭挞，却很少有人去指责房地产行业的暴利几近变态程度。

面对A股市场到处泛滥的这种双重标准论调，水皮有一段评论说得十分到位，一边骂IPO没完没了，一边又乐此不疲打新股；一边骂庄家操纵不得好死，一边又恨不得自己的股票天天一字板；一边呼吁国家队救市不可退出，一边对行政干预又大加鞭挞；一边反对注册制市场化，一边又对IPO绿色通道破口大骂。

这种双重标准的根子，其实就是一种无底线的利己主义。

被反复收割的散户投资者被称之为韭菜，一方面，他们呼唤着严格监管来保护自己的利益。然而，每一次有利于市场长期健康发展的制度设计出台，反对声音最大的却又是散户。

人们一方面在呼吁投资者要赚有利于证券市场优胜劣汰的钱，另一面，他们一转身还是跑去为各类忽悠造假推波助澜，什么黑心钱都照挣。

人们强烈呼吁上市公司不能只生不死，应该严格退市制度，却又飞蛾扑火般去买铁定退市的欣泰。

人们呼吁严厉打击市场的内幕交易，却又四处打听有什么内幕信息可以赚把快钱。

没有持有疯狂上涨的妖股时，我们齐声呼吁监管部门出手制止这种非理性。当他们持有了某妖股时，对监管部门的关注又心存不满，认为有悖于自由交易的初衷。

可见，当一个人的情绪被利益的针尖刺痛的时候，理性有多么脆弱。

人们最擅长做言语上的巨人和行动上的矮子，并且，习惯用双重标准来看待并评价这个世界。

认识到这个世界的浮躁是不费吹灰之力的，但要改变这样的现状，却又举步维艰。

说心灵的自我救赎太沉重，然而，经常性的自我反省确有必要。

女儿读初中的时候，程大爷经常利用吃晚饭的时间对她进行饭桌上的思想教育。因为小时候我母亲也是这样教育我们仨兄弟的，遇到我们干了啥偷鸡摸狗的错事被邻居告状或者期末考试砸锅了，她手头的筷子就会雨点般落到我们头上，也是得益于母亲的严格管教，我们才认真读书考学毕业后到城里混到了一碗饭吃。

于是，程大爷决定把"饭桌教育"的家传发扬光大，每次吃饭都摆出一副德高望重的姿态，从如何确立远大的理想到如何跟同学之间和睦相处，从养成爱好体育运动的良好习惯到文明有礼的待人接物之道，讲得唾沫星子像蚊子一样到处乱飞，女儿只顾低头吃饭，完全不为所动，有一次我生气了，用严厉口气要求她能严格要求自己，做一个德智体美劳全面发展的好学生。

结果，她放下筷子，弱弱地问了我一句：您要求我做到的事情，您自己都做到了吗？

我一下就被这句话问倒了，不知如何回答，只得"王顾左右而言他"，吃饭，吃饭。

从此之后，"饭桌教育"的家传就这样失传了。

记起一句歇后语，现实生活中，多数人只会把"仁义道德"装在手电筒里——只照别人不照自己。

比如我们这些做家长的，自己苟且偷安，却教育孩子要志存高远，自己没事就玩手机，却教育孩子不要玩游戏，自己吃饱饭就在沙发上"葛优瘫"，却要求孩子每天坚持跑步健身。

我们恨不得孩子们都成为内外兼修的贵族，却几乎放弃了让自己从粗俗提升到高贵的任何努力。

房子太贵，股票太累，回到山洞最实惠

市场控盘主力就是一群假正经，当女郎肚脐露得太多了，就赶紧跑过去让她把舞衣往上提一点，盖住肚脐。可是，当他发现，如果舞女把肚脐全遮住，市场的激情就一下子全没了，没办法，只好又放任露脐装往下滑。

楼市变得越来越儿童不宜了，各种媒体的报道中，充斥着比如"坚挺"、"亢奋"、"癫狂"、"离婚"、"日光"之类暧昧的字眼。

不过，只有小学老师还在力不从心地维持着语境的纯洁：我有一间房子，面朝大街，有个阳台，这样的人生梦想，不仅是大人们的专利，就连小学生都是人在课堂，心系楼市呀。

小学老师在和学生解释"乳"字的含义时，小心翼翼：乳即是小的意思，比如乳鸽呀、乳猪呀，然后，他要求小明同学用"乳"字造个句。

小明不假思索地写下一个长句：因为现在深圳的房价实在太高了，所以，我们家买不起那套6平方米的乳房。

老师愁容满面，心想，我还买不起呢，于是厉声教育小明，能不能不要扯到房子这种烦心的东西上呢？请再造一个！

小明只好又造一句：我年纪太小，连出租屋门前那条一米宽的乳沟都跳不过去！

老师急了，又说出租屋，不行，再造一个！

小明只好报告老师，除了房子，我真的想不出别的东西来了，你看看，我的乳头都快想破了。

在程大爷看来，小明显然是一个早熟的孩子，在他造的第一个句子里，我们看到了再小的房子，它也是一个让人想入非非的"乳房"，是一个城市最敏感的器官，风情万种，性感撩人，赚足眼球。

小明造的第二个句子，暗示了出租屋与外边世界之间的小小水沟，却是有房者与无房者之间一道难以跨越的鸿沟，遮遮掩掩，若隐若现，状如乳沟。

房子从生活必需品变成投资品，进而成为投机工具，确实背离了它固有的功用，房价的不断上涨，带给人们的是焦虑和无奈。

一个全民炒房，全民房奴的年代，大家都不省心，没房的人为房子奔波，成为物质上的房奴；炒房的人则梦想着躺着把钱挣了，成为精神上的房奴。

当听到这样的对话之时，我想，许多人笑声中应该闪着泪光。

阿狗问：为什么蜗牛看上去挺可爱的，但是鼻涕虫却让人恶心？

阿花答：这就是有房和没房的区别！

阿狗又问："双十一"那天要是房价也打五折就好了！

阿猫满脸不屑：瞧您说的，好像五折您就能买得起了似的！

在杭州，限购实施前一天竟然签约5105套房产；在上海，为了获得更低的首付和契税，不少市民排队假离婚；在北京，一家上市公司通过出售两套学区房来扭亏保壳，各种畸形的炒房奇招怪招，层出不穷。

有人感叹：美的、海尔、苏宁、国美做地产，娃哈哈、喜之郎、五粮液做地产，连长城床垫都在做地产，房地产让72行最后都殊途同归。

面对高烧不退的炒房热潮，估计是看不下去了，上周，代表主流声音的新华社发表了题为《谁在给"高烧"楼市火上浇油？——房地产开发商"恐慌式营销"乱象调查》的文章，派出记者在全国多个热点城市进行调查。文章称，一些楼盘随意涨价、卖公寓捆绑销售别墅、无证卖房，"火上浇油"的营销策略不仅推高了楼市预期，而且已违规甚至违法。

《人民日报》也忍不住发声：失去奋斗，房产再多也将无家可归。房价就像一面多棱镜，映照着不同社会群体的多样选择。高企的房价，对经济的影响还有待观察，但对社会心态的影响已经显现。可谓一语中的。

主流媒体对于弥漫在房地产市场中的投机取巧之风，普遍感到了忧虑，尤其值得警惕的是，楼市的疯狂已经危及原有的价值观与人生观了，假如一套房子的升值就能抵得过许多年奋斗的成果，甚至成为一个人无论怎样奋斗都无法跨越的鸿沟，那么，现实自会引导人们去做出选择，房产投机当然大行其道，而踏踏实实的工作则会成为笑谈。

据券商中国相关报道，今年以来，中国一二线城市的房价出现了可观的涨幅，今年全球十大房价涨幅最大的城市中，中国就占四个，其中深圳和上海位列全球前两名，无论是从房价收入比还是从房价租金收益率来衡量，北上深的房价早已贵得很离谱了。

中国主要城市的房价租金比大约为38.5倍，上海、北京、深圳、厦门、南京则均超过50倍，说明一二线城市的房价上升过快。按照国际标准，房价租金比在16.7～25倍之间是房价的健康区间，换言之，超过25倍泡沫就出现了。

例如日本，虽说它是一个负利率国家，但房价租金比却在20～25倍之间徘徊，如果把一个区间视为价值投资区域的话，中国大部分地区的房价则早已泡沫四溢了。

有人把本轮房价上涨的根本原因归于货币超发、低利率、鼓励加杠杆和土地财政下地方政府谋求土地出让收入最大化。然而，楼市向左，股市向右，一样的货币政策，两个相向而行的市场。按过往十多年来经验，楼市与股市之间，确实一直存在明显的跷跷板效应，在流动性偏紧的情况下，这种效应尤为明显。去年下半年以来，无风险收益率持续下行，流动性泛滥之下，货币脱实向虚，按理说股市与楼市都不缺钱，跷跷板效应应该弱化了吧？

现实总是出乎意料，投资者的风险偏好确实趋于上升，结果是，都在喊资产荒，泡沫四溢的北上深楼价没有最高只有更高，而A股市场前三季度就是萎靡不振，大批估值相对便宜、股息率也不俗的蓝筹股同样无人问津。

拉长周期来看，楼价疯涨带来了巨大的财富幻觉，而股市投资者一直期待的财富效应却迟迟没有出现，反差之大，令人发指。

一边是实体经济的持续低迷，一面是房地产业的非理性繁荣，并伴随着股市奄奄一息的低位盘整，可见，众人眼中的货币脱实向虚准确地说是脱实向楼而已。房价与股价长期存在的这种跷跷板效应，催生出一个卖房买股还是卖股买房的选择难题。

早在深圳房价上涨时，网上就流传这样一个段子：一个股民10年前卖掉一套位于市区的160平方米房子后投身股市，经过10年跌宕股市投机生涯，最近，他终于下定决心清空股票账户，用账户里剩下的钱买下了一间6平方米的"乳房"。这样段子虽说是虚构的，但它用一种黑色幽默的方式戳到了股民的痛点，在疯狂上涨的房价面前，就算是股神也未必能追上它的快如闪电的节奏。

高房价对社会心态的负面影响不可低估，一个啼笑皆非的俏皮话说，实业误国，买房兴邦，炒股伤身，所以，企业主关厂炒房，辛辛苦苦开工厂赚到的钱还不如买几套房多。北上深只要有套百平方米的房子就是千万富翁，所以，有人从房价涨幅与工资收入的对比中发现，干得再好，没有房子一切都是白搭。

如此残酷的社会现象暗示了一个近乎绝望的逻辑，似乎会涨到天上去的房价，让普通人的工作失去价值，它甚至开始解构努力就有回报之类理想信念的意义。

同样感到失去意义的还有股民，2016年已经过去了9个月，一直找不着北的A股，勉强找到了一点笑声。鉴于大盘9月份九上九下3000点这一有趣现象，有位大佬把3000点的股市，比作女人的肚脐眼，场外的资金犹如一群老男人看艳舞，希望跳舞者穿上露脐装，而且最好不断地往下滑。而市场控盘主力就是一群假正经，当女郎肚脐露得太多了，就赶紧跑过去让她把舞衣往上提一点，盖住肚脐。可是，当他发现，如果舞女把肚脐全遮住，市场的激情就一下子全没了，没办法，只好又放任露脐装往下滑。

当然，市场的参与者都是聪明人，他们知道舞女最美的部位在哪儿，只是，5000点就像舞女的胸部，看一次的代价太大了。

面对如此现实，许多人想到了逃离。

我有个在深圳做小生意的老乡，最近卖掉了深圳的房子，用卖房款回武汉郊外买了两栋别墅，一栋自住，另一栋用来养猪喂鸭，生活逍遥得不像话。

刷爆朋友圈的那个卖掉北京的房子去了大理的家伙，图文并茂地炫耀了他在大理的风花雪月，招来多少羡慕嫉妒恨。

可是，你要学他们的话，你得先在北上深有一套房子才行哦。

其实，早在房价的最新一轮暴涨之前，霍金就苦口婆心地建议人类移居其他星球。霍金称人类面临核战争、病毒和其他危险，必须逃离地球。他这个其他危险我猜测就包含了房价上涨和股价下跌这两种情况。

霍金在2016年BBC录制年度里斯讲座节目时也发表了类似的言论。该讲座探讨了对黑洞的研究，在回答观众提问时他发出了此警告。有观众问世界将如何终结，霍金回答说，人类面临的大多数威胁日益来自科技的进步。今年74岁的霍金称，这些威胁包括核战争、全球变暖带来的灾难性后果和转基因病毒。

霍金说，科技不会停止进步或倒退，因此我们必须认识到危险并控制它们。要避开这些威胁，人类将必须殖民到其他星球，但霍金认为可能在100多年后才能实现殖民。他表示，我们至少在未来100年里无法建立自我维持的太空殖民地。

马斯克也有类似的建议，他说，如果我们成为多星球物种而不是单星球物种，人类文明可以延续很长的时间。如果我们是单星球物种，最终会灭亡。他的公司SpaceX在努力将人类送入太空。上周该公司试车了新的Raptor星际交通引擎，该引擎将用于向火星发送宇航员。

只是，这个至少100年后，让大爷我顿感犹豫。

券商中国则建议人们尝试穿越。

假使给你一次穿越的机会，你会回到哪一年去买房呢？深圳特区成立于1980年8月，深圳第一个，也是中国内地第一个商品房小区东湖丽苑1981年在深圳开售，每平方米2730港元，按当时的汇率，一平方米约1000元。据了解，那时深圳人月薪100元就算高收入，所以更多的是香港人来买房子。而且当时每套房配备3个深圳户口名额，大部分买房的香港人是为了将内地农村的亲友转换为城市户口。

在2000年，要在深圳买个100平方米的房子，需要50多万，不吃不喝275个月，也就是23年左右。

在2016年，要在深圳买个100平方米的房子，需要480万左右，不吃不喝590个月，也就是49年左右。

如果要尝试穿越的话，宋朝我肯定不去，人家官居二品都得租房住，才高八斗如苏轼者在京城也买不起屋，程大爷去那儿还不得睡屋檐下？

思前想后，我干脆穿越到原始社会去吧？

那个时候，房子都是免费的，山洞冬暖夏凉，洞口周边开满野花，没有装防盗门的说法，国庆节到了，有朋友来程大爷的山洞里串个门儿，也不用上淘宝买礼物，山谷里的野苹果、野柿子、野板栗、野核桃，随便摘上几个，用芭蕉叶包好，顺手牵来的羊、逮住的兔子我们当宠物养着……正是秋高气爽，我们在山顶洞口外的大石头上坐下，用小石头敲开核桃，钻木取火，烤玉米、土豆为主食，聊聊公狮子的八卦，母老虎的绯闻，吃饱了就唱一会儿山歌，要不就望着远方的蓝天白云发发呆，生活简单而惬意。

唯一不方便的地方就是，穿越的时间有点长，要6亿年啊。

不谈楼市的策略分析师不是一个好中介

今年楼市确实是一个刷存在感的好秀场，无论是房地产行业分析师，还是首席经济学家、策略分析师，都在争先恐后地带着股民去"看楼"，各式看似专业的分析很是唬人，什么长周期短周期，什么理性繁荣非理性繁荣，煞有介事。

多么不平静的一周啊！A股休市了，楼市不消停，股民轻松了，房客心里犯嘀咕，出发的道路顺畅了，归来的高速公路继续添堵……以前听本山大叔说，生活就是折腾，幸福就是遭罪，这回信了吧？

有网友调侃，国庆假期玩了一圈回来，发现自己已经没资格买房了，还好，这个"没资格"不见得就是一件坏事，比如，本来就力不从心的老公可以一边扒拉假期的账单，一边故作幽怨地对老婆说，你看看，节前没下决心，现在首付又提高了，这下可真是买不成了，其实，内心那种如释重负的暗爽，差点就没憋住。

楼市疯狂凸显低劣的群体心态

这个国庆假期，在朋友圈中不断刷屏的，除了满世界乱跑的男女和卖相土洋不拘的美食之外，便是全国各大一线城市和部分二线城市竞相出台的房地产调控政策。

再也找不到比"疯狂"更合适的字眼来形容今年9月的楼市了，多地买房像买白菜，房价一天一个价，"买不到"的恐慌情绪，不断发酵、重复、传染，近似某种瘟病。

然而，高潮过后，必定空虚，进入国庆假期之后，19个城市加班加点出台了楼市新政，重启限购限贷，后市悬念迭起。

如果说今年来上涨幅度较大的北上深加大了限购限贷的政策措施力度是在意料之中的话，那么，比如广州、珠海这类前期涨幅温和的城市也连夜加入调控大军就多少有些出人意料。

金九银十是传统的房地产销售的旺季，盘点"金九"，不仅一线城市早就金光闪闪，就连部分二线城市地产也开启了疯长的模式，但是，这样的上涨总是让人不踏实，其背后常常藏着鲜为人知的隐忧。

只要与相关历史数据做一个横向比较，你就会发现，中国居民房贷收入比，早已超过了日本房地产泡沫时期的同一指标。

根据现有数据，目前中国居民房贷收入比是0.46，已经超过了日本房地产泡沫时期的水平，如果按现有速度扩张，5年内将达到美国次贷危机前的历史高点，而最新发布的房地产市场的关键指标，也接近美国金融危机峰值：如果从新增房贷/新增地产销售看，美国2007年时的峰值为52.6%。而中国2015年已经上升到了35%，2016年上半年更是创历史新高至42%，已接近美国金融危机期间峰值水平。显而易见，这其中的杠杆加码了，中国个人房贷余额到达16.55万亿，看起来令人瞠目结舌。

而这一切都是发生在2015年股市疯狂冲上5000点过后迅速出现崩溃这一危机之后不到一年的时间。让人记忆犹新的2015年，一场杠杆推动A股市场大涨大落，最终出现多轮杀跌，让A股打回到3000点原形，就拿去年6月18日的数据来说，券商融资余额就达到了创历史纪录的2.26万亿元，再加上场外配资1.5万亿~2万亿元，场内外融资合计约4万亿元。

同样的疯狂，会有不一样的结局吗？股市股鉴不远，楼市看起来正在亦步亦趋。

国庆假期读过大量讨论楼市的文章，大多数都对当前楼市的现状与未来走向感到迷茫，楼市政策拐点已至，不过，调控能产生怎样的效果？楼市是否能实现平稳健康发展？考验着政府宏观调控的智慧。

有人说，经济学家没法预测中国楼市的趋势，因为，表面上看，房子越来越浓烈的金融属性可以从货币政策、利率、汇率等多个维度去加以研究分析，实际上，楼市的走势，已经不再是一个经济现象，而早已成为一种奇特的群体心理学现象。

法国著名社会心理学家、社会学家、群体心理学的创始人古斯塔夫勒庞在《乌合之众》一书中尖锐指出：人一到群体中，智商就严重降低，为了获得认同，个体愿意抛弃是非，用智商去换取那份让人备感安全的归属感。

勒庞并没有经历过上个世纪八十年代以来全球金融市场每隔几年就会爆发一轮的各种危机，更不会了解中国楼市与股市每隔几年就会爆发一次剧烈波动的特性，但是，勒庞关于低劣的群体心态的分析不仅入木三分，而且具有先知般的预见性。

他在书中以一种十分夸张的口吻，为我们描述了一幅十分可怕的景象，按照他的分析，进入群体的个人，在集体潜意识机制的作用下，在心理上会产生一种本质性的变化，表现得就像"动物、痴呆、幼儿和原始人"一样。

勒庞提出"群体精神统一性的心理学定律"，就是群体中的个人会表现出明显的从众心理，它会造成一系列严重的后果，表现为偏执、人多势众不可战胜的错觉。

只要回顾一下过去发生的一系列群体心理推动的抢购行为，你就会发现，勒庞提前大半个世纪，就为我们准备好了对于一些匪夷所思的抢购风潮的最好解读。

远的就不说了，就说发生在21世纪的几个案例。

非典时期抢购盐和板蓝根的事儿，我们还历历在目吧？据说有大妈抢购到的食盐，可吃100年。

某江湖骗子说绿豆可以包医百病，于是，大妈大爷全家出动抢购绿豆，有人抢购到的绿豆也够吃100年。

2007年大牛市中，公募基金动辄一天卖出几百亿，比现在北上深的房子还抢手，如果不是监管部门窗口指导，基金公司采取"限购"措施，单只基金突破1000亿规模就是分分钟的事儿。甚至有没买到基金的大妈冲到银行行长的办公室哭诉代销机构"心太黑"，自己私下把"这么好"的基金都买完了，不卖给散户，言辞激烈，好像那不是基金，而是印钞机。9年过去了，当年大妈们痛斥"被银行行长们藏着掖着"的好基金，如今有几只净值超过1元的？

2015年疯牛行情中，连最保守的投资者也经不起高杠杆融资的诱惑，争先恐后地借钱买股，好像那钱是不需要还似的。大妈大爷又找到营业部老总说，别的券商可以1∶3融资，你们为什么不可以？别的券商可以帮客户想办法去买不在融资标的范围的"小票"，你们为何不可以？仅仅一年时间，那些一窝蜂地哭着喊着要高杠杆融资去买"小票"的股民，有几个做到了全身而退？

关于楼市的言论越狭隘越有影响力

这几天相继出台的多个城市房地产调控措施中，都提及要对各类违法违规行为进行严厉打击。

比如广州市的相关文件，就已经部署开展专项治理，加大市场监管执法力度，依法严肃查处、严厉打击开发企业捂盘惜售、囤积房源、闲置土地，以及房地产经纪机构、信息广告服务机构参与炒房、哄抬房价、发布虚假房源及价格信息等违法违规行为，严厉打击各类交易欺诈行为。

从严查处各类住房骗购行为，对提供虚假购房资料骗购住房的，不予办理房地产登记；对存在规避住房限购措施的商品住房项目，责令房地产开发企业整改；购房人不具备购房资格的，企业要与购房人解除合同；对教唆、协助购房人伪造证明材料、骗取购房资格的中介机构，责令停业整顿，并严肃处理相关责任人；情节严重的，追究当事人的法律责任。

从这些措辞严厉的文件中，我们可以读到楼市疯狂中存在的各种违法违规乱象，部分城市扭曲的炒楼狂潮，其实都少不了背后的推手。

导致楼市出现非理性繁荣的因素很复杂，但是，肯定少不了一些兴风作浪的"旗手"，他们有计划地散布各类虚假信息，制造恐慌，误导投资者。

此外，不可忽视意见领袖在每一次的楼市与股市疯狂中所起到的推波助澜作用。

其实，勒庞的枪口并不是只对着"轻信、极端以及情绪化反应"的群体，他非常清醒地认识到，意见领袖扮演着重要的角色，离开了他们，群体在大多数情况下最多只能算是一些找不准北的"群氓"，不可能掀起某种可持续的大趋势。

在所有的时代，伟大的意见领袖头脑之狭隘令人瞠目，但是，影响力最大的却常常也是最偏狭的人。

勒庞为我们总结出意见领袖煽动群众的最重要的三种手法，当他们需要借助各种看似专业的分析来影响群体的头脑时，就少不了"断言法、重复法和传染法"，群体需要被极端情绪所打动，意见领袖希望深刻地影响群体，就必须出言不逊，信誓旦旦。

那些火上浇油的"断言"，就像反复播放的广告一样，比如有一个"京城房价未来会涨到80万一平"的"断言"，它会让无房者产生再不买就永远买不起房子了的恐慌，也会让有房者强化买多套房以后必赚大钱的欲望。

如果一个断言得到了有效的重复，在这种重复中再也不存在异议，就会形成所谓的流行意见，一致性预期，强大的传染过程开始启动。而各种观念、感情与情绪经由不断地重复，最终会成为群体不可动摇的信念。

亚洲金融危机爆发之前的香港楼市，是一个批量制造亿万富豪的不败神话，当年一线艺人热衷于炒楼致富，要得发，去炒楼，至少在艺人中成为不可动摇的某种信念，当时他们用到的杠杆比率，与眼下的国内楼市的玩家们有得一拼。

然而，信念最后让许多人成为"负翁"，即负资产人士。

曾经把一首《只要你过得比我好》唱得街知巷闻的香港明星钟镇涛，因投资地产欠下债务而申请破产，欠款达2.5亿港元。更为悲惨的是，其妻章小蕙随后搭上有妇之夫的制衣商人陈曜旻并与钟镇涛离婚，而一对子女，由钟镇涛带养，最后只得破产，此后多年，生活困顿，过得非常不好。

今年楼市确实是一个刷存在感的好秀场，无论是房地产行业分析师，还是首席经济学家、策略分析师，都在争先恐后地带着股民去"看楼"，各式看似专业的分析很是唬人，什么长周期短周期，什么理性繁荣非理性繁荣，煞有介事。

南怀瑾说，人有三个基本错误不能犯：一是德薄而位尊，二是智小而谋大，三是力小而任重。

几乎各行各业的研究人员都一窝蜂去谈论楼市的时候,有必要怀疑一下他们的德、智、力。

　　假如你去看看这些大神们在2007年10月股市处于6000点以及2015年6月股市冲上5000点时的分析,你就有必要对这些人的"研究成果"保持必要的警惕。万点论不是他们抛出来的吗?去年在上证5000点喊话"不看到6000点之上就是不懂政治"的专家,如今安在?在创业板指数冲到4000点时,那些鼓吹"在4000点卖票的人一定会在8000点买回来"的宏论言犹在耳,还带着发烧的余温。

　　当然,你一直拿他们当作反向指标的话,现在显然是一个"值博率"很高的押注时点。

　　大爷我还是那个观点,经济会出现难以预测和难以解释的波动,股市与楼市会出现难以解释的泡沫甚至崩盘,这都是经济学家们无法也无力预测的问题。

　　金融学在过去50年的发展很大程度上希望借助于数学和物理学中的量化工具,所以,有很多貌似成功的金融学研究者都受过物理学的训练。

　　但是,哈耶克却认为经济学和自然科学最大的区别在于,在自然科学中我们可以不考虑人的存在,而在社会科学中,最重要的变量恰恰就是人。

　　楼市的问题,经济学的工具确实力有不逮,过去蒙对的本来就不多,未来就继续接着蒙吧?

　　相对而言,我还是觉得去世了85年之久的古斯塔夫勒庞大爷分析得更为在理,没有办法,活着的专家都太年轻,他们经常看不清未来。

　　分析师们在讨论楼市泡沫的时候,各执一词,有人说货币超发,资产荒,城镇化,刚需与改善需求导致资金涌入楼市,所以,长周期来看,楼市没有见顶之虞,于是,就有人放言京城楼价未来涨到80万一平方也不稀奇。

　　我倒不怀疑所谓长周期的一切预测,因为没有多少意义,人生不满百,常怀千岁忧,所以凯恩斯会说,长期?长期来说,我们都会死的。

　　离开参照物来谈房价贵还是不贵,有没有泡沫是荒谬的。你说一百年后京城楼价80万还是800万一平,这样的长期预测,还不如预测一下明天东门菜场

辣椒和青瓜会是几块钱一斤更有价值。

　　这个国庆假期大爷我去了趟越南，在踏出国门之际，好心的导游就建议我们换些越南盾，每个人掏出几百元人民币就立马成了百万富翁，那个感觉，真是飘飘然。

　　不过，一旦走入当地的生活，你才会发现，随便买个啥小玩意，都会花掉好几万呢，简直就是挥金如土。

买个茶叶蛋，花去一万块，买瓶可乐，花去7万块。

有天晚饭时间去了一家"香港海鲜酒楼"，点了几样普通海洋，一顿饭下来，花去80万，那一长串的数字，直看得人心跳加速。

我当时头脑里就蹦出来一个幻觉：北上深的房子还真是便宜，80万算啥子钱哟？如果我们不去想汇率的话。

幸好，除了房子，生活中的许多美好事物都不限购，比如碧水蓝天，比如白云苍狗，比如田园美食，比如落日余晖……还是那句旧得像一张过期票根似的老话，人生不只有房子，还有诗和远方。

从远方归来的你，可以没有属于自己的房子，但是，仍然可以拥有一个温暖的家。在这秋日里，此刻，可以关上窗外的喧嚣，安静地诵读奥地利诗人里尔克的诗句：

谁此时没有房子，就不必建造，

谁此时孤独，就永远孤独，

就醒来，读书，写长长的信，

在林荫路上不停地，

徘徊，落叶纷飞。

估值相差已超5倍，为何让人着迷的是房子却不是房地产股

股票市场的剧烈波动以及长期存在的各种一股独大、造假、操纵、内幕交易、承诺失信等乱象，让人们很难重拾对股市的信心，而房子看得见摸得着，成了他们能够理解、可以控制的切实可行的投资。

娱乐圈的八卦就像北上深的房价一样抓眼球，虽说没自己啥事，但还是忍不住要凑上去瞅一眼。

上周，张靓颖母亲手撕准女婿的新闻让长假归来无精打采还要连着上七天班的劳动人民兴奋了一把，程大爷不禁感叹，至少还有明星，不然，你让那些有房子的中老年人和没房子的年轻人怎样去继续这乏味的生活呀？

人类之所以会产生各式各样的动机，八卦可谓功不可没，如果没有这些看似荒诞的故事，生活很可能只是如美国诗人文森特米莱（可惜得诺贝尔文学奖的不是他）所写的那样，"不是一桩接一桩该死的事情，而是同样该死的事情的不断重复"。

人类的思维模式是以故事为基础的，这使我们难以认识到纯粹随机性在生活中的作用，因为纯粹随机的结果没法与故事融为一体。

张妈妈的套路

张妈妈的故事讲得就很有套路。她以亲笔信的方式"血泪"控诉了一个劣迹斑斑男人，如何曾经让她的女儿"被小三"，她需要以此推导出一个有关"信任"的结论，即"准女婿"冯轲是不值得信任的，他与女儿的结合是为了骗她的钱。

这个由信任危机而引发的故事，讲出了一位对女儿"控制权"旁落的母亲内心的焦虑与不安。

张靓颖自小和母亲生活一起，母亲参与了她长大成人以及事业发展的全过程，和冯轲一样，属于既是亲人又是事业合作伙伴关系。

开撕后没过几天，又有网友曝光在张靓颖的新专辑发布暨32岁的生日会上，张妈妈和准女婿亲热合影，其乐融融，眼看这场"控制权"争夺闹剧不到三天就收场了，质疑其之前的"手撕"是一次新专辑的炒作行为之声渐起，这几天，传闻愈演愈烈，但是，至少现在的预售量已经有了不错的数字。

如果真是那样的话，只能说明，争了半天，都输了个精光，因为，他们的控制权都不幸落到名利的手里了。

别担心，我们的投资就像房子一样安全

网上一面倒地指责张妈妈不应该以这样的方式自曝家丑，毕竟，这个行为的"得付比"是不划算的。

暂且抛开炒作论不谈，张妈妈的行为可以被看作是一种"任性"的情绪宣泄，改变不了女儿的婚事，也改变不了公司股权，按理说这样损人又不利己的事儿，理智的人都不会去做。

如果从动物精神的角度去看，这样的行为又是合乎逻辑的。

有动物精神过度参与的行为，呈现一种经济利益动机和理性思维最小化趋势。在房地产与股票投资中，我们也能看到许多这样的现象。

上周公布的前三季度房企销售金额排名，一组靓丽的数据煞是壮观。恒大跻身第一，销售额达到惊人的2805.6亿，万科虽说屈居第二，但也录得2630.2亿，排名第三的碧桂园，也达到了2139.3亿。百业低迷之下，房地产业一枝独秀，可见一斑。

不过，与房价的成倍上涨，房企销售额的高歌猛进相比，房地产股票的价格与成交量都显得格外的平稳，甚至于给人背道而驰的印象。

即便忽略掉国庆假期密集出台的房地产调控政策这个因素，房地产股的价

格也大都乏善可陈，至少与销售额和利润增长没有同步。

把观察的周期拉长，比如3~5年，你会更加清晰地看到，房企股价的脚步一直跟不上房价的上涨。

这确实是一个挺矛盾的现象，按理说，面包的价格成倍上涨，人们排队抢购，面包供不应求，然后只得大幅提价加限量供应以满足需求，但是，人们对仓库里堆满了面粉又掌握了生产面包技术的面包厂的价值却又异常地不看好，到底是高价抢购面包的人傻了还是不看好面包店价值的人傻？

我们注意到这两者之间存在一系列的背离：

第一，房企业绩持续高增长与股价长期低迷的背离。

拿2016年前三季度销售额排名前三的几大房企来说吧，恒大近期还算是涨了一下的，但是，眼下5.6港元的股价，对应9.1倍PE，1.29倍PB，总市值仅768亿港元，与去年相比仍然下跌了10%，与8.4元的历史高点比，相距甚远。

第二，房企股价内热与外冷的背离。

A股的房企股普遍还较热，而港股则明显偏冷。这个在万科身上表现得尤为明显，万科A股价冲上云霄，稳定在26.7元，上涨了14%，而万科H股的股价就在19.7港元左右晃悠，对应9倍PE，1.92倍PB，今年跌幅也近10%，与万科A的迭创新高，形成鲜明对比。

碧桂园的股价2016年以来的表现相对较强，但是，7.3倍的PE和1.1倍的PB看起来还是不能匹配其强劲的销售规模。

第三，投资者爱房子，不爱房企股。

人们疯狂地迷恋房子，除了刚需与改善需求之外，投资和投机性炒作资金蜂拥而入，房价成倍上涨，房企销售大增，利润增长速度明显加快，房地产股票却普遍不受普通投资者待见。

是房子便宜吗？无论从房价收入比，还是从租金收益率来看，都谈不上便宜。单纯从投资角度看，平均年化收益率为2%~3%，房子大约相当于30~50倍PE的股票，而港股房企股的PE也就介于6~10倍之间，估值至少相差5倍。

第四，机构爱房企的控制权，散户爱房企的故事。

A股房企股的估值比港股房企股估值要高很多，原因在于A股房企股的上涨基本上是由险资举牌推动的，所以，其上涨逻辑跟业绩增长的关系不大，因为，很多被举牌的小地产股的涨幅更为惊人。

以险资为代表的机构，对直接买房投资的热情明显不及散户，他们更热衷于买入房企股票，这个动机有多方面的因素。

动物精神才是投资行为的真实动机

诺贝尔经济学奖得主乔治阿克洛夫与罗伯特席勒通过对美国经济特别是房地产投资的深入分析，得出了一个结论：动物精神是经济的重要推手，而房地产投资是影响近年来美国经济繁荣和衰退的关键因素，他们尖锐地指出，房地产投资变化的原因和动物精神理论的所有要素都存在关联，这些要素包括信心、公平、腐败、货币幻觉和故事。

大量证据表明，这些因素才是人们采取行动的真实动机。

在美国，19世纪的人们常拿船和房子来说事，比如，在狂风暴雨中，船长为了安抚惊慌失措的乘客就会大喊：不要担心，我们的船就像房子一样安全。

到了21世纪，这句话的意思就变成了"不要担心，我们的投资就像房子一样安全"。

信心来自投资的反馈过程：房价上涨越来越快，大家更加坚信房价会持续上涨，也会有投资机会空前良好的感觉，这种反馈与观念、事实的传播互相作用，进一步强化了房价将持续上涨的信念。而这样的一种信念改变了人们对自己的看法，让他们"相信"自己是聪明的投资者。

股票市场的剧烈波动以及长期存在的各种一股独大、造假、操纵、内幕交易、承诺失信等乱象，让人们很难重拾对股市的信心，而房子看得见摸得着，成了他们能够理解、可以控制的切实可行的投资。

机构投资者买入房企股票，在于其可以控制它的资源，无论是它拥有的土地还是融资平台的价值，谋取的是控制权，所以，愿意付出控制权溢价。

如果不打算谋求控制权，那么，所谓的纯粹财务投资的动机就来自"信心"。即他们信任这家上市公司的管理层可以为自己创造理想的投资回报，此

外，也有可能他们确信目前的估值是便宜的。

普通投资者买房而不是买股票，这其中包含的动物精神是，买入的房子，我的房子我做主，拥有了控制权，所以，愿意为已经价格不菲的房子付出他自以为拥有的控制权溢价。

相反，买入的股票的涨跌全操控在别人手里，没有控制的半点权利，所以，便宜也不买，除非，它能讲一个激动人心的好故事。

人生中最不可控的是命运

阿克洛夫和席勒信誓旦旦地说，动物精神无处不在，从宏观到微观经济，从房地产到股市，从投资到生活，它一直是人类社会发展进程中的一只隐形之手，所有试图忽略它的努力，不仅荒谬，而且也是徒劳。

控制欲应该来自动物精神中的"信心"这个因素，这里包含了自信与他信两个层面。它不仅是一个人自身的情绪状态，它也是一个人对他人信心的一种判断，以及他人对他人信心的洞察。同时，它还是一种世界观，是大众对新闻媒体和公共讨论所传播的信息的理解。

我比你要高明，所以，你要听我的；我不相信你的分辨能力，我也不信任那个人和那个组织，尤其是那个人和组织有过说谎的前科，所以，你要离他们远远的，不要上当受骗了。

比如张靓颖的母亲，她自信可以保护好自己的女儿，她不信任张靓颖有分辨能力，当然，最大的问题是，她对准女婿冯轲早年说谎的事情耿耿于怀，因而，不相信他可以给张靓颖所谓的幸福。

现实生活中，不管有意无意，人的控制欲时不时就会流露出来，例如，中国式父母对孩子的控制欲一向都很强烈，尤其是在婚姻大事上，"父母之命，媒妁之言"说起来是"旧社会"的基本婚姻模式，现在"新社会"了，不少父母对孩子的婚恋问题，仍然会不同程度地加以控制，我的人生我做主，说的是对自我选择的控制，可是，谁又能真正控制得到了自己的命运？

上周，一生桀骜不驯地要去改变世界的两个75岁男人和他们迥然不同的人生际遇，引起广泛热议。

生于1941年6月19日的前"首富"牟其中走出监狱并再次走进公众视野。这个"坐牢专业户"一生在大牢里待了23年零2个月，可谓心比天高，命如纸薄，曾经的首富现在已经一文没有，但他扼住命运咽喉的壮心还在，准备再次白手起家。除了头发白了，其他都很好，状态也很好，自信可以再干20年的牟其中说，当年苏东坡"老夫聊发少年狂"，我也得诗一联"人生既可超百载，何妨一狂再少年"。如今这句对联，在网络上被广泛传抄，成为励志格言。

人无法控制的不只有厄运，也会有不期而至的幸运，比如，与牟其中出生年月日相差不到一个月的美国诗人鲍勃·迪伦，上周就"意外"获得诺贝尔文学奖了。

出生于1941年5月24日的鲍勃·迪伦自1962年发行第一张专辑至今，发行了50多张唱片（这个数字太刺眼了，牟其中至今坐了278个月的牢），他用音符把音乐、把诗歌、把文学传唱到全世界。

消息传来，程大爷不无调侃地评论道：这事对楼市肯定利空，因为，以前很多人不相信诗歌才是人类心灵的家园，所以，在动物精神的驱使下，他们只知道拼命买房子，以为这样才有归宿感，诺奖评委已经看到了问题所在，房价就是被那些从不读诗的人炒起来的！在中国楼市调整的节骨眼上，远在瑞典的国际友人做出了这样一个提示性的颁奖，目的在于引导那些还没有买房的人先别急着去买了，何不就在音乐中，在诗歌中，给自己飘忽不定的心灵，安一个家？

是这样吗？

答案在风中飘。

假如巴菲特参加新财富分析师投票，他会把第一名投给谁

> 21世纪的中国资本市场，研究咨询行业的发展趋势与娱乐业渐行渐近，就快要接轨了。有网友戏言，卖方只有三种分析师，即新财富第一、新财富上榜、新财富未上榜。

平日里高深莫测不苟言笑的卖方分析师们，最近纷纷脱掉西装解开领带，开始套上文艺、呆萌、疯癫、愤青的表情狂刷朋友圈了，驱赶着他们的正是年年诅咒又岁岁拉票的新财富最佳分析师评选——有人说它是资本市场的奥斯卡，也有人称它为分析师的龙门或者鬼门。

21世纪的中国资本市场，研究咨询行业的发展趋势与娱乐业渐行渐近，就快要接轨了，刷脸出位，网红当道，造星运动热火朝天，有网友戏言，卖方只有三种分析师，即新财富第一、新财富上榜、新财富未上榜。

在这样的氛围之下，即便你学富五车、才高八斗、德高望重、料事如神，只要连续几年新财富不上榜，也就离黄花菜不远了。不夸张地说，眼下卖方分析师的命根子就是这个，一年不上榜，心里就发慌，跟着工资、奖金也大受影响，此外，国内上市公司也基本上只认新财富不认人，榜上无名，调研无门。

也有个别高贵冷艳的券商出于各种原因宣称不理睬、不参评、不考核的"三不"政策，但是，公司的分析师们还是急不可耐低三下四地要以个人名义参加评选和拉票。

在花样百出的拉票文章中，有一首诗最让我印象深刻："人活一世，草木一秋；又到选季，奶奶个球"，瞧瞧，新财富已经上升到了生死离别的境界。

那么，决定卖方分析师"生死"的选票都握在谁手里呢？机构投资者！保险公司、公募基金、私募、QFII以及海外投资机构，都可以申请或推荐作为投

票人。这么说,巴菲特的伯克希尔·哈撒韦公司也是可以来新财富投票的哦。

巴菲特喜欢什么

说真的,我也不知道今年的新财富投票巴菲特来还是不来。世事无绝对,作为一位幽默搞笑又非常爱热闹的股神,假如颁奖大会上主办方能够提供可乐和花生糖,说不定他和芒格都会来哦!

每年的新财富最佳分析师评选涉及的研究领域有将近30个,覆盖的卖方分析师数以千计,巴菲特不可能关注所有的行业,更不用说所有的研究人员了。

那么,除了可乐和花生糖,巴菲特还喜欢什么?

当然是好公司。

A股分析师们在拉票的文章中会列出今年来所写的最有份量的研报,除此之外,还会浓墨重彩地写到:本人一季度推荐的某某牛股,已经涨了150%,本人二季度挖掘的某某黑马,已经涨了300%⋯⋯

据说最狠的拉票方式是,分析师带着美女销售没有预约就直接冲到基金经理的桌边,用三分钟说完最新行业研究报告,然后快速掏出一只牛股放在桌上,压低声音说,年底翻倍,请拿好!

可是,如果用这招去拉巴菲特的票,可能不会奏效。

在A股市场,人所共知的是,好公司不一定是好股票,好股票也不一定是好公司,完全不能画上等号。

巴菲特喜欢的好公司不一定是股价一年涨几倍的公司,所以,只研究股票涨跌的分析师是不可能入得了他的法眼的,你得是个企业分析师才行。

程大爷发现,这么多年以来,我们身边的高手们其实一直都在误读巴菲特,一个显而易见的偏见是,巴菲特只喜欢低估值的便宜货,并且毕生都在致力于寻找便宜货,有一件小事还可以佐证,他家附近的超市经常会有特惠活动,而他钟爱的百事可乐低至半价,每当这个时候,他都会屁颠屁颠地跑去抢购一箱,可见,股神对便宜货有多着迷了。

然而,在投资上,事实却非如此。伯克希尔公司主要投资于受监管的资本密集型业务（铁路和能源），制造业、服务业和零售业，金融和金融产品业务，主要以传统行业为主，而他首先看重的并不是"便宜"，而是"好"。

股神眼中的好公司得符合如下条件：

第一，具有垄断地位。这种垄断地位，可以是市场的，也可以是技术的，也可以是文化与品牌的，当然，还可以是特许经营权及专利保护所形成的垄断，总之，不管你的垄断地位是从何而来的，别人要来跟你分杯羹就得迈过那道高得吓人的门槛。垄断的安全边际大，足以支持未来持续的高回报。

我们看看伯克希尔的重仓股就会发现，这些公司基本上都具有"垄断"这一特征。美国运通、高盛、合众银行、富国银行、穆迪公司等金融服务企业属于有准入门槛的垄断企业，而可口可乐、Phillips 66、AT&T、沃尔玛也属于拥有市场寡头垄断地位的公司，IBM和最近买入的苹果公司，在科技领域中也拥有超然的品牌与文化垄断地位。所以说，巴菲特终其一生，上下求索的"价值"并非"低估值"的便宜货，而是贵得不够的垄断企业。

第二，强劲且相对稳定的现金流。

伯克希尔·哈撒韦公司最近加仓了逾320万股Phillips 66公司股票，总股数达到了近7900万股，相当于该公司15%的股权。在短短几年时间里，Phillips 66已经成为伯克希尔·哈撒韦公司持有股票最多的公司之一，按照最近的股价，这些股票的价值为61亿美元。沃伦·巴菲特为何如此钟爱Phillips 66？简言之，它拥有的许多特点是巴菲特所看重的。

第三，从1到N，不见兔子不撒鹰。巴菲特的投资理念中，摆在至高无上位置上的三个字是：不亏钱！他跟时下热衷于追逐高风险与高收益并存的新技术类公司的投资潮流背道而驰，他执迷于确定性。

投资界有个共识就是，所有的大公司都会缓慢走向衰亡，所谓"大公司必死"是这个世界上商业演化的必然。但是，巴菲特打算颠覆这些既有的观念。

在全世界都不看好苹果这个巨无霸时，巴菲特旗下公司伯克希尔·哈撒韦二季度增持苹果股票55%至1523万股。

2016年第二季度中，尽管iPhone销量连续第二次同比下滑，苹果的盈利仍好于预期。近期公司股价走高，过去三个月内上涨21%。巴菲特旗下公司对苹果的增持一定程度上说明其对苹果长期生存能力以及下一代苹果产品抱有希望。

伯克希尔的做法并不为市场所认同。比如索罗斯、巴里、艾因霍恩等机构投资者，并不看好苹果的前景，纷纷减持苹果股票。巴里是最早预见2008年全球金融危机的专家之一，他旗下的Scion出清7.5万股苹果股票，转而买进谷歌母公司Alphabet的股票1.5万股。

多曼资本研究的创始人兼主席伯特·多曼表示："苹果的衰退将持续，买它的人一定是聋了、瞎了或者傻了。"这话也太毒了吧？

然而，iPhone7推出后强劲的销售数据，很快就扇了多曼一耳光，又一次显示了股神的超人之处。

巴菲特厌恶什么

看完巴菲特喜欢的，基本上就可以猜出他厌恶的。他喜欢好公司，当然就厌恶烂公司了。不过，这几乎是句废话，换成程大爷，也只会喜欢好公司啦！

但是，如果真是一眼就能看清楚的烂公司也就罢了，偏偏这世界上就有"青菜萝卜各有所爱"、"各花入各眼"、"别人眼中的草却是你手中的宝"这些说辞，让人还是心猿意马，不知所措。

巴菲特厌恶的，是不确定性。具体来说，他不喜欢这几类公司：

第一，处于充分竞争领域。如果说巴菲特喜欢的好公司具有垄断属性，那么，他对陷入过度竞争领域的公司没有好感。没有什么比垄断形成的护城河更让他感到安心的，当一个公司拥有的垄断优势足够大时，就算一个白痴来当董事长也不会出太大问题。反之，连一条臭水沟那么宽的护城河都没有、一个屁就可以吹得你城门大开、一低头对手的刺刀就顶到鼻子尖、天天你死我活地拼价格和市场份额还苦哈哈地赚不到钱的公司，就是大路货，再便宜也不值得买入。

我在前面谈及巴菲特对苹果的青睐是出自"垄断"这一标准，它的品牌与文化划地为城，获得巨大优势。在手机领域快速崛起的华为，以专利技术获得垄断优势，正在后来居上的路上。

而小米却正在迎来它的最低谷，法国《费加罗报》发表了题为《"中国苹果"小米昙花一现的童话》的报道，相比去年小米市值450亿美元的巅峰，仅仅不过一年时间，小米市值就只剩下了当时的零头：40亿美元，这个市值还不足去年的10%。想想去年意气风发的雷军，还有业界对小米高达450亿美元的估值（仅次于600亿美元的蚂蚁金服并高居国内第二的显赫位置），恍若隔世。

当年雷军率领小米先顺势再借势，一夜成名，几乎是最受瞩目的明星企业，无数企业争相效仿，连格力电器董明珠都要打赌10亿他都不眨一下眼，然而，在享受完中国粉丝经济的红利之后，如今也不得不去面对正在遭遇的危机。这说明，没有一家科技公司是可以单纯依靠营销策划、品牌和噱头长期获得垄断优势的。

第二，从0到1。巴菲特的投资逻辑很简单，只要能看懂10年后的自由现金流，就可以判断价值。但面对未知，我们并不知道还有怎样的创新在等着。想要在此基础上预测未来10年的现金流，更是无从入手，所以说，科技公司的估值是最难预测的。对于大多数专注科技类的风投而言，预测未知同样非常困难，所以他们只好用收益项目覆盖那些亏本的投资。

而巴菲特显然不认同这个逻辑，从0到1的创新公司的故事都是激动人心的，要命的问题是，你需要比较准确地预测它10年后的现金流才能算出它眼前的价值，还有，有那么多后发制人的公司在窥伺着，笑到最后的不定是谁，这种不确定性正是巴菲特所厌恶的。他对以互联网为代表的科技股似乎从来就缺少热情，比如，2000年互联网泡沫中，巴菲特由于拒绝参与互联网狂欢导致当年组合收益率不佳而被人批评为老古董，谁也没想到，互联网泡沫破灭得如此之快，如此之彻底，还有，科技股低迷期持续的时间如此之长，让人又对巴菲特的"保守"充满了敬意。

第三，痴迷于颠覆性创新。现在又有人批评巴菲特一直不买亚马逊太保守，简直就是暴殄天物。但是，股神有他的想法。创新有两种，一种是持续性创新，一种是颠覆性创新。亚马逊改进物流体系，是持续性创新，推出kindle，却是一种颠覆性创新。为了抵抗苹果在数字媒体领域的竞争，亚马逊推出AWS，则更是前所未有地开发了一类新客户，开辟了云计算这个全新市场。

但是，在巴菲特的眼中，这类跨越式创新支撑的估值属于不可预判。股神的投资逻辑与普通投资者完全不同，他不会被不确定的画饼所迷惑，他的标准是，每次挥棒都能击中好球，而不是搞漫天撒网式的分散投资，他不接受用1%的项目收益覆盖99%的项目亏损这种赌博式投资逻辑。

尽管贝佐斯有一套很好的逆向创新法则，从用户体验出发，提升用户体验，更多创新。但是，这并没有让它避免失败，贝佐斯也公开承认，创新存在失败的可能性。成长充满着变数，成功难以复制，所以风险巨大，一不留神，它那漂亮的增长率就吞噬掉自己大半的利润。

从2015年至今，短短19个月内，亚马逊的市值达到3657亿美元，比2015年第一个交易日的1438亿美元高出了2200亿美元。然而，巴菲特却选择无视，他一边掏钱补仓沃尔玛，一边掏出大把的赞美之词送给亚马逊的CEO贝佐斯，却

拒绝掏一块钱去买亚马逊的股票。

是他看不懂亚马逊，所以固守自己的能力圈？他一贯坚持的方法就是通过预测未来现金流来选择好公司，买入并持有。看不懂就不投资正是股神的信念，如果看不懂10年后的发展模式，无法预测10年后亚马逊的自由现金流，就无法确定其价值。

巴菲特会选谁第一

我设想了这样一个场景：新财富最佳分析师颁奖大会上，获得第一名的分析师喜极而泣，语无伦次地当场感谢了所有人，包括上帝和巴菲特；其他上榜的喜形于色，在朋友圈分享获奖照片，并感谢了所有人；没上榜的在朋友圈既不分享图片也不分享文字，只是默默地分享了一首歌曲，一般是张学友的《心如刀割》和陈奕迅的《不要说话》，美女分析师比较喜欢用那英的《一笑而过》来掩饰内心故作坚强。

有记者问股神对新财富有何看法之时，巴菲特说，不需要羡慕别人，也不要嫉妒别人中了彩票或者通过IPO赚到很多钱。要自己思考哪些事情有道理，具备坚定的思维，而不是看哪只股票涨了就去买。

芒格在一旁补充道，不要去羡慕别人的成功，要中规中矩做好自己的事。

有记者刨根究底地问股神，哪些研究领域是他喜欢的，哪些是他不关注的。

巴菲特说，先用排除法吧。从研究领域来看，宏观经济、策略研究、金融工程这些没啥用处，我特别讨厌华尔街，那里都是一帮带枪歹徒，他们老是用各种复杂的金融工具骗散户的钱。

农林牧渔、食品饮料、纺织服装、轻工造纸、社会服务（酒店、旅行、休闲）、传播与文化、军工、中小市值研究这些领域中过度竞争的公司，我没办法看好，没有研究可口可乐公司的食品饮料分析师，我都不认识。

煤炭开采、石油化工、医药生物、电力、煤气及水等公用事业、建筑和工程、交通运输和仓储、基础化工，这些行业中，如果有垄断地位的公司，还是可以给我推荐一下的。

环保、电子、非金属类建材、钢铁、有色金属、家电、汽车和汽车部件、机械、电力设备和新能源，我认为没有比钢铁侠更懂这些行业的了。

通讯（通信设备和通信服务）、计算机、银行、非银金融、固定收益，有意思，金融与通讯占了伯克希尔重仓股的半壁江山了。

关于房地产行业，这确实是一个问题行业。我注意到新华社上周发表了最新时评——《剪除楼市毒瘤刻不容缓》，说是当前房地产市场秩序已经到了非整治不可的地步，中国容不下一个百病缠身的房地产市场。一个健康的房地产市场，必须有铁腕规则维护秩序。其还称，包括本轮房价飞涨在内的历次楼市波动，均暴露出房地产市场秩序混乱是推高房价的重要因素，部分开发商为牟取暴利，惯于散布假消息，人为制造恐慌，严重损害消费者利益，影响楼市健康发展。所以，那些为房地产泡沫摇旗呐喊的分析师，我是鄙视的！

那么，究竟谁才是巴菲特心目中的第一呢？

先看看巴菲特的一段评价：格雷厄姆曾经教我只买便宜的股票，查理·芒格让我改变了这种做法。这是查理对我真正的影响。要让我从格雷厄姆的局限理论中走出来，需要一股强大的力量。查理的思想就是那股力量，他扩大了我的视野。查理更善于把事情想明白。他认为一个人最主要的任务是尽量做到理性。他自称自己只擅长这个，别的都不会，所以就坚持做自己最擅长的。

查理·芒格表示，理性是一种道德责任。伯克希尔·哈撒韦公司在某种程度上是个理性的殿堂。

从理性、专业和道德的标准来看，巴菲特认为有资格获得第一名的有三个人选，分别是格雷厄姆、查理·芒格和他自己。

出于一贯的谦逊以及对好基友的鼓励，他最终还是把第一名投给了92岁的查理·芒格。

假如炒股是一场恋爱
LUN HUA PIAN

论花篇

拿着垄断的牌子，过着竞争的日子

不得不承认，券商一直都是一个毁誉参半的行当，跟房地产行业差不多，被羡慕嫉妒恨，被妖魔化，一说起资本脱实向虚，矛头指向的便是房市与股市。

券商最近绯闻不断，先是中登公司发布开户新规，股民从1人可开20户一下子改为1人最多只能开3户，这个新规被业内人士解读为股市也要"限购"。

接着是全国券商东南西北大开战，争相展示软硬实力，讨好客户，以期在券商中国最贴心券商评比中占据榜首位置。大约是受到这样热闹氛围的感染，沉寂多时的券商股上周很配合地从睡梦中醒来，蠢蠢欲动，大有卷土重来之势。

拿着垄断的牌子过着竞争的日子

不得不承认，券商一直都是一个毁誉参半的行当，跟房地产行业差不多，被羡慕嫉妒恨，被妖魔化，一说起资本脱实向虚，矛头指向的便是房市与股市。实体经济低迷，虚拟经济就会饱受诟病，好像金融与地产的虚火旺盛之处，工商企业总是寸草不生，香港就是一个"反面"典型。

但是，一说到要让人民群众获得财产性收入，要为经济摆脱低迷制造"财富效应"，股市的作用忽然又被提升到国家战略的高度，被寄予厚望。

如果说房地产行业是挂着充分竞争的羊头卖的是垄断行业的狗肉，那么，券商行业则是拿着垄断行业的牌子，过着充分竞争的日子。

估计全世界也找不到第二个这样的房地产行业了：一个加工行业的利润率远高于科技创新行业，这个几乎没有准入牌照的竞争行业，做着做着，自己把自己做成了一个垄断行业（长期的卖方市场，房企牢牢把握着定价权），获取超额垄断利润，量产亿万富豪，几乎占据了中国富豪榜的所有显赫位置。

而券商这个从一出生就被牌照之手温柔地抱着的垄断行业，却常年陷入各式过度竞争的漩涡之中。

可见房地产是没有垄断的行业，却有垄断的企业；券商却相反，只有垄断的行业，没有垄断的企业。

行业的护城河是政府早就挖好了的，城外的新人要跨过这道河殊为不易。

结果是，城外的人进来的不多，倒是城内的券商们自己抄家伙先干了起来，打斗是从最肥沃的经纪业务领域开始的，佣金率的不断下滑令经纪业务一年比一年闹心，但是，资本中介业务的价格竞争也愈来愈激烈。

为何垄断行业也争得你死我活？

第一，业务高度同质化。

第二，各家券商的特色不明显，辨识度不高。

第三，由于牌照的保护，大券商与小券商都能活得下去，只是赚多赚少的问题，还看不到有主动退出的，兼并重组缺乏动力，大象不大，小狗不小。

第四，行业集中度太低，前十大券商大致上处于势均力敌的状态，暂时还没有形成真正的行业寡头。

第五，随着牌照的有序放开，新加入者不断搅局，预期城内的竞争还会更趋激烈，未来还是会形成寡头主导，赢家通吃的局面，这也刺激了各大券商加大了转型升级的力度。

1人20户背后是五花八门的行业乱象

俗话说，骑白马的不一定是王子，也许是唐僧；长翅膀的不一定是天使，也许是鸟人。

1人开20户的不一定是大户，也许是空户。

从1人1户的时代，忽然大跃进到1人20户，这个跨度实在太大。

说实话，一放开就让1人开20个户，看不到对股民有多大好处，倒是培育了一个新兴产业——开空户赚钱的生意堪比五毛党，结果就搞得空户满天飞，导致股民信息泄露，数据失真。

开户政策的不断改变，缘起于旧制度对投资者账户的自由迁徙形成了极大的制约。在1人20户的新规出台之前，股民就有"转托管比改嫁还难"的抱怨。

多年来，股民向监管部门投诉最多的问题之一就是转托管难，在一人一户时代，深圳账户一个账户可以分别挂在多家券商，等于说深圳其实早就是一人多户的，然而，上海账户则只能指定在一家券商，如果要从A券商去B券商开户，可以新挂一个深圳账户，但想把上海账户也开在B券商，那么，只有两个途径，要么就从A券商转托管至B券商（撤销指定交易转托管），要么就把在A券商的账户股票卖掉资金取出然后销户，再到B券商重新开。

注意，无论是转托管还是注销重开，都得经过A券商同意，否则就办不成。出于挽留客户的目的，券商以各种理由，比如营业部负责人不在没人签名呀，系统故障呀，需要客户经理访谈呀等等，故意拖延不办的情况时有发生，造成客户多次跑去营业部都无功而返，最后有的就半途而废不办了，有的就愤然向监管部门投诉，总之，会搞得鸡飞狗跳，乌烟瘴气。

1人20户立马就解决了这个问题，你不同意办转托管，那我就懒得去办，直接在B券商多开一个上海账户，A券商的账户就扔那儿不要了。

本来是一个便民措施，不料，歪嘴和尚们很快就故意把经念歪，有些券商为了实现海量的开户目标，大肆花钱拉人开户，有"组织能力"的人看到了一盘大生意——组织各类学生、民工、大妈，总之，对出卖一次身份证赚个20～30块盒饭钱有兴趣的各色人等为那些有志于在行业开户先锋榜上占据一席之地的券商卖力开空户，你赚名，我赚钱，各取所需，各得其所。

央视315晚会就曾经曝光过多家券商与一些机构勾结违规批量开空户的事情，引起舆论广泛关注。

好券商就得"三心二意"

美国诗人鲍勃·迪伦说，这个世界并不存在所谓绝对的自由，你看，就连鸟儿还被天空束缚着呢。

有人会说我的账户我做主，想开哪儿就开哪儿，想开多少个就开多少个，你管我干嘛？我理解的是，当初中登公司给出了1人20户的开户自由度，大概是想说，以前限制多，现在基本解除限制了，这下子总可以满足需要了吧？你总不至于真的需要开20个户吧？但是，对于那些利用规则赚开户费的人，如果想开就开的绝对自由一旦给了，你信不信他会开出128个证券账户来？钻空子者的疯狂是没有边界的，就是天空也束缚不了他。

不过，从1人20户又回到1人3户时代了，这将会带来三个严重后果。

先说两个"不幸"的后果：第一，客户可开户的数量立马就要断崖式下跌；第二，已经开出来的海量空户存在着随时被中登公司清理的可能，长期不用将被当作休眠账户处理，届时会导致拥有较多空户的券商客户数量大幅下降。

好在凡事有利有弊，还有一个后果其实是件好事：1人20户导致空户泛滥，改为1人3户后，开出来的账户的"有效户"比率预计会大幅上升。

为了在这个巨变的开户规则下争得主动权，得有效户者得天下，于是各家券商都使出浑身解数，变着法子讨好客户。

围绕谁是最贴心券商的评选，各家券商一言不合就东南西北开战。可是，全世界都知道好券商尽是些三心二意的主啊！

客户选择一家券商的原因可能出于各种因素，比如通过广告、客户经理、其他客户的转介绍、线下渠道的合作开发、线上的有偿引流、纯粹偶然，然后就是被身份证掮客们有组织开户稀里糊涂地也不知自己成了哪家券商的客户。

但是，客户能在一家券商长期交易下去，又是什么原因？

如果只是空户，也就无所谓坚持还是离开的问题，如果是有效户，尤其是高净值客户，不离开的理由无非是，第一，长时间在一个地方交易产生了路径依赖，懒得转来转去；第二，与营业部员工相处得融洽，不好意思转走；第三，对券商服务特别是咨询服务感到满意；第四，相信风水，觉得这家营业部旺财；第五，又给降低佣金了。

如何让有效客户既拉得进，又留得住，最好是自己找上门来，即产生所谓的黏性？这不是一个空谈忠诚的行业，好券商就得"三心二意"：

第一，服务要贴心。

作为一个有着极高进入门槛的垄断行业，10年前的券商大多都是以高冷艳面孔示人，不过，随着内部竞争的加剧，转型还是比较快的，从坐商到行商，从冷漠到热情，近年来，营销与服务意识都在提升，券商已经进入了一个比拼服务的时代。但是，并不是谁笑得美声音甜谁就是最贴心，你还得要有贴心的能力与水平！

第二，收费要省心。

必须让客户心甘情愿为贴心服务支付合理费用，如果你的利益与客户利益永远是不一致的，甚至是冲突的，那么，再低的收费都不会让客户心服口服，因为他会认定没有最低只有更低。只有在利益一致的情况，你为客户创造更多的价值，他自然会明白贴心服务的收费不是来自他原有财富的损耗，而是来自新增价值的一种分享。

第三，交易要放心。

随着信息技术的飞速发展，交易的便利性空前提升，但是，交易安全问题又日益成为一个困扰。特别是人工智能的突飞猛进，不久的未来，券商服务的途径将会越来越多地转向机器人。比如，投资银行和研究所尝试自动报告生成，客服依赖金融智能搜索，资管部门在通过人工智能辅助量化交易，财富管理部门在探索机器人投顾……如此复杂的信息技术应用,谁可以做得更好,谁就能让客户放心。安全问题说到底也是一家券商能力的体现。

第四,客户满意。

客户的财富能够通过你的服务而得到保值与增值,才是最高层次的客户满意。

只有赢得了客户的满意,才可以赢得客户的信任,而信任一旦建立起来了,就会形成公司战略上的巨大竞争优势。

这个信任有两个含义,一是你的品格值得信赖,二是你有被客户信任的充分条件即胜任的能力,这两者相辅相成缺一不可。近年来,金融科技成为炙手可热的时髦名词,但是,技术的改进只是必要条件,并不会自然而然地赢得信任,券商必须创立可以与客户建立信任的服务模式,这才是赢得客户黏性的核心。

第五,员工乐意。

金融行业是铁打的营盘流水的兵,优秀员工的流失是各家券商尤其是优势券商的一大痛点。为什么行业中最优秀的人才不乐意为你效劳,这里边除了钱,还有没有别的原因?我很是认同PayPal公司创始人、Facebook首位外部投资者彼得·蒂尔的一个观点,一个组织的凝聚力,除了共同的愿景之外,有时候还需要一点江湖气。所以"老大"如何让小弟们感觉有奔头,他才能乐意跟着你混,没有这样的员工,贴心服务就是无源之水,无本之木。

或许有人会跳出来质问程大爷,客户满意了,员工乐意了,那股东的利益又在哪里?

傻孩子,你不觉得,有了这些,股东的利益就是顺带的结果吗?如果真的到了这样的境界,作为一家优质券商的股东,他们应该不是满意,而是得意吧?

妖股的坐庄公式

你是大股东，你具有影响力，你考虑问题的底线就不是"不犯法"这样肤浅，你还有义务与责任在那里。

"何处合成愁？离人心上秋。纵芭蕉不雨也飕飕。都道晚凉天气好；有明月、怕登楼。"哎呀，最近读财经新闻，总是忍不住读出一行行宋词里的离愁别绪来，怕登楼，只好登上朋友圈，放眼望去，满世界也都是"离人"——只是，在这里，依依惜别的"离人"都被翻译成了大白话：某某某跑了！

先是华人首富李嘉诚。上月底，长江实业地产宣布以200亿元人民币卖掉上海陆家嘴的"世纪汇"综合体。这次交易将给长实地产带来54.3亿元人民币（约合62.2亿港元）的收益。

其实，李嘉诚从房地产业撤资路径早已清晰，3年来已经累计套现了近800亿元。

再是上周，很早就聪明绝顶又超级有能力有本钱的许老板很潇洒地从梅雁吉祥"跑了"，引来市场一片质疑，你这是险资还是游资？是带散户奔小康还是跳坑里？可怜一众散户哭着喊着要去追随许老板的脚步，好不容易用高位接盘的方式挤进恒大的粉丝团，以为这下子可以跟土豪"在一起"了，结果，还没来得及道一声"许爷吉祥！"人家就不辞而别了。

争先恐后秀下线：不犯法就可以乱来

哪怕许老板从所有的恒大概念股里"跑了"，其实跟绝大多数人没半毛钱关系，所以，尽管主流媒体纷纷发声，N问许老板，然并卵，不仅许老板懒得搭理你，"有关部门"也当啥事没发生。

当然，散户们也远没有大股东减持"跑了"时的那种义愤填膺。毕竟，对于普通人来说，只要爱人没跑，就都比王宝强幸福。

好吧……

李嘉诚"跑了"，是他的一种选择。

许老板也"跑了"，这是他的一种天赋。

因为，他们都可以说，我跑了咋的？我又没犯法！

大小非减持也没犯法，为何却饱受指责？事实上后来也受到了诸多限制，不是说想跑就跑的那么容易，还是需要考虑对股价的影响，要顾及中小散户的利益与感受。

你是大股东，你具有影响力，你考虑问题的底线就不是"不犯法"这样肤浅，你还有义务与责任在那里。古人说，天理、人情、国法，公众人物要特别爱惜自己的羽毛，你身上承受的目光比普通多千万倍，你消费自己的名望之时，是粉丝为你买单，所以，社会对公众人物品格的要求也相应更高一些。

多高才算合理？公众人物道德的底线应该是普通人道德的顶线，而不犯法只是普通人的道德底线。不要伤天害理，不要践踏人心，这些都在"不犯法"之前。

国产土豪们常常会整出一些自相矛盾的事情来，一边高调参与慈善事业，一边又打家劫舍，劫贫济富，大秀其儒商衣冠，这样的"善"，就是如假包换的伪善！

这是一个人人争先恐后秀下线的时代，如果你不认同"不犯法就可以乱来"这样的价值观，那脑门上就会有被贴上"装逼"标签的危险，特别是在资本市场。

关于恒大险资变游资，炒一把就走的快刀割韭菜模式，市场上有一种非常奇特的论调，说是恒大这么干不仅没错，还干得很漂亮，许老板简直就是新时代的股神！至于那些该死的脑残粉们，本来就是要愿赌服输，买者自负嘛，有人甚至认为恒大的快刀，是替市场教训那些执迷不悟的脑残们，让他们流点血，受点伤，好长记性，以后，不要再在同一个坑里跌倒无数回。可怜之人必有可恨之处，爆炒各种概念股风险巨大，你自己不听劝阻，死活要去充当炮灰，套死活该，有什么好怨恨的？

若如此，所有的操纵市场者都可以达到这样的效果。难道我们都可以认为他们是在用一种非法手段，替监管部门进行一次次别开生面的投资者教育吗？

可是，正牌股神巴菲特不同意这种说法。他说，你花20年辛苦建立的声誉5分钟就可能被毁掉。有鉴于此，（公众人物）行事当有所不同。

写到这里，感觉思绪好乱，不如继续读《惜别》吧。

"年事梦中休，花空烟水流。燕辞归、客尚淹留。垂柳不萦裙带住，漫长是、系行舟。"

眼球+热锅+脑残＝快钱

从早期的华尔街到20世纪80年代的香港股市，再到A股横空出世的这二十多年，不管世事如何变迁，金融市场荣枯几度轮回，可是，这股市上的坐庄炒作模式几乎就没啥实质上的变化。简单地说，就是先整个东西吸引眼球，然后把钱倒进别人炒热的锅里，诱导一群脑残粉围观这个热锅炒钱的游戏，并争先恐后地把自己的钱扔进热锅里，等扔进来的钱足够多了之后，庄家就将自己和别人的钱一起卷走，只留下一捧热砂供跟风散户自娱自乐。

先看看"眼球"是如何创造出来的。

第一，名人效应。比较劲爆的是娱乐明星，比如范冰冰、张国立、刘诗诗等，用一个个凭空想象出来的所谓IP，就足以吸引无数眼球，制造名人效应。

第二，各种万能的系。它们神通广大，无所不能，比如明天系、宝能系、安邦系、恒大系，它们不仅有名人效应，更有横扫天下无敌手的财力。

第三，各种炫目的概念。比如BAT大佬概念，阿里一动，电闪雷鸣，腾讯与百度一沾边，股价立马飙上天。

第四，各路介乎仙界与人间的大神。比如徐翔概念，比如证金概念股，再比如眼下风头正劲的恒大概念。眼球都抓起来了，那就得赶紧去找那口热锅。

其实，万科A是一口被姚老板炒热的锅，梅雁吉祥是另一口被国家队救市时炒热的锅，恒大善于借势，他就喜欢别人炒热的锅。

再来看看热锅的威力。

找一口别人炒热的"铁锅",先不动声色地建仓,接近5%的举牌线然而又不举牌,然后,让上市公司公告恒大的持股信息,利用自身的影响力诱导散户跟风,股价暴涨,然后高位出货,落袋为安。

这种套路,我们实在是再熟悉不过了,当年赵笑云玩过,汪建中玩过、徐翔玩过,无非旧瓶装新酒而已。

多大的锅好炒?一般认为小盘股好炒,可是,大如中国中车、万科A这样超1000亿流通市值的"锅",只要灶里的柴火旺,锅底热辣辣的,啥东西都可以炒得冒烟!

那么,什么样的锅会不断有人添柴加火呢?

第一,要够烂。股票越烂,散户越多,机构介入就会越少,越容易找到对手盘,制造羊群效应,操控股价走势。

第二,要够妖。走势越妖,吸引的眼球越多,跟风资金被妖股上天入地的剧烈波动搞得晕头转向,不把钱输给庄家几乎不可能脱身。

第三,要够散。股权分散,山中无老虎,猴子就可以充霸王了。

最后来看看脑残的特征。没有脑残粉的存在,坐庄模式就没有了对手盘。

第一,以为名人们的品德都是高尚的,不会坑人。

第二,以为名人们买的股一定是好股。

第三,以为名人们买入的股票一定会做长线,做股东。

第四,以为自己足够机灵,可以抢在名人出货前跑掉。

于是,他们浮想联翩,下一只万科,下一只深深房,下一只廊坊发展……然而,5%的举牌线下他就是买而不举,还故意曝光自己的行踪,他们难道不知道这就是在诱导散户吗?

炒梅雁如踢足球,恒大在A股上演的其实就是"精彩"的帽子戏法。恒大人寿赶在三季报披露时刻提前埋伏,等上市公司公告股东变化,恒大人寿正好濒临5%举牌线,市场知道恒大举牌,本能地联想到恒大之前举牌万科、廊坊发展和深深房所带来的暴利,于是盲目跟风。而恒大则等到接盘侠们拉高股价后赶紧跑掉,钱就这样装进自己的腰包。然而,这样的赚快钱模式真的合法合规吗？

先来看看操纵股价的法律依据。

根据刑法修正案，操纵证券、期货交易价格罪，是指以获取不当利益或转嫁风险为目的，利用其资金、信息等优势或者滥用职权操纵市场，影响证券、期货交易价格，制造证券、期货市场假象，诱导或者致使投资者在不了解事实真相的情况下作出证券、期货投资决定，扰乱证券、期货市场秩序的行为。

犯操纵证券、期货交易价格罪的，处五年以下有期徒刑或者拘役，并处或者单处违法所得一倍以上五倍以下罚金。

操纵证券、期货交易价格罪在客观方面表现为利用其资金、信息等优势或者滥用职权操纵市场，影响证券、期货市场价格，制造证券、期货市场假象，诱导或者致使投资者在不了解事实真相的情况下作出证券、期货投资决定，扰乱证券、期货市场秩序的行为。

每次都踩在红线的边缘上，不买超过5%的举牌比例，既能诱惑你浮想联翩，又能随时清仓走人，进退全由他控制，玩弄散户于掌股之间。

这种抢帽子的操纵股价方式，跟当年北京首放的玩法没有本质区别。

其实，监管部门只要去调查一下那些写文章鼓吹梅雁吉祥投资价值以达到吸引眼球目的的人和打电话让梅雁发公告的人，就可以判断这里边是不是存在内幕交易和操纵股价的非法行为。有法律界人士甚至肯定地说，虽然不能武断定义险资必须为长线资金，但恒大向市场放出风声诱资入场，季报公布持股信息后股价被大幅拉升时，他却开始疯狂出货，实属设局坐庄行为。

对于眼下如火如荼的概念炒作风潮，一位有才的网友抛却"怨妇心态"，潇洒娱乐了一把：你骑着天马，我骑着双马，一起来到嘉凯城，才发现居然没有老家廊坊发展的好，然后我们放飞一只银鸽，告诉在家乡搞建设的国栋。这时候有些饿了，点了来伊份，又点了煌上煌。晚上登上世纪游轮，喝着燕塘乳业，却没发现有金轮，被气饱了，宵夜也不想吃武昌鱼了，江上风大，只好回名家汇看我的梅雁吉祥了！

会跑是一种天赋,不跑是一种选择

本来嘛,世界之大,缺了谁地球不照转?没准还会转得更快一些。

比如李嘉诚,他从房地产业撤资路径早已清晰,3年来已经累计套现了近800亿元。对于外面的风言风语,李超人只做了一次轻描淡写地回应,他说,我不过是一个商人。意思是说,资本都是逐利的,哪儿有钱我就有往哪儿跑,这是我的权利,我又不欠你工钱,干卿底事?

说得理直气壮,自古至今,商人重利轻别离,就像牛羊追逐着丰美的水草一样自然。别人可没承诺来了就得待上一辈子呀！道德完人、爱国商人、华侨慈善家，是你们自己贴上去的标签，超人一生功成名就，他才不稀罕这点虚荣呢。

土豪，我们做个朋友吧？就算土豪同意，但你可以跟他做一辈子的朋友？

土豪，我们在一起吧？带着我们一起奔向致富之路！就算土豪答应你，一起玩吧，那也最多走一段，后边还是你自己摸索前行吧！

可惜不是你，陪我到最后，所以，在商场上，你要让大佬为你站好最后一班岗，那是门儿都没有！不是他们薄情寡义，而是你太傻太天真！

不管你怎样喊破喉咙，李嘉诚还是"跑了"，拦都拦不住。还是伟人比较想得开，天要下雨，娘要嫁人，由它去吧！

可是，李嘉诚真的可以跑得如他所说的那样心安理得？

这么多年来，华人社会极具有影响力的爱国商界领袖，大陆人可从来没把他当外人，都只知道他是潮汕人，在香港做生意而已，他的根永远都在汕头乡下某个古旧的村屋，当别人一直尊崇他为华人骄傲、潮汕商派旗手的时候，他可是微笑着照单全收呀，可从来没说过，我不过就是一个普通商人，你们别想太多。

广东话说，跑得快，好世界！在广东做生意的人，都深谙见好就收的道理。

作为一个商人，会跑是一种天赋，不跑是一种选择。

那你也可以跑呀，没人拦住你！

我们往哪儿跑呢？这个世界上的小小鸟们，想要飞却怎么也飞不高，好不容易栖上了枝头，却又成为猎人的目标，所以，"跑"是需要本钱的，不是谁都有这样的能力和资格！

普通人的人生，最大的遗憾就是，总是老得太快，聪明得太迟。

大佬们正好相反，他们总是聪明得太早，老得太迟。

美国大选早有剧本，特朗普从特离谱到特靠谱只用了7个小时

让人无语的是，历史又重演了曾经的荒唐。这一次川普获胜，全球金融市场的第一反应就是恐慌，A股快速跳水的时候，除了黄金股全线上涨之外，一只名为川大智胜的A股接近涨停，望文生义，被冠以川普概念。

刚刚结束的美国大选，被揶揄成一个疯子和一个骗子的打斗。最后却是满嘴跑火车、18年没交税的网红段子手川普打败了被邮件门整得灰头土面的老牌精英政治家希拉里，成了美国第45任总统。

两个年近七十岁的老人为了争夺总统宝座，在辩论中死掐，互揭老底，无所不用其极，他们气急败坏地羞辱对方，暴露出人性最阴暗的一面，让很多人感叹，即便是到达巅峰位置的美国名人，背后竟然掩藏着如此不堪的丑恶，以后人们都不知道该如何教育自己的孩子了，难道这就是年轻人的人生楷模？

特朗普的疯狂无法掩饰，他的凌乱金发、张扬个性、口无遮拦，和"老子天下第一"的自恋，让人感觉不靠谱，不踏实，他的疯子言行无论如何都将成为美国这场年度大戏的永久记忆。

而政坛经验丰富的希拉里，一时糊涂，犯下一个致命的低级错误，用私人服务器处理机密文件，这也罢了，被揭发之后，没有老实承认错误，反而删掉邮件企图掩盖过失。希拉里被很多人诟病不诚实，川普也一口一个Crooked Hilary（不诚实的希拉里），久而久之，希拉里就被美国人民贴上了"不诚实"的标签。显然，这一场竞选，不是比谁更好的，而是比谁坏的不够，选民的投票，就更像是两害相权取其轻了。

骗子与疯子打架，傻子受伤

打斗结束了，骗子与疯子都没事，倒是旁边看热闹的傻子却头破血流。

大选投票开始后，全球金融市场动荡不安，川普反超希拉里后，股市暴跌，黄金狂飙，很显然，投资者担心一个疯子胜出会导致灾难性的后果。但是，按照墨菲定律，凡事有发生可能，就一定会发生，黑天鹅干掉了白天鹅，惊呆了全世界。

投票前几乎所有的预测报告显示，希拉里会胜出，川普不过就是一个陪跑的"跳梁小丑"，可是，说好的"白天鹅"飞哪儿去了？

不得不佩服《黑天鹅》一书作者纳西姆·尼古拉斯·塔勒布的先见之明，他很早就说过，即使我们生活在大事件很少发生的平均斯坦（国度），我们仍然会低估极端事件，我们会认为它们离我们很遥远。

所以，不论任何人告诉你任何事，对专家思考过程的错误率提出疑问都是有好处的。

小概率事件发生了，向我们飞来的正是一只黑天鹅。

好吧，我们已经为黑天鹅的到来做好了准备。

但是，更极端的事情紧随其后，激烈反应的金融市场不到24小时就完成了从黑天鹅到白天鹅的惊天大逆转。

大选当天，川普反超之后，全球金融市场一片哀嚎，率先交易的亚太股市全线下跌，日经指数收盘跌幅甚至超过5%，印度股市也一度创下2009年以来的最大跌幅。

戏剧性的一幕出现了，随后开盘的欧洲股市各主要股指迅速反弹，收盘时竟然纷纷翻红。其中，德国DAX30指数大涨了1.8%。

美国股市的表现更是匪夷所思。在选情胶着时，标普500期指跌幅一度超过5%，触及熔断；纳斯达克100指数期货同样跌5%；道指期货跌幅扩大至逾800点。但随着选情逐渐明朗，恐慌情绪略微得到缓解，美国三大股指期货从熔断位置反弹，随后，美股大幅低开，但没有出现恐慌性下跌，反而展开强有力反弹，最终道琼斯工业平均、纳斯达克、标普500指数收盘涨幅分别为

1.4%、1.11%、1.11%。大选后的第二个交易日，美国股市继续上涨，让人称奇的是，道指竟然再创历史新高！

日本股市的疯狂有过之而无不及，日经指数一度暴跌5.49%，但让人意想不到的是，第二天日经指数开盘后直线拉升，瞬间涨幅达6%，差不多完全收复了前一日的失地。

A股在大选当日一度深幅跳水，上证指数跌穿3100点支撑，最低到3096点，黄金股接近涨停。有位惊慌失措的投资者打电话给程大爷，说是原本计划当天下午要去参加一场球赛，但现在市场暴跌，他决定不去打球了，而是留在电脑旁卖出股票。我建议他参照一下英国脱欧公投结果出来之后全球金融市场的走势，这样的黑天鹅事件冲击，一般都是短暂的。

果然，不仅当天下午大盘从低位拉起，第二天更是高开高走，大涨42点，周五A股继续大涨24点，一度冲破3200点，创出11个月新高！

这轮过山车般的金融市场大动荡之中，有多少善于利用"事件驱动"来操纵市场的骗子赚得盆满钵满？又有多少如尼古拉斯·塔勒布所言永远"随机漫步的傻子"被疯子左右挥舞的闷棍打得头破血流？

"历史和社会不是缓慢爬行的，而是一步步地跳跃。它们从一个断层跃上另一个断层，其间极少有波折。而我们（以及历史学家）喜欢相信那些我们能够预测的小的逐步演变。我们只是一台巨大的回头看的机器，人类总爱自欺欺人。"

我们真的可以看清天鹅的颜色吗？比如这一次的美国大选，宣称看到了白天鹅的一定是骗子，宣称看到黑天鹅的一定是疯子，啥颜色都看不清的是，色盲？宣称看见天鹅一面是黑色一面是白色的，一定是傻子。

程大爷宣称，天鹅并不是非黑即白，他看见的天鹅是灰色的。

从特离谱到特靠谱只用7个小时

川普的疯子形象，让人感觉他很不靠谱，无法将他跟世界第一强国的总统联系起来。所以，金融市场最初的反应就是，川普就是特离谱，他要是赢了，必定天下大乱。

美国大选投票一开始，世界最大的对冲基金桥水给客户发电邮，通知预测称，如果川普当选总统，道琼斯工业平均指数将发生史上最大跌幅，一天之内暴跌约2000点，是2008年10月29日777点跌幅的两倍。这意味着美国股市要蒸发1.9万亿美元。

不仅如此，桥水基金还危言耸听地宣称，中国股市将下跌11.4%，欧洲股市下跌10.8%，日本股市下跌9%。

花旗银行也给客户发去通知，宣称如果川普当选，标普500指数或将立即下跌3%～5%。

加入唱空阵营的不乏大牌专业研究机构，布鲁金斯研究所预测美股跌幅会达到10%～15%；MacroeconomicAdvisers在十月初也曾预测，川普的胜利将会导致美国股市下跌8%。

可惜呀，他们都猜对了开头，却没有猜对结尾。从投票过程中以及川普当选之后的全球股市的瞬间暴跌来看，这些机构对全球股市下跌的判断还算是对的。可是，随着美股开盘之后的强劲上涨，这些机构的脸就被打得啪啪作响了。

这些投资机构和研究机构此前做出了看空市场的预测，主要基于两点理由，第一，华尔街始终认为川普不靠谱。尽管FBI宣布重启调查希拉里的"邮件门"，川普的民调支持率一度赶超希拉里，他们依然坚信川普的当选只是一个小概率事件；第二，华尔街对川普的施政政策感到焦虑。川普在此前表现出的保护主义倾向以及由此带来未来政策的不确定性让人不安。

说来也真是奇怪，同一个川普，大选前被看成世界末日，当选总统后一下子就变成新时代了，从特离谱到特靠谱，只用了7个小时。

于是，专家观点出现了180度逆转，比股市的逆转还要迅速。

专家说了，川普的胜利指向的是税率的降低、基建支出的增加、债务的激增，这些正是一个正规化的经济市场所需要的。川普当选的消息在短期内可能对大部分资产不利，但从中期来看，增加了更多财政支出的可能性。

专家还说了，此次美国大选最大的变化在于，由"政治家治国"变为"商人治国"。川普则是一个不折不扣的商人，商人治国，最核心的是"利益至上",即怎么能够促进国家经济发展就怎么来。川普给了美国一个机会,给了市场一个想象空间。

专家慷慨激昂地总结陈词:川普逆袭,反映了底层"沉默大多数"的呼声甚至怒吼,是"沉默大多数"对精英主义的胜利,特普朗的胜选意味着美国民众对过去八年过度放水的反思及其负面效果的反抗,川普胜选反映了美国民众对谋求新出路的愿景,以及民粹主义和贸易保护主义思潮的抬头。

以前被视为"洪水猛兽"的川普似乎一夜间成了"救世主",主流媒体开始列举川普给美国经济带来的好处,真是现实远比戏剧更好看。

正如塔勒布所言,对确定性的追求是人类的本性,也是一种思维恶习。只要人没有被训练得在没有证据的情况下不作判断,他们就会被武断的预言者引入歧途……要记住预测的局限性,建议很廉价,非常廉价!

疯子最可怕,仅次于骗子

每次美国大选,A股都热情捧场,总会有一些匪夷所思的奇葩概念股被热炒,比如,当年奥巴马当选美国总统,跟总统先生风马牛不相及的澳柯玛却直线拉起,直扑涨停。

让人无语的是,历史又重演了曾经的荒唐。这一次川普获胜,全球金融市场的第一反应就是恐慌,A股快速跳水的时候,除了黄金股全线上涨之外,一只名为川大智胜的A股接近涨停,望文生义,被冠以川普概念。

还有一长串叫人哭笑不得的川普概念,比如近期大牛股四川双马、四川金顶、泸天化、国栋建设、金路集团、大西洋等四川股,按照市场上的说法炒的都是川普概念。这些游资的想象力实在是天马行空,还有一个更让人意想不到的川普概念股竟然是万科,据说它也是沾了川普的光一度涨停,因为川普的女儿叫Ivanka,翻译成中文叫"爱万科"。

可怜的希拉里概念股却歇了菜,西仪股份也不知为啥跟希拉里扯上,希拉里被川普反超之时,它竟然盘中出现深度调整,最深跌逾8%。

这像极了一部剧情狗血的好莱坞大片,骗子与疯子尽情释放内心的巫术,

整蛊无头苍蝇似的傻子们在恐惧与贪婪的两端追涨杀跌，左右挨刀。

关键时刻，还是塔勒布的教诲让我保持了冷静，我对黑天鹅的应对办法是在思维中避免从众，但在避免上当之外，这种态度受制于一种行为方式，不是思维方式，而是如何将知识转化为行动，并从中找出那些有价值的知识。

所以，大爷我完全不相信这些闹剧的始作俑者纯粹是为了娱乐，如果不是为了赚钱，没有人会吃饱撑的烧钱买全国股民一笑，事实上，每次都会有一些天真无邪的散户信以为真，盲目跟风，为闹剧买单。

干这种勾当的人，不是疯子，就是骗子。

事实上，好莱坞的银幕上一直都在不遗余力地揭露各种金融骗局，在那些绘声绘色的剧情里，华尔街就是一个肮脏污秽的骗子乐园，是"人类本性堕落的大阴沟"。几乎每一次股灾或者金融危机之后，好莱坞都会出现一批反华尔街的电影。

华尔街为何歇斯底里地支持希拉里？我猜测是因为他们在"不诚实"这一

点上惺惺相惜，骗子都是臭味相投的一丘之貉。所以，马丁·斯科塞斯才会让《华尔街之狼》的故事原型、"大骗子、无赖、恶魔"乔丹·贝尔福特本人在影片中登场。为了改编他的自传版权，不但付了他100万美元，还让他更红。要知道这个家伙使数百个家庭一贫如洗、家破人亡。而在影片中，贝尔福特扮演一档著名电视栏目的主持人，在镜头前把故事里的贝尔福特——莱昂纳多·迪卡普里奥介绍给他的观众。

直至目前那场骗局仍余波未了，但臭名昭著的骗子却活得很滋润。贝尔福特做尽了影片中的龌龊事，骗了2亿美元后，通过"检举揭发"仅仅坐了22个月牢。现在他是备受欢迎的成功学演说家、企业顾问和销售培训师，出场费高达3000美元一场。他仍欠着不可能还上的1.1亿美元旧债。当然，靠Pump and Dump（吸筹～拉升～出货）这类玩法发财的贝尔福特，还只能算是华尔街不足挂齿的小角色。

这次美国大选带来的全球金融动荡，有多少"贝尔福特"在充当幕后推手？

回头再看，你会发现，疯子与骗子打得难解难分，最后疯子赢得了总统，然而，骗子其实也没有输，他们赢得了金钱。

那些可怜的"随机漫步的傻子"们，他们才是唯一的输家。

而A股市场中每次都要拿美国总统大选来忽悠散户的骗子们，如果不愿意就此金盆洗手，那就真的得动动脑筋，搞点新意思了，傻子说了，骗我可以，但请注意方式。

有个新方式可以试一试。我倒是觉得炒四川的股票还是落俗套，没新意，四川的普洱茶倒是可以趁机炒一把嘛，宽窄巷子那地头的茶馆可以新增一道总统特供普洱茶，命名为"川普"。想象一下，茶客踱进门来，大喊一声，"老板，来道川普！"，然后，茶馆伙计一边将上好的陈年普洱茶端上，一边扯着嗓子喊："要得，川普来了！"……那场景，该多有意思啊！

压垮乐视的最后一根稻草是什么

颇有讽刺意味的是，生态正在成为一个垃圾桶，相关不相关的垃圾都在往里扔。以往，我们把企业缺乏战略规划，胡乱布局，东打一枪西打一枪却找不到有突出优势的主营业务这样一种糟糕状态称为不相关多元化。这下可好了，自从贾布斯发明了"生态"这个美妙的词汇，不相关多元化反而成了一种时尚。

最近发生了诸多看似八卦实则流毒甚远的名人"事故"，让人禁不住惊叹，莫非我们正在驶入一个偶像崩塌的时光隧道吗？

从娱乐圈到财经领域，一大批偶像正在无可挽回地倒掉。

先是娱乐圈的"好男人"接连沦陷，文章、陈赫、黄海波被撕掉面具，王宝强马蓉狗血剧情尚待结尾，刘恺威被爆出轨王鸥正在发酵，没想到，一向也以好男人面目示人的林丹，竟然也没能免俗，理直气壮地出轨了，跟一个名叫赵雅淇的所谓模特。

财经圈的超级偶像格力电器当家人董明珠董小姐被曝拿机构不当股东，乱发小姐脾气，结果丢了集团董事长；小米掌门雷军雷布斯星光黯淡，手机市场份额急剧下降、公司估值一年缩水了90%、业务模式备受质疑；而乐视控股的贾跃亭贾布斯先是被国内媒体曝光资金链断裂欠供货商货款上百亿，随后又被美国内华达州财政部长丹·施瓦泽斥责玩庞氏骗局。

林丹出轨都爽快认账了，贾布斯为何还在闪烁其词

一直处在风口浪尖上的乐视控股老板贾跃亭获得长江商学院同学巨资相助的新闻引发了财经圈的一片热议，人们不禁感叹，关键时刻，幸亏还有中国好同学，不然，这辆隆隆作响的烧钱战车，可能就要弹尽粮绝了。

有人感慨，20年前我们拼爹，10年前我们拼人品，现在我们拼同学。

当看到那一串如雷贯耳的同学名录，还有他们背后声名显赫的家族企业时，不由得不让人羡慕忌妒恨，可见，在商场上打拼，圈子是多么重要的资源。

然而，针对持续发酵的乐视控股"中国好同学"一事，曾出现其中的一位"好同学"敏华控股却率先予以了否认，声称集团并未投资乐视控股，且暂时也没有计划对乐视控股进行投资。随后，绿叶制药在港交所发布澄清公告表示，集团与乐视没有订立任何投资安排，目前亦无相关计划。

乐视控股当时对外宣称的可不是单纯的同学个人名义投资的呀，包括海澜集团、敏华控股等十余家企业赫然在列，对公司进行了总额6亿美元的投资，前后分为两期，第一期3亿美元将在近期到账。

事情的发展显然出乎贾同学的预料，值得玩味的是，原本是企业投资，现在企业纷纷公告划清界限，不肯为乐视的前途背书，强调纯粹的个人投资，与公司无关，难道是生怕公司被乐视连累了？

一个大打折扣的利好之后，坏消息却接踵而至，第二天有财经媒体报道乐视资金问题在大洋彼岸再次掀起波澜。乐视投资的初创企业、高端电动车制造商法拉第·未来内华达州10亿美元项目确认停产。

更让人震惊的是，内华达州财政部长丹·施瓦泽接受媒体采访时公开宣称该项目为"庞氏骗局"——通过不断吸引新投资者的资金流入，来维持一个无法盈利的业务模式，同时支付给原先的投资者红利。一旦无法吸引到新资金流入，骗局泡沫就会破灭，给诸多投资者带来巨大损失。

施瓦泽充满疑虑地说，贾跃亭从哪来这么多钱？他用乐视网的股权质押贷款，但他当初抵押贷款的时候乐视网股价还是90多元，而现在股价却只有37～38元，几乎只有当初的三分之一。他根本没有钱来做这些事。他也没有从中国政府拿到投资。那么钱从哪里来呢？我不觉得他有这么多钱。你问我为什么叫乐视是庞氏骗局，因为我觉得他同时宣布了这么多不同的项目，他可以说自己正在为每个项目融资，但他却把一个项目融的钱用来支付其他项目的资金。

对于乐视刚刚宣布融资6亿美元，重点用于LeEco Global（乐视全球）和汽车项目一事，施瓦泽表示，他的确看到了新闻，但那是贾宣布的消息，我不知道是不是真的。6亿美元的确是一笔大融资，但是贾之前宣布了40亿美元的海外扩张项目。法拉第工厂投资就10亿美元，收购Vizio要20亿美元，乐视自己电动车和其他美国项目也要12亿美元左右。即便他融资了6亿美元，依然还有30多亿美元的资金缺口。

面对出轨传闻，林丹爽快得难以置信，他选择在微博公开承认："作为一个男人我不为自己做更多的辩解，但是我的行为伤害了我的家人，在这里我向我的家人道歉，对不起。"

而每次面对国内媒体的质疑时，贾同学一律称之为恶意诋毁。所以，乐视有两手是比较硬的：

第一，断然否认。对所有不利于公司或者贾同学的新闻与评论，从来都是一概否认，认定是竞争对手或者"无良"媒体的恶意诋毁，是"用错误的逻辑影响投资者情绪，误导投资者"，"文章用带有主观恶意的言辞，杜撰和污蔑乐视"，"存在明显失实，再次严重误导投资者"。

第二，严厉威胁。对那些"对乐视生态并不了解"、"毫无专业可言"、"影射抨击乐视生态"、"故意造谣生事，抹黑上市公司，影响资本市场的行为，公司将采取法律措施，甚至申请刑事立案"。

上周，面对施瓦泽的指责，乐视方面却抛出了一个模棱两可的回应：正在尽力把钱转到美国！

作为一家上市公司，乐视网为什么如此害怕被外界质疑？如果足够自信的话，笑骂由人，何必反应如此过激？

现在看来，会不会是因为心虚呢？

如果有梦想就够了，那还要业绩做什么？

不得不承认，我们生活在一个热衷于"山寨"的时代，不仅商品爱模仿国外名牌，连人也爱亦步亦趋地模仿，常常以自己是某某名人的赝品而沾沾自喜。

巴菲特走红的年代，到处都是他的粉丝，于是，为了标榜自己是一个高尚的价值投资者，纷纷自称张菲特，李菲特，王菲特，以示与那些偷鸡摸狗的投机者的显著区别，有段时间，感觉满大街都是这些"中国的巴菲特"，所以，为简便易记，我就干脆统一称呼他们为"中巴"了。

记得广东就有位邓菲特先生，还出了本炒股的书，我与他素昧平生，承蒙错爱，竟然签名赠我一本，我看到书的封面上神采飞扬的邓菲特先生与加长林肯房车合影，感觉股神其实就是财神，所以，这本宝典我一直放在办公室，当作镇店之宝，希望可以替我带旺财运，其间，虽几度搬家，也不舍得扔掉。

遗憾的是，时间飞逝，巴菲特股神风采依旧，而我们的各路"中巴"，却在投资的旅途中去向不明，那位加长林肯旁的邓菲特先生，也永远在我的视野中消失得无影无踪，说真的，我喜欢那辆车。

各种"菲特"消失之后，我们又迎来了各种"布斯"，号称无神论者的人间，从来也没闲着，各路神人，迎来送往，热闹得很。

乔布斯成了科技界的传奇人物，于是，一个迷恋乔布斯的时代又开启了，雷布斯，贾布斯，丁布斯等等布斯趁势崛起。

自恋、狂躁、粗鲁当然还有刚愎自用，这些词语加在乔布斯的身上，其实也无损人们对他的尊敬，原因在于，当一个人的作品足以取悦世界的时候，他自身的个性缺陷就容易被人最小化，而他身上的亮点就被无限放大，造神运动大约就是这么一个群体性的视觉盛宴。当然，除了苹果这个伟大的产品让乔布斯成功转移了关注焦点之外，他在最辉煌的时刻去世了，也让世人愿意一笔勾销他曾经的那些污点。

大佬们惟妙惟俏地模仿着乔布斯的表达方式，却永远无法学会他表达出来的内容。

真布斯与假布斯差别还是蛮大的，最大的不同就在于，乔布斯是先有了苹果，才有了粉丝，中国的布斯们，总是先有了粉丝，才开始做产品。

眼下，贾布斯的乐视在中国正在成为一个五味杂陈的梦想符号，而这之前，雷布斯的小米也是一个令人将信将疑的梦想符号。

中国的布斯们，不仅有梦想，而且，还有理论。众所周知，雷布斯提出了著名的"飞猪"理论，他还对互联网思维进行了定义。

虽然雷布斯依旧高调而激情满怀，可是，放弃专注与极致精神的小米，去年以来的业绩却开始掉头向下，一个广为传播的说法是，去年小米估值450亿美元，今年已跌落至40亿美元了。

对于乐视的贾布斯，则被贴上了"生态化反之父"的标签。为了和小米的生态形成区隔，贾布斯不惜创造了一个"生态化反"的词汇，彰显其一以贯之的标新立异风格。"生态"已成当今中国社会最时髦的概念之一，这一点正是贾布斯的贡献。

不过，人们的评价从来都是见仁见智，有人欣赏他的狼性，也有人担心他的赌性，有个著名的诘问是这样的：一个不受限制的梦想家是否比一个骗子更危险？

颇有讽刺意味的是，生态正在成为一个垃圾桶，相关不相关的垃圾都在往里扔。以往，我们把企业缺乏战略规划，胡乱布局，东打一枪西打一枪却找不到有突出优势的主营业务这样一种糟糕状态称为不相关多元化，这下可好了，自从贾布斯发明了"生态"这个美妙的词汇，不相关多元化反而成了一种时尚。

喜欢讲故事的人，一般都会利用资本市场的力量把故事往大了讲，讲到最后，还是得用数字说话，如果没有实际业绩支撑，只是利用杠杆资金不断吹起来的泡泡，迟早会被戳破。

乐视这么多不相关多元化的产业板块何时实现盈利呢？贾布斯说，未来三五年乃至十年内，乐视都不会把盈利当成最重要的目标。显然，他也不知道如何回答这个问题。

金钱永不眠，词汇常创新。

然而，一家科技公司靠情怀与故事能走多远呢？

一个硬币的正反面：贾布斯到底是疯子还是骗子？

希拉里输掉了美国总统大选，不诚实成为她落败的罪魁祸首，这是一场典型的疯子打败骗子的选战，最后，美国人民选择了疯子，因为在他们看来，骗子比疯子更危险。

贾布斯到底是一个疯子还是一个骗子？这似乎是一个硬币的正反面，人们可以接受一个天马行空的疯子，也不能容忍一个满嘴谎言的骗子。尽管目前还无法得出结论，但是，他的诚信确实开始让人质疑。

从规模来看，乐视控股早就不是家初创型的小公司了，单就乐视网看，市值751亿人民币，现在还是创业板第一大上市公司。作为如此大规模的一家公司的控制人，贾布斯仍然陶醉于做一个舌尖上的英雄。

有人笑称他为财经界的影帝，在乐视网的总市值中，贾布斯的超级IP要值500亿，剩下251亿才是公司价值。

贾布斯在营销与造势方面属于天才级别的高手，所以，乐视的核心竞争力是营销而非技术，它长期被业界戏称为"PPT公司"。

技术主导型企业前期发展比较慢，但是，越往后发展越快，因为它的核心竞争力是技术，而技术转化为生产力往往需要一个漫长的过程，国内最典型的例子是华为。

而营销主导型企业的最大特点是前期跑得快，后期跑不动，因为它缺乏来自技术和产品层面的创新支撑。国内这方面的典型案例比比皆是，比如小米，比如锤子手机。

营销型公司讲究短平快，不马上出效益就会死，而要做成一个技术领先型公司则殊为不易，需要付出巨大的研发成本、人才成本、时间成本，是一件铁柱磨成绣花针的活，而我们的初创型互联网公司总是期待一夜暴富，马上发财。

乐视的官方PPT总是充满了"颠覆"这个热辣词汇："乐视颠覆传统彩电行业"，"乐视汽车颠覆传统汽车行业"，"乐视颠覆美国互联网生活"，"乐视无颠覆不出手"……尽管贾布斯把"颠覆"喊得震耳欲聋，把"护城河"常挂在嘴边，但是，我们还是看不见乐视在技术方面拥有何种垄断优势。

乐视的所谓颠覆性创新，充其量只是商业模式上的创新，只解决方向问题，并不构成竞争门槛和护城河，属于最低层次的持续创新，跟颠覆没啥关系。在缺乏优势技术与产品的情况下，乐视要想建立与众不同的企业形象，似乎只有一条路可走，那就是苦练营销策划技术。

过往每次重要的营销活动，贾布斯都亲自上阵。融资的时候就高歌狂放的《野子》，挫败的时候就《海阔天空》，每到关键处，他总能用一首励志歌曲把投资者敷衍过去，让他们觉得，要是老是盯着乐视网摇摇欲坠的股价就实在是太无趣了。

不过，现在乐视网的15万个人投资者可能不这样认为，他们花高价买入的是乐视的股票，而不是贾老板唱歌的门票。

美国大选的当天上午，乐视网开股东交流会，吸引了众多人员前来参会，只是媒体无暇顾及。贾跃亭如期出现在股东交流会上，并回应外界质疑，他表示：短期困难与上市公司无关，坚信股价会提升。他并不在意外界质疑，要用结果反击。

其实，这个时候乐视在美国的汽车项目早已经停工了，美国媒体都曝光他已经几个月没付施工方工钱了，但是，贾布斯却依然高调宣布乐视对美国的用户产生极大的震撼，美国是个拥抱英雄的国家，他们期望敢于创新，敢于打破陈旧的公司进入美国，美国主流媒体给了乐视很大的支持。

一个自称是被美国拥抱的创新英雄，一个公开炮轰贾布斯在美国玩庞氏骗局，这就奇怪了，难道是内华达州财政部长丹·施瓦泽在睁眼说瞎话？

难道不说大话不吹牛就不能显示自己是一个有梦想的人？在咱们这疙瘩，不诚信爱撒谎的人，只是被看作一种人格瑕疵，无伤大雅，然而，在美国这样的社会，不诚信却是一个人最大的道德缺陷。希拉里的败选就充分说明了这一点。

乐视重视营销也善于营造，这是由其作为一个营销驱动型公司的特点决定的，但是，尊重事实这应该是营销的底线吧？结果，我们看到的乐视宣传，却尽显浮夸之风。

听听贾布斯最新的豪言壮语：乐视全年收入应该能突破500亿。明年大家可以把生态经营现金流看作非常重要的关注点。接下来还可以看到我们生态销售与服务能力的变革，我们相信这能引领零售业的二次革命。

但是，乐视网的三季报显示，2016年前三季度，其营业收入仅为167亿元，虽同比翻倍，但距离500亿元的营收目标，差距也太大了点吧？

中国好同学开错了药方：救他就该买他的股票

人们发现，近年来关于乐视的新闻基本上都和资金有关，贾布斯不是在融资，就是在去融资的路上。

而融资方式各异，但有一条异常清晰的主线，那就是乐视网，可以说乐视的资金来源，可由乐视网一网打尽。由此可见，乐视网的股价才是贾布斯的命门。成王败寇，英雄与狗熊之间只隔着一个乐视网。

据数据显示，2010年上市以来，乐视网通过IPO、定增和发债直接融资92.89亿元；通过借款融资176亿元；截至2016年三季度末，贾跃亭股权质押5.71亿股，融得资金超百亿元；贾布斯家族还通过股权转让及减持，套现近百亿元资金；此外，乐视汽车等7大子生态公司先后通过VC/PE渠道累计融资215亿元。整个乐视体系六年累计筹资超725亿元。

其中乐视网贡献了绝大部分资金，可以说，A股才是所谓乐视生态最核心的现金奶牛。

近似疯狂的不相关多元化扩张，醉翁之意不在酒，而在于A股，这一点似乎连美国人都看出来了。从乐视网上市之后的一系列产业布局来看，看似不相关，但是，它们却紧紧地围绕于资本运作这个主题。

每当A股市场出现一个异常劲爆的投资主题时，乐视的产业布局就快速铺向那个主题。市场猛炒文化体育主题之时，乐视体育就应运而生。

市场猛炒VR概念，乐视就进军VR，市场狂炒特斯拉概念，于是，乐视汽车就横空出世了。

随着这些产业布局的延伸，2015年乐视网的股价最大涨幅达到10倍，最大市值超过了1500亿，于是，高位减持套现，高位定向增发，高位股权质押融资，钱变魔术似的，从股民的口袋装到了贾布斯的口袋。

乐视网定向增发价为45.01元/股，增发股份被财通基金、嘉实基金和中邮基金在内的三大公募基金和牛散章建平所认购，只是，还不到三个月，乐视网股价就跌破38元，较定增价已破发16%，参与定增的四大股东齐齐被套。此外，贾布斯目前已经质押了其手中接近84%的股份。

要是乐视网的股价继续跌下去，后果将不堪设想。

所以说，乐视的当务之急是先忘掉乐视的美国汽车项目法拉第·未来，而全力抢救当下正步入下跌趋势中的乐视网股价，这才是牵一发而动全身的大事呢。

贾布斯为挽救股价做了不少的努力，可能是点儿比较背，各种搅局，每次都收效甚微。

好不容易开个股东说明会吧，又选在美国大选投票日，结果，全球金融市场的目光都在川普和希拉里身上，谁还关心乐视的说明会？

乐视网2016年11月11日晚间公告称，公司收到公司高级管理人员及核心骨干人员共计约10人的通知，计划在未来六个月内（2016年11月11日起至2017年5月10日止）增持公司股份，增持总金额不低于3亿元人民币，增持所需资金由高级管理人员及核心骨干人员自筹取得。

你看看，好不容易发个利好公告吧，又选在双十一购物狂欢节，不仅少人关注，就算是有人看到，也有心无力了吧？这天晚上，散户们仅有的现金也差不多都贡献给了淘宝的"伟大事业"了。员工增持，不仅杯水车薪，而且，远水难解近渴呀。

心想，发债太贵，定增太累，有空开个同学会，投资入股结成对。

好不容易拉来长江商学院的同学投资6亿美元，本来以为可以化解资金链断裂的危机，挽回二级市场投资者信心，结果，美国人丹·施瓦泽还没过24小时就跑来毫不留情地揭露贾布斯在玩庞氏骗局，给了乐视网股价致命一刀！

不堪重负的乐视网股价多次反攻40元失败后，周五又跌回38元下方，颓势毕现。

股价将是乐视未来的不可承受之重，压垮乐视的最后一根稻草，不是手机，也不是汽车，没准就是某个散户惊慌失措时卖出的一手乐视网股票！

看懂了"小马云"的脸，看不懂A股的心

正如塔勒布所言，不管我们的选择有多复杂，我们多擅长支配运气，随机性总是最后的裁判，我们仅剩的只有尊严。

甚至，尊严也是随机的。

今天先从小马云入题。小马云俨然成了近期的一个新闻人物，各界人士纷纷热议，更有记者不畏路途遥远，跑到偏僻乡村的小马云家探访，努力挖掘出这个八岁孩子长得如此像马云的背后故事，然后引申出关于农村、关于贫穷、关于儿童教育的诸多话题。

当然，有不可绕开的一个话题是，不可思议的运气，在人的一生中到底扮演了何等重要的角色。

再说华尔街。美国的财经媒体报道，规模高达2.9万亿美元的对冲基金行业正在发生自金融危机以来的最大收缩。2016年上半年，华尔街大约有530个基金被清盘，这是2008年以来最大的关闭潮。整个行业来说，主动管理的基金相比10年前下降了79%。

这两个看似风马牛不相及的话题，今天却非常有必要放在一起聊一聊。

"长得像马云"

关于运气这个不可捉摸的幽灵，尼古拉斯·塔勒布在《随机漫步的傻瓜》一书中阐述得非常到位，他早就洞察到生命中运气的扭曲现象。他指出，幸运的傻子运气好得出奇，却煞有介事地把自己的成功归诸其他特定原因。分明靠运气，却误认为是凭非运气（即技术），这种似是而非的现象，常出现在许多始料未及的地方，连科学也不例外，但在商业界却最为明显。

我看到小马云的照片时，惊愕不已，感觉简直不可思议，头脑中冒出的第一个问号是，马云九年前去过那个村庄吗？第二问号是，小马云到底付出了多少不懈的努力才把自己的小脸儿打造成如此晦涩难懂的形态？当然，也有一种可能，他们都来自外太空的同一个星球，那里的人都长成这个样子。

"小马云"本名范小勤，2008年出生于江西省永丰县石马镇严辉村，因家境贫困，范小勤和他哥哥从来没有上过学（幼儿园也没上过）。父亲年轻时因蛇咬被迫截肢而成残疾，母亲从小患小儿麻痹症，又不幸被牛戳瞎一只眼睛。奶奶83岁患老年痴呆症。全家五口人只靠59岁的父亲支撑这个贫困的家庭。

一个随机性的小概率事件发生了，没有人预料到它对一孩子以及他的家庭所带来的改变：2015年6月，范小勤的堂哥觉得他和马云长得很像，就拍了一张照片传到网上。后来马云看到了并在微博上发了范小勤的照片并评论说："乍一看到这小子，还以为是家里人上传了我小时候的照片，这英武的神态，我真的感觉自己是在照镜子啊。"

然后就有马云要资助"小马云"到博士毕业的消息四处流传。

再然后，范小勤就以"小马云"之名火速蹿红，为了一睹小马云风采，各路人马从全国各地急切地赶到严辉村，据说最多的一天就来了四五十人，搞得这个原本寂寂无闻的小村落顿时像集市一样热闹。人们带来了各种动机，有人来与小马云合影，有人来找小马云做节目，有人来请小马云参加活动，而这一切，都只是因为范小勤长着一张酷似马云的脸，一张谈不上漂亮的脸。

从无人问津到炙手可热，中间竟然只差一张与马云同款的脸，这倒是印证了相学"大师"们的一贯主张：长相决定命运！

你仔细看看，8岁的小马云，看起来不英俊潇洒，也不机智聪明，反而有一股与年纪不相称的忧郁。

但是，相学大师看的是门道，他们看到的小马云，双目炯炯，似二连阳，嘴角微翘，如圆弧底，盘面显示贵人相助，运气冲天啊！

有千千万万个农村苦孩子，他们有的可能长得像王健林，有的长得像马化腾，有的长得像黄晓明，有的还可能像范冰冰，但是，唯独只有一个长得像马云的孩子，才得到了幸运之神的恩典。

唯一的解释是，运气！

而且，传说，老天尤爱笨小孩！

有人说我怎样努力才能有范小勤那样的运气？这种事情确实是个随机概率事件，不过，你可以相信上帝试一试。我也只能帮你到这里了。

因为，哲学家帕斯卡说了，对人而言，相信上帝存在是凡人最合宜的策略，假如上帝真的存在，那么相信它存在的人会得到奖赏，假如上帝不存在，也不会有任何损失。所以，我们应该接受知识上的不对称。

"长得像马云"这件事已经深刻地影响了范小勤的现在，还会影响他的未来，没准会成为小马云一生的事业。

问题是，若干年后，软银的孙正义还会因为范小勤拥有酷似马云的一张脸而相信他未来会创办一家跟阿里巴巴一样成功的公司吗？

风头很猛的明星私募屡遭处罚

小马云不管未来会有怎样的成功，人们都会将其归因于运气，这一点似乎是不存在争议的。

但是，那些运气的因素看起来不像范小勤这样一目了然的幸运的傻瓜们，却不会轻易把自己的成功归于运气。

比如说那些从投机炒作中获得暴利的高手们。

塔勒布认为，金融交易行业错把运气当作个人能力的表现，这样的习惯甚为普遍，也最为明显。不管幸与不幸，我身处这个行业中，它是我的专业。我们常常以为某套策略是绝佳的策略，某位创业者怀有独树一帜的"远见"，或者，某位交易员是杰出的交易员，其实，他们过去的表现有99.9%可归因于运气，而且只和运气有关。

幸运的傻瓜一点也不认为自己可能只是运气不错而已，他们把运气与技术混为一谈，行为举止就好像那些钱是他们该得的一样。一连串的成功为他们注入了血清素，人们正是被这种物质所蒙蔽，以至于自欺欺人，以为自己有能力击败市场，当然，我们的内分泌系统并不知道自己的成功是不是来自运气，但是，我们可以从他们的神态上发现这一点，赚钱的交易员昂首阔步，走起路来虎虎生风，而且比那些赔钱的交易员更爱讲话。

科学家发现，血清素这种神经传递物质似乎支配着我们大部分的行为，它会形成一种正反馈，但是，如果随机产生的外部作用力出现了，则可能引发反向的运动，完成恶性循环。

曾经有个实验表明，注入血清素的猴子，在猴群中的地位会上升，从而又使它们血液中的血清素增加，直到良性循环中断，恶性循环取而代之，在恶性循环中，失败会导致猴子的社会地位滑落，因此出现的行为，又使其社会地位进一步滑落。

这么多年来，A股市场上的民间高手大多你方唱罢我登场，各领风骚两三年，善始善终者比大熊猫还稀有。这一点在民间高手转而去做私募发产品之后表现得尤为突出，在民间为高手，在私募成傻瓜，几乎就是他们逃不脱的宿命。

由于个人投资者一做私募武功全废，所以，有种说法是，如果你恨一个人，就鼓动他去做私募发产品吧，让他活得鸡犬不宁，甚至生不如死。

到2016年10月底，国内私募基金规模达到9.13万亿，全面超越了公募基金的8.83万亿。

与规模的爆发相比，阳光私募2016年以来的表现差强人意，平均收益为-4.03%，这也就算了，关键是，证监会每周五发布的新闻中，最多涉及违法违规被处罚的还是风头很猛的明星私募。

说今年是冠军私募基金的折戟之年，实不为过，一大批曾经叱咤风云的私募基金都遇到了这样或者那样的麻烦：有的由于业绩大幅下滑引起投资者强烈不满，基金份额被大量赎回；有的因为各种违规操作受到了监管部门严厉处罚，背上市场操纵者的骂名不说，非法获利被没收，2~3倍巨额罚金足以令公司不堪重负，难以为继。

让人大惑不解的是，这些私募过往业绩大都异常靓丽，而且也有一定的持续性，为啥从去年开始，特别是徐翔被抓之后，说不行就不行了呢？

其实，在A股这样一个投机市场，民间股神也好，牛散大佬也罢，盛名之下，其实难副。

做得规模很小的时候，江湖无名，隐于民间，游走于灰色地带，也无人知晓，如果运气够好，很容易出成绩。

一旦浮出水面，发了产品，心态上就会出现很大变化。以前钱是自己的，加之观众少，没有明星包袱，依然放得开手脚。现在可好，替人理财，围观群众太多，自己把自己当大咖，容易患得患失，反而失去了自己最有优势的方面。

有一位投机高手说出了成功投机的秘诀是：在多空之间，找到阻力最小的方向，然后押下重注。

以现在的市场环境来看，阻力最小的方向是欲望，阻力最大的方向是监管。

个人投机高手转战私募，为什么会出现好花不常开好景不常在的情况呢？

我们来看看二十多年来，是哪些因素造就了个人投机高手：

20世纪90年代的成功投机者必备三个要素：

第一，运气。

第二，交易直觉。

第三，内幕信息。

十年前的成功投机者必备三个要素：

第一，运气。

第二，资金优势。

第三，风险控制。

现在的成功投机者必备的三要素：

第一，运气。

第二，交易系统。

第三，合规。

公募基金经理转向私募，特点是没有爆发力，多数表现平淡，但是，会平稳而具有持续性，不会出大问题。

原因就是，这批人大多出身于名校，接受过金融专业方面系统的专业训练，对知识往往具有根深蒂固的好奇心以及内省的习惯，风控管理和合规意识比较强烈，对市场的敬畏之心，对随机性的默然接受，决定了他们很难放开手脚，大干快上。

从民间高手转向私募基金管理人，特点是爆发力强，容易冒泡，但是，"奇迹"往往昙花一现，原因在于他们接受专业方面的系统训练不足，普遍持"商业取向"，思考能力不足，又不接受随机性，不敬畏市场，结果就是经常性地被随机性愚弄。

随机性是最后的裁判

在投机这个行当，盈利模式的持续性是存在疑问的，过去一直有效的模式，可能一夜之间会变成你的坟墓，路径依赖是危险的。

塔勒布在谈到过去的经验其实无法用来预测未来时列举了两个相当有趣的例子。

即使你看到10000只天鹅都是白色的，也不能得出世界上所有的天鹅都是白色这一结论，没准第10001只出现的就是一只黑天鹅。除非你看过了世界上所有的天鹅，但是，这当然没有可能。

即使我观察了布什总统10000次，发现他都是活着的，我也不能据此推测出布什总统会长生不死这个结论。因为，没准我第10001次看到他时，他就突然死掉了！

全球来看，对冲基金经理们在过去几年里面临着大规模赎回的问题，而2016年是最糟糕的一年。华尔街日报最近刊登了一篇文章，"危言耸听"地宣称"挑选股票的职业"正在死亡，让财富管理者们读后毛骨悚然。

据美国的财经媒体报道，规模高达2.9万亿美元的对冲基金行业正在发生自金融危机以来的最大收缩。

总部位于伦敦的涅夫斯基投资公司关闭了，他们认为由于程序化策略以及指数型基金的流行，赚钱机会越来越少。

2016年上半年，华尔街大约有530个基金被清盘，这是2008年以来最大的

关闭潮。整个行业来说，主动管理的基金相比10年前下降了79%。

自2008年以来，美国的对冲基金作为一个整体，并没有超越美国股市的表现。在这种情况下，被动投资的指数基金比投资基金费用低得多，反过来吸引了众多的投资者。

事实上，随机性控制了金融市场，难怪即便是这颗星球上的天才基金经理也无法超越市场。

作为私人投资者你不必面对这样的问题，但是，作为一个资金管理者，你无法回避的是，你不仅有无关痛痒的旁观者，你还有利益纠缠的投资人，所以，你必须定期披露净值报告，如果这些数据没有跑赢大盘，投资者就可能毫不留情地赎回他的份额。

这样的现状迫使许多基金经理冒险采取本不必要的冒险行动，进一步将风险曲线降低以期至少跟得上基准表现。这可以理解，但也是比较笨的方法。

菲洛斯特拉托斯（Philostratus）有句格言说：神看到未来的事情，凡人看到眼前的事情，聪明人看到即将发生的事情。凡人只看眼前，聪明人其实最多只能比凡人看得远一点点，悲剧之所以会发生，是他们常常站在神的位置上去预测未来。

如果主动管理的基金没跑赢指数，投资者离开奔向被动投资就是理所当然的事情。

最近FoF（Fund of Fund）的火热正是反映了资产管理者对市场随机性的焦虑。这是一种专门投资于其他投资基金的基金。FoF并不直接投资股票或债券，其投资范围仅限于其他基金，通过持有其他证券投资基金而间接持有股票、债券等证券资产，它是结合基金产品创新和销售渠道创新的基金新品种。

被动管理本身是一个可笑的概念，你对钱的态度可能是被动的，但金钱不是被动的。

我们这一代股民，主要是计划生育时代的产物，可谓"生"得计划，但是，一旦进去股市，这就难免会"死"得随机了。

正如塔勒布所言，不管我们的选择有多复杂，我们多擅长支配运气，随机性总是最后的裁判，我们仅剩的只有尊严。

甚至，尊严也是随机的。

股市用"一根线"把人分成两类

是什么让散户与大户之间的差距越拉越大呢?答案是,一根平均收益率曲线,短期(比如一年内)大户与散户的投资收益率分布可能表现出随机性,但是长期来看,大户的收益率大多在线上,散户的投资收益率大多在线下。

每到岁末,A股市场照例会有两大悬念揭开谜底,一是吃饭行情有没有?二是大盘股与小盘股的风格转换有没有?看样子,差不多都有了,而且是"吃饭"与"转桌"合演了一部贺岁大片,拜各路神勇无敌的险资乐此不疲的举牌所赐,呼啦一下,满汉全席上桌了,各式硬菜,看得人口水直流,不过,那是大佬们吃饭的场面,普通投资者只能隔着银幕大饱眼福。

由此可见,有没有吃饭行情与你吃不吃得上是两码事,风格转不转换,与你跟不跟得上趟也是两码事。

从股市,到股市之外,个人财富这把尺子,早已经把人分成了不同的层级。马云用"一颗芝麻"把人分成两类,丁磊用"一头猪"把人分成两类,股市用"一根线"就把人分成两类,快来看看你属于哪一类?

"一颗芝麻"把人分成两类:有资格上支付宝圈子的和没资格的

不管支付宝怎样勾引,大爷我还是只在7-Eleven买牛奶和口香糖时用它买单,除此之外,也不爱琢磨那些多姿多彩的功能,所以,关于支付宝冒出一大批女学生大尺度写真的事情,我也是事后才听说。

这个颇为新潮流的功能,据说是爱琢磨的网友们发现的,支付宝前阵子悄然上线了日记功能,这是支付宝推出的针对大学生和白领人群的圈子社交产品。

根据支付宝相关页面介绍的规则是："校园日记"只允许女性在校大学生发帖，"生活在海外"只允许部分国家（不是所有的外国，也包括香港、澳门、台湾）的女性发帖，"白领日记"只允许女性发帖。

跟微信的朋友圈不同，支付宝推出圈子功能，发帖与芝麻信用分捆绑，甚至只限女性。于是，支付宝用户一大早起来，发现支付宝的圈子里，开始出现大量美女自拍，甚至大尺度照片，目的是加好友和求赞赏。

芝麻信用分数不够750分的，只有点赞、打赏的资格，不能留言，不能"勾搭"。引来网红王思聪发微博说："卖淫还是蛮屑的"，而配图是搞笑的"支付鸨"字样。

自媒体一度被支付"鸨"750新闻刷屏了，于是大家疯狂想升分。有人说我只有747，心里也想一睹所谓的大学生白领圈子，于是翻遍支付宝每个角落，看怎样能提升分数，大致有几项是可以做的：工作信息、社交信息、资产信息。相信很多人以前从来没绑定过这些信息，于是乎下载那些软件注册然后绑定到支付宝。别的信息作用不大，假如你有汽车的话，绑定车牌，达到750分就是小菜一碟了。

按绑定的信息，我的芝麻信用从没达到过750分，我也不后悔，就算超过了，有资格了，那又如何？我又不是西门庆，所以我不去上那个圈子。

我寻思这是支付宝的一次精心营销策划，不过，从网络上的一片恶搞、嘲笑、批评之声来看，这次营销不仅没有达到预期效果，反而有损阿里作为一家互联网领先公司的公众形象。

果然，没多久，刚上线的"校园日记"和"白领日记"疑似下线了。支付宝母公司蚂蚁金服的董事长彭蕾还发布了内部信予以回应，并在内网发帖反省说，自己做错的事，永远不要怪别人！

彭蕾在信中感谢公司内外从理性角度分析帮忙出主意的人，"感恩所有刺耳戳心的声音。爱之深责之切。"而阿里巴巴董事局主席马云随后也在内网中发声："阿里巴巴珍贵的是改正错误的勇气。支付宝，继续努力。阿里人，学习反思和自查。"

马云不愧是商界领袖，知错能改，善莫大焉，值得点赞！

在互联网时代的造富运动中，大佬们的心都太大，都想着赢家通吃，不管赚多少钱了，恨不得把全天下的钱都收入囊中，都坚定地走自己的路，让别人无路可走。

这件事如果不是发生在马云身上，可能还算是一次成功的营销案例，因为毕竟引起了广泛关注，但是，正是因为与马云扯上了关系，一下子就引来了众多吐槽，这充分说明，我们的社会精英阶层，需要为商业原则加上一定的道德约束。

折腾了半天，那个被讥笑为"支付鸨"的圈子却还是关闭了，阿里巴巴这回真是捡了芝麻，丢了西瓜。

但是，这个看似闹剧的事件传递出的一个信号却不会因此就消失不见：其实无需用"750分"这样的显性标准去划分，人们早就被划分到了各自不同的"圈子"，分属不同的社会阶层，扮演着不同的社会角色，只是偶尔会被一些"标准"提醒一下，刺痛一下。

正如美国大选时一位媒体人坦言：我们一直生活在同一个社会，却从未生活在同一个世界。

"一头猪"把人分成两类：吃得起味央猪肉的和吃不起的

如果说马云用芝麻信用分把人分成两类引来的是各式嘲笑的话，那么，另一位互联网大佬用一头黑猪把人分成了两类，引来的却是无尽的艳羡。

早在2009年，网易CEO丁磊说要养猪，很多人都当成是个笑话。记得当时有媒体报道过丁磊想养猪的念头是来自在重庆某著名火锅店聚众吃喝的一次经历，当火锅店服务员隆重端上一盘猪肉时，丁老板对这盘肉的品相和味道极为不满，可能是气得没有办法了，只得宣布以后自己养猪，总可以吃上好肉了吧？可谓"冲冠一怒为猪肉"了。

但是，前几天，他养的猪——网易味央黑猪肉，终于对外出售了，并且一头猪卖出了约11万的高价，一公斤多一点的猪肉礼盒卖到了4000元。事隔7年，丁磊养出了优质猪，还直接让众多吃瓜群众傻了眼，因为，丁老板直接就把猪养成了奢侈品。

据说丁家猪肉之所以这么好吃又这么贵，是因为那可不是一般的养猪方式，简言之，就是舍得砸钱，"贵"养。

据介绍，丁家猪自小听音乐长大，还有自己的专属歌单，网易官方曾公布过丁家猪所听的歌单。据网易味央猪肉的专业人士解释，猪属于哺乳类动物，跟人类一样，有非常大的情感需求。播放舒缓音乐，猪能够愉悦其心情，有利于猪的怀孕、妊娠和分娩，肉质也会棒棒哒。

住的地方有不同的功能区，平均居住面积为2平方米，分为起居室、餐厅、卫生间、娱乐嬉戏区等不同功能区，猪舍还装空调！吃自助餐、排便都是用抽水马桶。

饲料都是网易的独家饲料，国际营养学家结合国内专家提供的科学配方。喝的也是纯天然、湖里的矿泉水！

我不知道那些盛夏时节挤在连电风扇都没有的简易工棚里的民工们读到这样的描述时，内心是怎样的感受。

贫富悬殊是一个现实问题，那些仍然挣扎在贫困线上的民众，可以不去想象富豪们的生活，但是，有些东西，还是会在不经意间刺痛他们的眼睛。

不同于通过巧取豪夺积累起大量浮财的土豪，人们对白手起家的互联网精英们拥有巨额财富这个问题一向容易理解，比尔·盖茨就被塑造成创业型企业家的榜样。

但也有不同的声音，比如托马斯·皮凯蒂就指出，有时人们甚至会有这样的错误印象，好像是盖茨本人发明了全部的计算机和微处理器，盖茨的财富背后，是成千上万的工程师和科学家在电子和计算机领域的基础性研究工作，如果没有这些人的铺垫，盖茨的创新也就无从谈起，但可惜的是，这些默默无闻的研究人员并未将其每项工作都申请专利。这种对盖茨的顶礼膜拜反映了现代民主社会要将贫富差距合理化的不可遏制的需求。

没有人会否认，社会的发展需要创业、发明和创新，但是，问题在于，创业本身并不能让所有的贫富差距都合理化，无论差距是多么极端。有关富人的财富是否应得的讨论没有最终答案，但是，对于炫富与生活方式的奢靡无度，即便是在法国这样的开放社会都会招致公众的指责。例如，钢铁大亨拉克希米·米塔尔，由于行事风格夸张而粗俗，生活方式过分奢华而饱受法国媒体的攻击，几乎所有的法国媒体都在盯着他的伦敦土豪房产不放。

食不厌精，脍不厌细，这种事儿在我们国家一向被看作是热爱生活的表现，甚至上升到文化与艺术的高度，歌颂者众，而批评者几无。

古代说是有一种采摘龙井茶的方式，就是选了处女在清晨用嘴唇咬下娇嫩的叶芽，以此作为名贵茶叶的噱头。

也许有人会说，日本不也有雪花牛肉这样的奢侈品吗？不也是要给牛按摩、听音乐、看电视吗？

我不知道日本人是怎样看待这样的养牛方式的，即便有，这只能说明日本是一个在饮食上比较变态的国家。比如说，日本还风行一种"人体盛"变态吃法呢，让一个少女模特全裸躺在餐台上一动不动作为美食的衬托，将生鱼片、寿司、水果等食物放在美女身上，达到吸引食客的目的，这种风俗，确实让人感觉变态。

作为一位互联网界的领袖人物，丁磊的公众形象一直以来都备受肯定，阳光、健康、真诚以及带着孩子气。爱吃爱玩，无可厚非，但是，如此执着于一头猪，渲染优越的养猪环境，炒得匪夷所思的猪肉价格，给人感觉则颇为怪诞，也看不出积极意义何在。

找到这样山清水秀的环境养猪，也只有像丁磊这样重量级的大佬才有可能，普通人即便是自己住家，也很难觅得这样的所在，丁磊养猪，本来就不是为了赚钱，而是一种玩票，以其巨大的社会影响力和雄厚的财力，为了一口好肉，砸多少钱也不在乎，如此养猪的目的，如此高规格，普通养猪专业户是学不来的。

所以说，丁磊养猪的模式，不具有任何借鉴意义，味央猪卖得再贵，赚到的钱也只是丁磊作为互联网大佬本身超级IP价值的一种兑现方式，即使他不养猪，而只是为某个品牌的猪代言，广告费收入估计比养十年猪还要多。

财富与道德之间到底有没有关系，确实存在争议，但是，富豪们过度奢侈的生活，即使是在欧美这样的资本主义社会也不时受到某种程度的指责，更何况在中国这样一个至今仍然还有大量贫困人口亟待脱贫的国家，过分渲染富豪家的猪都比普通人住得舒服，刺痛的不只是我们的眼睛。

今天丁老板爱吃口好猪肉，就这样大张旗鼓煞有介事地奢华"贵"养猪，假如明天马老板爱吃鸡，是不是也可以模仿一下这样的方式？比如说，在豪华别墅里办个养鸡场，喂鸡吃泰国大米，喝每天新鲜空运来的澳洲进口牛奶，周末请来中外著名歌星为鸡举办音乐会，高薪聘请月嫂来伺候母鸡，下蛋的时候抱着鸡……然后，宣称我养的鸡是天底下最好吃的，一万块一只鸡，一百块一只鸡蛋，把鸡红烧、清炖、白切、干煸的各式美图传到网上，去吸引无数粉丝的追捧与点赞，会不会有人称之为"工匠精神"呢？

从空调房养猪和4000元一公斤猪肉这样的新闻中，人们读到的不是科学养猪的技术和经济效益，而是，没钱的人以后怕是吃块猪肉的资格都没有了，有钱真好，可以用任何方式炫富，比如养猪和养鸡。

假如丁老板只是把养猪作为网易的一种营销策略，那么，与其搞出11万一头猪这样的天价刺激穷人，不如反其道而行之，让穷人也有机会以超低价吃到网易味央黑猪肉，如此引来的关注度与美誉度一定几十倍于竞价拍卖的效果。

在这里，我给丁老板支个招（如蒙采纳，可否赠老夫味央猪肉1斤尝尝味道？）：拿出10头猪来，参照A股IPO新股申购方式，每斤猪肉定价1元，一斤一个号，每人顶格申购5斤配5个号，然后在公证机构工作人员的见证下，摇号决定中签号码，如此一来，穷人与富人吃到猪肉的机会均等，还可以将吃肉的味道与摇新股的味道共冶一炉，一举两得，网民必喜大普奔，丁老板的爱心与善良还有网易引领时尚潮流的品牌形象，定如骑在风口上的黑猪，飞得更高！

"一根线"把股民分成两类：资本收益率高于平均线的和低于平均线的

成为有钱人当然是大多数普通人的梦想。长期以来，人们有一个这样的错觉，就是小资金容易获得高收益，而大资金只能获得平均收益。所以，钱少的人只要找到快速获得高收益的途径，比如投资股票，就可以缩短与钱多者之间的财富差距。但是，大量数据统计显示，这不过是钱少者的一厢情愿而已。

当绝大部分的人拥有了自己的私人财富之后，我们就进入了一个所谓的"业主社会"。以前是无恒产者无恒心，现在，绝大多数人或大或小都是"业主"，这对于推动经济发展和保持社会稳定无疑是个有利的因素。

但是，"非业主"与"业主"、"大业主"与"小业主"之间存在巨大的财富差距，这个差距随着经济的快速增长，不仅没有缩小，反而还在加速扩大，这样的差距拉大到一定程度之后，新的社会问题又会不可避免地出现。

按照法国经济学家托马斯·皮凯蒂的理论，许多经济学模型都假设，资本收益率不受资本所有权影响，即无论资本拥有者的财富大小，资本收益率都是相同的，但这一点其实有待推敲，从全球来看，21世纪个人财富之间的差距不断拉大，源于不平等的资本收益率，富裕者的平均资本收益率往往会高于那些财富规模不大的人。

不平等的平均资本收益率背后存在两个重要因素：第一，拥有更多财富的高净值人士，更能获得优秀的理财机构或者财务顾问提供的信息与服务，他们是财富管理的信息与服务优先者，他们能较常人找到更好的投资选择，从一个较长的时间尺度来看，资产管理中会出现"规模经济"效应，即资产管理规模越大，平均收益率就越高；第二，拥有更多财富的高净值人士，由于资产丰厚，那么，他比那些输不起的普通人更加愿意承担风险，也更有耐心。

从全球范围来看，最富有阶层的资产（包括那些通过继承获得的巨富）在过去几十年的增长速度非常快（年均6%～7%的增长速度），其增速要远远高于社会总财富的平均增速。

因此，如何通过税收政策来缩小贫富差距，这正是当今世界面临的严重挑战之一。

也可以这样说，为什么你是穷人？因为你没有钱！

假如你是股票市场的一名投资者，为什么你一直是散户？因为你的钱太少！

这听起来像是一堆废话，但这是现实。

在股市中，是什么让散户与大户之间的差距越拉越大呢？答案是，一根平

均收益率曲线，短期（比如一年内）大户与散户的投资收益率分布可能表现出随机性，但是长期来看，大户的收益率大多在线上，散户的投资收益率大多在线下。

用托马斯·皮凯蒂的角度去观察，你会发现，长期来看，大户的收益率一直远高于散户的投资收益率，财富的差距就像一个不断扩大的喇叭口。

皮凯蒂只是谈到了"有钱人越来越有钱而钱少者钱越来越少"这一现象背后的两大原因，具体到A股市场，我们很容易发现导致投资者收益率差异的原因远远不止这些，假如将上述影响因素合并考虑，可以总结出以下五大因素：

第一，交易成本的差异。大资金能获得更低的交易佣金，更优惠的融资融券利率，交易成本将明显低于散户。

第二，交易通道的差异。超大规模的资金会拥有专用席位，交易通道的便利性与速度都明显优于小资金。

第三，咨询与信息服务的差异。大户是服务与信息的优先者，而散户明显处于劣势。

第四，增值服务的差异。股市中的许多增值机会，只有资产规模大的投资者才可以获得，例如，网下打新的资格就设定了很高的市值门槛，新三板的交易资格也需要一定的资产条件，至于参与定增，需要更大的资金实力。

第五，风险承受能力的差异。大户的投资更趋于长线，对短期波动的风险容忍度大于散户。

过去二十多年，A股市场出现过从散户做成大户再从大户做成大佬的"天才"型投资者，但是，应该清醒地认识到，那是A股市场初创阶段的各种制度性漏洞使然，这些幸运的"暴发户"很难复制，甚至他们赚取巨额财富的路径也不可持续。

在市场制度建设日趋完善的背景下，监管力度空前强化，各种"野路子"式的招数慢慢失灵了，一夜暴富式的捷径逐渐消失，屌丝逆袭的神话几近枯竭。

今年以来，以险资为代表的各路大神在股市呼风唤雨，完全主导了市场的波动，传统的机构投资者比如公募基金和实力私募基金，已经"大权"旁落甚至被边缘化了，散户投资者被反复碾压，不断被逐出市场，可以预期，大资金与小资金不平等的收益率剪刀差还将会越拉越大。

市场人士不禁感叹，超级资金赚钱跟玩儿似的，而散户赚钱越来越难了，股市作为一个财富再分配的场所，对资金少的投资者来说，显然是越来越不利了。

"妖精"是怎样炼成的

险资应该强化社会责任感和企业公民意识，做价值投资者，做股市"稳定器"，而不是拿别人的钱去做投机性举牌的"带头大哥"，不分青红皂白地参与优质上市公司的控股权争夺战，扰乱企业的正常经营秩序，给实体经济带来负面影响。

最近有几个热词红遍大江南北：

一是"你给我站住"。

这个来源于罗尔先生创作的"微型小说"——《罗一笑，你给我站住》，据说"稿费"高达270万，虽然情节严重虚构被骂得狗血淋头，但是，"你给我站住"一夜之间变成了流行语。满大街都有人在喊，某某某，你给我站住！

昨晚，大爷我路过天上人间洗头店的时候，忽然听到有人大喊，"张一霸，你给我站住，小费还没给呢，你就想跑？"于是几条彪形大汉就追了出去，吓得我赶紧躲开。

二是"妖精"、"害人精"和"强盗"。

这一组热词来自证监会刘士余主席怒斥股市中各种违规违法行为的一次讲话，于是乎，关于谁是强盗，谁是妖精，谁是害人精的猜测不绝于耳。其实大家都心知肚明，刘主席的话锋所向，无非就是前一阵子举牌举得热火朝天的那几家保险公司。

从"人精"到"妖精"的三部曲

在中国的神话故事中，妖精是那些表面看起来美丽可爱，实际上又专门祸害人类的神怪。按照洪荒小说里的说法，人修道为仙；仙中未斩三尸者在天地量劫中若沾惹了因果，就难免应劫，在封神榜上走一遭则为神；人若怨气过大，死后元神不入轮回，也不消散则为鬼；天地万物吸收灵气，度过天劫，化为人形，则为妖。

仙界的事情太复杂，咱们还是先回到人间吧！人们常把非常聪明非常有本事的人，称之为"人精"，看看在A股市场呼风唤雨的大佬们，可都不是凡夫俗子。比如，地产大亨们，他们就有本事把房地产这种没有技术含量的加工企业做成高科技企业的市值与暴利，把绝大多数城镇居民改造成房奴之后，现在，又嗅到了新的商机，于是带着锋利的剪刀，扑向股市中的"韭菜"们，他们顺便带来了一个名叫"举牌"的小怪兽。

从此以后，"举牌"就演变成一个不再单纯的动词，它是股价的春药，是股东的心病，这是上市公司管理层的噩梦。

被险资举牌吓坏的不只是董小姐，上市公司老板都怕得不行。坊间传说，某险企去上市公司调研，老板诚惶诚恐地接待，刻意把公司的未来描绘得一塌糊涂甚至有戴帽风险，没想到这家险企越听越来劲，对公司股票越发兴趣浓厚，吓得老板不知如何是好，倒是董秘机灵，赶紧买来一把大雨伞，险企准备离开时恭敬地送上，险企甚感诧异，外边艳阳高照，送啥子雨伞嘛？董秘笑曰：你若不举，便是晴天；你若乱举，便是疯癫。

举牌不是新生事物，但是，举牌让"人精"修炼成"妖精"大约经过了三个阶段：

第一步，惊艳的开场。

按照相关规定，购买持有一个上市公司已发行股份的5%时，应在该事实发生之日起3日内，向国务院证券监督管理机构、证券交易所作出书面报告，通知该上市公司并予以公告，并且履行有关法律规定的义务。业内称之为"举牌"。

实际上，从2013年开始，安邦、生命人寿等保险公司就开始频频举牌上市公司，包括地产行业龙头企业在内，低估值蓝筹股成为其主要增持对象。中信证券一项研究显示，保险资金在大地产、大蓝筹企业中的持股比例下限（按照市值加权平均结果）已从2011年初的1.4%上升至2016年初的11.5%。

在近年"资产荒"的背景下，市场利率水平下降，而保险公司负债端呈现快速规模增长，加之成本的缓慢上行趋势，导致万能险等进入资本市场，为险资频频举牌上市公司提供了可能。

有增量资金入市，当然是好事，所以，最初市场对险资举牌是欢迎的，他们对低估值蓝筹股的买入并打算长期持有的姿态，对价值投资理念的形成是一种相当好的正向引导。

第二步，混乱的中场。

2015年底开始，宝能系举牌万科并成为第一大股东，引发了管理层与股东的激烈冲突，同时还引起了全社会对险资杠杆收购上市公司控制权的广泛争论。宝万之争，既给资本市场的监管提出了新课题，也为保险资金谋求上市公司控制权提供了新范本，于是，效尤者众。

让人忧虑的是，这种收益风险不成正比的险资杠杆收购，如果不加以控制，那么，个别利益集团会变本加厉地利用资金杠杆掠夺并控制更多的社会资源，加速国内社会两极分化。基于资本收益率的不平等，资金大量流向虚拟经济领域，钱多者与钱少者之间的财富差距必定会螺旋式上升。

第三步，疯狂的终场。

恒大宣布加入万科股权争夺战之后，险资举牌进入疯狂的第三季。随后，恒大概念股成为市场炙手可热的热门板块，沾边就涨停，这个阶段，险资举牌已经跟价值投资没有任何关系了，万科这样的巨无霸筹码被几大豪门控制，可流通股稀少，无量空涨，价格虚高，成为名副其实的抱团庄股。

特别是"千年老妖"梅雁吉祥被恒大买入到接近举牌线后很快卖掉赚了一把快钱，简直让整个市场都惊呆了，这成为一个标志性的事件，投资者一下子就发现险资原来是游资，不是来长线投资稳定市场的，而是要来割韭菜的。

在资产荒的大背景下，资金追逐经营稳定、成长性强的上市公司，是资本市场逐步走强成熟的表现之一。但金融资本强势介入上市公司，可能出现金融资本与产业之间的矛盾，引发资金"脱实向虚"。

据央视记者不完全统计，截至2016年11月底，保险资金在A股举牌投资布局了约120家上市公司。保险资金今年大举举牌上市公司的现象，在A股历史上也较为罕见。

险资举牌的目的无非还是追求自身利益的最大化，而不是上市公司本身，险资虽然挖掘并释放股票的内在价值，但也伴随着大量的资本对企业生产经营活动的侵袭，上市公司控制权一旦落入他们手里，员工和工人便沦落为炮灰，搞不好公司资源被占用，裁员减薪甩包袱，增加社会成本，危及社会稳定。

到后来，险资举牌完全变了味道，这样的局面是监管部门最不愿看到的，结果触发了一轮严厉的监管风暴。证监会主席刘士余以严厉措辞怒斥举牌野蛮人，引发市场强烈反响。与证监会呼应，保监会也快速出手了。

保监会通报，由于前海人寿万能险业务经营存在问题且整改不到位，保监会决定停止其开展万能险新业务，此外，保监会将于近日派出两个检查组分别进驻前海人寿、恒大人寿。

不久，保监会再次下发通知，称恒大人寿保险有限公司因在开展委托股票投资业务时，存在短期频繁大量炒作上市公司股票现象，且资产配置计划不明确，资金运作不规范。根据《保险资金委托投资管理暂行办法》等相关规定，决定暂停恒大人寿保险有限公司委托股票投资业务，并责令公司进行整改。

"害人精"的害人之道

其实，在股票市场中，举牌从来就不是问题，问题在于以举牌为名，行操纵股价之实的各类违法行为。最近一段时间，由保险资金主导的各种举牌行动，乱象丛生，不仅伤害了广大中小投资者的利益，而且也挑战了监管的底线。

从2016年险资举牌给A股市场造成的影响来看，确实不仅没有起到稳定市场的作用，反而加剧了市场的波动。举牌模式嬗变为利用影响力操纵股价的投机模式，也可以说是一种长庄短炒新模式。

长庄就是，长期控制某家上市公司，分多个账户低位分散吸筹，时机成熟后用举牌的方式让保险公司浮出水面，锁定部分筹码，制造"举牌效应"；短炒就是，举牌带动市场跟风盘拉高股价，然后将表面上不关联的其他账户上的筹码高位派发，以此获利的一种模式。有时在不同股票上故技重演，有时在同一股票上反复操作。

今年来，某地产系寿险对多个上市公司同时主次分明地进行举牌，这哪里是并购重组？这分明是在用保险浮存金把长庄短炒模式挥洒得淋漓尽致呀。

再来看看2016年11月17日至28日这短短的8个交易日中，格力电器的股价猛涨27.1%，换手率达32%。格力电器11月30日晚间公告称，前海人寿在8个交易日里，持股比例由0.99%直线蹿升至4.13%。这就是举牌的巨大威力？

炒股赚钱还只是险资举牌的一个个"小目标"，大佬们都志存高远，每个人都有秘不示人的"大目标"呢，那就是，夺取上市公司的控制权。

从法律的角度看，资产管理人用所管理的产品，即客户的资金收购上市公司股份，客户收益有限，风险无限，产权却归管理人所有，这种事无论在国内还是在国外，似乎都说不通。

我思忖老半天，估摸着大概是这么个理：江湖老大九龙蛇看中了独孤山上黑寡妇的寨子，那里牛羊成群仙桃满山坡，好多大佬都垂涎三尺，但碍于山高路险，加之家丁防守严密，不敢轻易下手。九龙蛇脑子好使，深谙借力打力之道，于是广招天下勇士，条件是打下寨子，赶走黑寡妇，勇士每人可以摘得仙桃一颗，另外给五块钱路费各自回家，寨子和牛羊当然就归老大了，跟勇士们没半毛钱关系，另外，假如，失败了，被黑寡妇的家丁打死又或者从悬崖绝壁上摔下来，那也是你自己的事，生死有命，富贵在天，你也不要找老大麻烦。

按照目前险资使用万能险和资管计划进行杠杆收购的风险收益比来看，两者完全不成正比，有违公平竞争的商业原则。险资收益无限，风险有限；万能险和资管计划的投资者收益有限，风险无限，可见，险资控制上市公司确实是一本万利的好买卖，因为险资非但未承担法律上相应的债务，反而因为收购资产膨胀获得了更高的市场影响力和社会知名度。

而整个社会却很有可能被他们绑架，被迫为他们的杠杆收购承担无限风险，假如险资赢得了控制权，社会财富被掠夺，贫富差距进一步拉大，将会鼓励更多的投机资本冒险侵蚀实业企业。而一旦资金链断裂，收购失败而退出，则有可能导致上市公司股价的剧烈波动，保险产品投资者血本无归，最终把烂摊子丢给社会，把风险引入各个阶层，处置不当，将会导致金融危机的爆发。

因此，险资应该强化社会责任感和企业公民意识，做价值投资者，做股市"稳定器"，而不是拿别人的钱去做投机性举牌的"带头大哥"，不分青红皂白地参与优质上市公司的控股权争夺战，扰乱企业的正常经营秩序，给实体经济带来负面影响。

"妖精",你给我站住

纽约时报记者安德鲁·罗斯·索尔金在其真实记录2008年次贷危机中华尔街乱象的《大而不倒》一书中指出,我们最大的教训也许就是:我们其实会犯错误。

这些金融市场的冒险家们敢冒一切风险,并已承受着巨大的风险,但又固执地认为自己没有冒任何风险。

在金融危机发生之前,精英们自认为拥有巨大的权力和无穷的手段,可以决定游戏的胜负,但他们看不到抑或不愿意接受这场游戏的真正结果:最糟糕的时刻正在到来。

华尔街上的流行语是,没关系,我还可以去做另一桩交易,还可以去打另一张牌。但是,在2008年的金融危机中,他们最后还是无牌可打了,因此,也可以说金融危机是一场"想象力的失败"。

索尔金在大量的案例中还提出了对金融监管的思考,那就是,自由市场模式确实存在着一些缺陷,运作良好时,它产生的市场经济效应颇为壮观;运作失灵时,它产生的效果依然壮观,但后果却是灾难性的。

在动物精神驱使下,群体性的癫狂会制造金融市场巨大的危机,无论是2008年那场席卷全球的次贷危机还是2015年A股市场因为场外配资引发的踩踏式下跌惨剧,都充分说明严格监管的必要性。

而举牌乱象制造的市场剧烈波动可谓险象环生,估计也是看不下去了,所以,刘主席怒斥那些胡作非为的人为"妖精",很是解气,当然,也有所谓经济学家跑出来说这个词汇有点刺耳。

貌似精英们的虚伪表现在,对"妖精"文明礼貌,对"良民"简单粗暴。在他们看来,无论强盗们的行为如何违法违规,最好的方式都该是手持扩音器字正腔圆地对他们喊话:"提醒"、"警告"、"谴责"之类软弱无力的词汇,而对平民百姓,就得恶语相向。

不得不承认,很多时候,我们看得见的世界与真实的世界是两个完全不同的世界,如同生活在一个魔幻城堡,表象与真相背离,言语与心灵撕裂,人性与兽性纠结。

　　罗尔卖文救女，一度博得了广泛的同情，那几天的时间，我们的朋友圈被罗尔的悲情、网友的泪水当然还有潮水般涌来的捐款（名义上是打赏）所淹没，然而，剧情急转直下，"只要人人献出一点爱，世界就会变成温暖的人间"的感人故事竟然纯属虚构，被揭穿是一次营销策划，背后的真相让人觉得无语。在真相面前还在拼死狡辩的可怜"慈父"，给出的解决方案是，如果你认为打赏不值得，可以把钱退回，可是，"慈父"你又错了，钱可以退回，但眼泪不能！

　　险资举牌，最初给市场带来了长线资金入市的正能量，带来了价值投资理念落地与市场风格转向蓝筹股的无限遐想，带来了上市公司治理结构优化的压力与动力，然而，这只是散户们的一厢情愿，从本质上来看，他们与过往市场中出现过的各种坐庄炒作模式并无太大差别，不过是换了一个新的概念而已。

　　资本市场的许多故事，如孔雀开屏，以正面示人，总是光鲜艳丽，美得让观众窒息，但是，千万别转身哦，小心背后那个恣意裸露的屁股，没准还有擦不干净的粪便，让人看见后，必定三观尽毁，五雷轰顶。

信仰是战胜脆弱性的武器

从熔断机制实施第一天就将市场熔断从而创造了全球熔断机制一个新纪录开始，我们就与"黑天鹅"结下不解之缘，然后离岸人民币汇率闪崩，英国脱欧，特朗普当选，美股创历史新高，国内国债期货跌停，年末出人意料的"钱荒"再现，感觉金融市场快要成黑天鹅湖了。

2016年已经进入倒计时，这可能是金融市场最为动荡的一年了。而过去的一周，却还在为这幕大戏继续增添血腥的剧情：美联储加息、创业板暴跌、公募货基赎回、银行委外缩减、美元指数狂飙、离岸人民币汇率急贬、国债期货跌停……金融市场从数周前的债券暴跌，到股债双杀，再到上周的股债汇三杀，在崩溃的边缘一路狂奔。

这个场景堪比战争大片《血战钢锯岭》中的惨烈战斗画面。程大爷感慨，从钢锯岭到华尔街也许还隔着一层屏幕，但是，到中国的债券市场，却只有一个跌停板的距离。

历史大部分源于黑天鹅事件

一部好的电影，不仅会把你带入它讲述的故事，让你身临其境不能自己，而且，还会让你把现实代入故事，浮想联翩人戏不分，这就是我刚刚看完由梅尔·吉布森执导的战争历史片《血战钢锯岭》之后的感受。

这部广受好评的影片改编自二战上等兵军医戴斯蒙德·道斯的真实经历，讲述他拒绝携带武器上战场，并在冲绳战役中赤手空拳救下75位战友的传奇故事。

这简直就是一个奇迹！没错，我们看到的历史，其实从来就不是缓慢而平滑地演绎出来的，它是跳跃着前行的，无数大大小小的"奇迹"就是历史跳跃时的一个个断点。这些所谓的奇迹，就是极小概率的随机事件，也可以称之为黑天鹅。

对于二战的历史，道斯的存在是一个小小的正面黑天鹅事件。不带武器进入残酷的钢锯岭战场，不仅活下来了，还成功地救了75个人，这是一个极小概率，它不具有必然性，正因为如此难得，才如此可贵。正如道斯的一个战友所说，我从没有对一个人的误解有对道斯这样深过，我原以为不碰武器的军人是懦夫，我不愿跟他站在一起，然而，最终却是不带武器的道斯救了带着武器的我们的性命，这多么讽刺！

但是，真实的历史其实正是源于这些黑天鹅，人类的文明史就是一部黑天鹅史。2016年即将过去，我们回首来时路，金融市场，黑天鹅如影随形。

从熔断机制实施第一天就将市场熔断从而创造了全球熔断机制一个新纪录开始，我们就与"黑天鹅"结下不解之缘，然后离岸人民币汇率闪崩，英国脱欧，特朗普当选，美股创历史新高，国内国债期货跌停，年末出人意料的"钱荒"再现，感觉金融市场快要成黑天鹅湖了。

其间，也有正面的黑天鹅给我们带来了短暂的惊喜，但是，终归还是无法抵消负面的黑天鹅带给人们的痛苦。就像保罗·萨缪尔森指出的那样，损失给人类带来的痛苦，要大于获得同等收益带来的快感。

信仰是战胜脆弱性的武器

黑天鹅不见得都是坏事，它有正面和负面之分，不确定性也不完全都是风险，它既有惊吓，也有惊喜，所以，给人们带来痛苦的，是负向的黑天鹅，也就是那些不期而至给人们带来精神与肉体痛苦以及财富损失的小概率随机事件，它是意外的伤害、不测的风险、从天而降的灾难，它让一个人或者一群人的世界突然变得脆弱不堪，几近分崩离析，尼古拉斯·塔勒布将这种意外灾难定义为"脆弱性"。

作为一名股市老兵，一看到银幕上血腥的战争场面，你就本能地联想到金融市场上的惨烈争夺，看到道斯执着于自己的信仰而饱受怀疑与讥笑，就想到投资领域中那些坚守自己价值取向而不被理解的人，从战场到市场，人类选择的武器不同，而围绕信仰的厮杀何曾停止过？

在这部电影里，道斯的战友甚至他的女朋友都觉得他是一个疯子，因为他的信念匪夷所思——只救人不杀人，他主动要求参军，却拒绝碰枪，他不拿枪，却要求上战场，他没有枪，却在枪林弹雨中救出75个伤兵。这简直就是一个奇迹，一个神话故事，人们很难相信，世界上真有道斯这样的人，然而，这是一个真实的故事。

在一个生死考验的战争环境中，道斯创造奇迹的前提条件是，他坚持这个信念，他相信不拿枪救人也可以在战场上为国家作出奉献，与拿枪杀死如撒旦一样邪恶的敌人相比，他们的所作所为，都是爱国的方式，没有区别。

这就如同在金融市场中，很多时候，不投资也是一种投资的方式，不造成损失也是反脆弱性的一种工具，毕竟，并非所有的时间都适合持有仓位。

人类是一种介于动物和神之间的生灵，既有动物性的一面，也有神性的一面，只是，这两者之间并不总是处于均衡状态。

一个有信仰的人，无论处于怎样的环境，无论别人怎么对待自己，他都一定要让自己成为自己想要成为的人，他都坚定地按照自己的信仰与这个世界平和地相处。在遍布荆棘的脆弱现实中，人可以凭借着对上帝的信仰而抵达神性，并带着这种神性，安然行走在随机性的现实生活。

正如道斯坚持的"不碰枪"原则饱受质疑、误解与煎熬，在投资中坚持"有所不为"同样比"有所为"更难。

你需要为自己的信仰全力以赴，即使你的信仰里没有上帝。道斯无疑是高尚的，他说，这个世界已经分崩离析，我想要把它拼凑起来。普通人的信仰可以不高尚，但是，仍然需要良知，要有一个基本的底线。

你是手捧圣经还是手持冲锋枪，只是工具的选择问题，关键是你的动机是纯正的，都一样值得尊重，只要激发内心的良知，每个人都可以成为圣人。

"乱世"中的为与不为

以研究黑天鹅事件著称的美国思想家尼古拉斯·塔勒布认为，有些事情能

从冲击中受益，当暴露在波动性、随机性、混乱和压力、风险和不确定性下时，它们反而能茁壮成长和壮大，这一现象无处不在，它是脆弱性的对立面，也就是"反脆弱性"。

反脆弱性超越了复原力或强韧性，复原力能让事物抵抗冲击，保持原状，反脆弱性可以让事物变得更好。反脆弱性偏好随机性和不确定性它也偏好错误，它能帮助我们应对未知事物，了解反脆弱，我们做的要比我们想象的更好。我宁愿做愚钝但具有反脆弱的人，也不做极其聪明但脆弱的人。

反脆弱性使我们更好地理解脆弱性。正如不减少疾病我们就无法改善健康，不减少损失我们就无法增加财富一样，反脆弱性与脆弱性是同一波段上的不同波段。

面对这个随机性、不确定性和混沌的世界，我们要利用它，而不是躲避它。事物都有两面性，正如风会吹灭蜡烛，也能让火越烧越旺一样。所以，我们要成为火，渴望得到风的吹拂。

我们不只是希望从不确定性中存活下来，或仅仅只是战胜不确定性。除了从不确定性中存活下来，我们更希望像罗马斯多葛学派的某一分支，拥有最后的决定权。我们的使命是训化、主宰，甚至征服那些看不见的、不透明的和难以解释的事物。

然而，这并不意味着我们可以随意将"工具理性"发挥到极处，为达目的不择手段。例如，为了反脆弱而变出花样的金融创新，却让金融体系变得更加脆弱。

例如前一段时间闹得鸡飞狗跳的险资举牌闹剧，无非是利用长庄短炒模式来规避或者最小化自身的脆弱性，实现反脆弱，然而，它又会加大其他投资者和社会的脆弱性，所以，刘士余主席会怒斥有些人连做人的良知与底线都没有，是危害金融市场的妖精与害人精。

"变通"是另一种反脆弱的方式，但是，如果"钻空子"的行为是被默认的，那么，它就是以别人的脆弱为前提，以制度与规则的脆弱为代价，它会牺牲整个社会的利益。这就是为什么高大上的联想控股控制号称创业板造假第一股的万福生科之后会受到广泛质疑的原因吧，这种变通方式开了一个创业板变相借壳的恶劣先例，感觉就像苏东坡勾搭了潘金莲一样可悲可叹，它让资本市场的制度变得更加脆弱。

《血战钢锯岭》里道斯的信仰，源于童年时代的一次经历，让他信奉圣经里"不得杀人"的戒条，并发誓终身不碰枪。道斯对上帝的信仰，让他坚持不拿枪，只救人不杀人，不伤害别人。但在金融市场中，这样的信仰曲高和寡，在很多人看来几乎迂腐，能坚持不伤害别人这条原则的人，一定是珍稀动物。

正如塔勒布指出的那样，社会最大的脆弱性制造者和最大的危机制造者，正是那些置身事外，不承担后果的人。一些人以牺牲他人利益为代价来实现反脆弱性，这就是说，他们从波动性、变化和混乱中实现有利结果（获得收益），而将他人暴露于损失或伤害的不利因素下。这种以别人的脆弱性为代价而取得自己的反脆弱性的行为是很隐蔽的。有些人不会承受真正的个人损失，也不受问责制的约束，他们将整个系统玩弄于股掌之上，而公民却要为其埋单。

让塔勒布感慨的是，历史上从未有过如此多的非冒险者，也就是施加重大控制力而个人却不承担风险的人。他们忘记了一条最主要的道德法则：你不应该为了获得反脆弱性而牺牲别人的脆弱。

道斯的行为证明了人能够凭借信心和坚持不懈的良知得到救赎。可以不要求别人的良知，只要求自己把良知融入社会；可以不要求别人要遵守规则，只要求自己不论在什么情况下都一定要遵循规则。

既不伤害别人，又要反脆弱性，该如何做？

既然不确定是无法预测的，那么，我们要做的不是去把随机事件变为确定性事件，把黑天鹅变为白天鹅，而是，改变自己对待随机性的策略：在正向黑天鹅降临时采取激进策略，因为这种情况下风险容易被控制；当负向黑天鹅降临时，一定要慎之又慎，避免灭顶之灾。

塔勒布就是这样做的。他不怎么在意小的失败，而是在意大的终极性失败。比如，他更担心"极具前景"的股票市场，尤其是"安全的"蓝筹股，反而不是投机性强的公司股票（类似A股市场中的题材股），因为，蓝筹股中存在看不见的风险，而题材股反而不会造成出乎意料的伤害，因为他一开始就知道买入这类股票的风险巨大，并对这种股票的脆弱性保持警惕，可以通过控制仓位和及时止损来构建"反脆弱性"。

同样，基于一致性预期一般不会发生，塔勒布同样也不担心广为人知和耸人听闻的风险，而担心更为险恶的隐蔽风险。这与传统中国智慧中的"看似安全的地方危险，看似危险的地方安全"异曲同工。所以，塔勒布说他自己不担心恐怖主义，担心糖尿病；不担心人们通常担心的问题，因为它们显而易见，担心我们的意识和正常过程以外的事物；不担心困境，担心失去机会。

乱世出妖精，也出圣人；脆弱性可以消灭枭雄，也可以磨炼英雄。

想起尼采那句振聋发聩的名言：那些杀不死我的，只会让我变得更强大！

上帝会宽宥那些私刻萝卜章的人吗

资本市场，总是习惯以江湖规矩摆平上不了台面的丑事，息事宁人，牺牲一个，救下一群。带来的后果就是，以后大家大胆启用萝卜章，反正不出事暴利装自己兜里，捅娄子有大佬出面讲数，损失算别人的，利润是自己的，最后变成"出来混，总是只有一个人要还的"，有暴利而无风险，难怪游走于灰色地带打擦边球的所谓"金融创新"会风起云涌层出不穷。

今夜，不管你睡在哪里，你都是睡在平安夜里，不远，不近；
今夜，不管你信不信上帝，上帝就在那里，不悲，不喜；
今夜，不管你贫穷还是富有，生活就在那里，不多，不少；
今夜，不管你炒股还是炒债，价格就在那里，不涨，不跌（因为全球金融市场今天都休市了）。

这是一个适合谈论信仰、赞美诗、雪橇、礼物、圣诞老人以及上帝的美好夜晚，就好像人间的愁苦、曹德旺的烦恼、国海证券和萝卜章都不曾存在过一样。

上帝没有奖赏好人？

有些东西，只有在失去后才知道它的珍贵；有些人，只有在"离开"之后才知道他的价值。

有的人巧取豪夺，投机钻营，只因哗众取宠而成为媒体炒作的热点，占用大量的媒体资源，比如被刘士余主席怒斥的那些妖精。

有的人正直善良，乐善好施，却因默默工作没有"绯闻"而被人们遗忘，比如那些制造业界的企业家们。

当然，董明珠是一个例外，她的关注度高不是因为格力电器，而是她不时爆出的出位言辞。而因为一"跑"而红的曹德旺，则是另一个例外。

最近，中国民营企业家的代表人物之一、福耀玻璃董事长曹德旺持续刷屏，抢了一众网红的头条。曹德旺投资6亿美元、在美国莫瑞恩建造的汽车玻璃厂正式投产，他本人在接受媒体采访时发表了一些对中国经济的看法，由此引发广泛关注。一种"别让曹德旺跑了"的观点在网络流传，与当初"别让李嘉诚跑了"的观点相似，对他们"跑路"的担忧都来自于他们在海外的投资项目。

曹德旺何许人也？肯定有不少人知道，但是，其知名度不要说跟马云、马化腾、雷军这些互联网英雄相提并论，就是跟王健林、王石、姚老板、许老板这些房地产大佬比，也差了一大截。作为中国民营企业的代表人物之一，曹德旺以17.4亿美元的身家位列2016年福布斯全球亿万富豪榜第1198名，排在他前边的富豪多了去。

他9岁才有学上，14岁却被迫辍学，在街头卖过烟丝，贩过水果，修过自行车。从承包年年亏损的乡镇玻璃小厂最终成为中国玻璃大王。如今他执掌的福耀玻璃集团已经是中国第一、世界第二大汽车玻璃厂商。从十多岁开始做生意，虽然外部环境变化多端，但曹德旺始终屹立潮头，可谓最成功的企业家之一。

除了在商业上取得成功，曹德旺还乐善好施，他的捐款超过60亿，曾被胡润评为中国首善，是名副其实的"好人"！然而，就是这样一位"好人"，最近却因为那一笔6亿美元的美国投资而被质疑要"跑路"，并因此而"红"遍大江南北。

做企业时默默无闻，做慈善时也不声不响，没想到去美国办个厂就举国哗然，搞得街知巷闻了，以至于差点就毁了一个"好人"的清誉。一些媒体在转发曹德旺的访谈时，标题里面醒目地写着"跑路"两个字，口诛笔伐，逼得曹德旺三番五次地解释。曹德旺在美国投资办个厂就等同于背弃祖国"跑路"吗？曹德旺赶紧澄清了事实，"福耀制造的市场销路65%在中国，我跑出去干什么呢。"在美国工厂开通之时，曹德旺在天津的项目也开通了，还在苏州工业园区拿了一块地。本来嘛，曹德旺在美国投资办厂，就是一个企业家在全球范围内进行的产业布局，是中国制造走向世界的一个案例，不仅不应该被贬低，而且还是值得赞扬的。

说实话，我是非常钦佩曹德旺与董小姐这些中国制造业中的企业家们，他们才是税收、就业以及中国经济的顶梁柱，而那些虚拟经济领域的投机高手、房地产业的暴发户、擅长资本运作的所谓"资源整合者"，他们的成功经验，只会误导人们的价值观从务实走向浮躁，让社会资源在"脱实向虚"的歧路上越走越远。

脚踏实地做实业，倾其所有回报社会，这样的中国企业家反而被误解甚至中伤，这件事无论如何都是令人失望的。这让我想起了一个很久以前的故事。

1963年，一位叫玛莉·班尼的女孩写信给《芝加哥论坛报》，因为她实在搞不明白，为什么她帮妈妈把烤好的甜饼送到餐桌上，得到的只是一句"好孩子"的夸奖，而那个什么都不干，只知捣蛋的戴维（她的弟弟）得到的却是一个甜饼。她想问一问无所不知的西勒·库斯特先生，上帝真的是公平的吗？为什么她在家和学校常看到一些像她这样的好孩子被上帝遗忘了。

西勒·库斯特是《芝加哥论坛报》儿童版栏目的主持人，十多年来，孩子们有关"上帝为什么不奖赏好人，为什么不惩罚坏人"之类的来信，他收到不下千封。每当拆阅这样的信件，他的心就非常沉重，因为他不知该如何回答这些提问。

这个玛莉·班尼之问，其实可以问倒很多人，尤其是在当下的中国资本市场。

上帝也没有惩罚坏人？

雾霾慢慢散去了，人们终于看清了深不可测的夜空。

一到寒冬腊月，萝卜白菜就都成了宝贝。老人们常说，"冬吃萝卜夏吃姜，一年四季都健康"，又说冬天萝卜赛人参。可见，萝卜真是个好东西，不仅可以清炒焖煮、凉拌生吃，还可以用来刻章啊！尤其是在这个年关将近的节骨眼上，但凡搞债券的，家里要是没藏着个把好萝卜可供刻公章，心里哪能踏实？

说来搞笑，今天还真有人借机在朋友圈卖萝卜呢。说是最近萝卜需求比较大，借机推广下他们潍坊的萝卜。潍坊萝卜，俗称高脚青或潍县青萝卜，因原产于山东潍县而得名，已有300年栽培历史，皮色深绿，肉质脆硬，特别适合刻制萝卜章，在他们当地素有"烟台的苹果莱阳的梨，不如潍坊的萝卜皮"之美名，享誉国内外。

可是，如果上帝果真是存在的，那么，他也会惩罚那些刻萝卜章的人吗？

经过一周的持续发酵，国海证券"萝卜章门"事件终于迎来了解决方案。在监管部门的协调下，经过长达5个多小时的谈判，最终国海承认履行伪造公章签下的所有相关协议，或扛下近10亿元浮亏。据悉，此次因国海证券"萝卜章"事件受到影响的券商和银行多达22家以上。

随后，被国海证券"萝卜章"搅动的国内债券市场，终于峰回路转，出现了转机，国海证券发布公告认账的当天，午间央行净投放2100亿元，市场情绪明显从平稳转向了高亢，国债期货午后快速拉涨，5年期国债期货主力合约盘中一度全线触及涨停，这也是国债期货上市以来首次触及涨停。从跌停到涨停，市场仅用了5个交易日。

一场债券市场的重大危机至少从表面上来看平息了。但是，潜在的影响仍在蔓延。债券代持的核心理念或将发生变化，金融机构的风控趋紧，尤其是对账户管理将趋严，债券代持交易新规或将登台，而债券长期代持或将就此终结。

出来混总是要还的，但是，这话似乎只说中了一半，挑头的混混大多没有好果子吃，跟着别人混的最后却反而成了赢家！

回过头来看21年前的327国债期货事件——那个典型的多逼空操纵市场赌局，以多逼空始，以黑吃黑终。1995年2月23日，被英国《金融时报》称为"中国大陆证券史上最黑暗的一天"，上海万国证券公司违规卖出327合约，最后8分钟内砸出1056万口卖单，面值达2112亿元国债。当天晚上11点，上交所总经理尉文渊在经过紧急会议后正式宣布当日收盘前8分钟内多头的所有卖单无效。

上交所的这一决定，使万国证券的尾盘操作收获瞬间化为泡影。万国亏损56亿人民币，濒临破产，也使空方的领军人物管金生由此身陷牢狱，而尉文渊也被免掉上交所总经理，最后，国债期货就此被"冷藏"长达十多年。

一场危机就这样被化解，出来混的人很多，也都不是什么好人，但是，最后也只有空头的带头大哥"还"了，其他一众黑吃黑的混混，不仅不用还，反而赚得盆满钵满扬长而去，以此作为第一桶金，魏东、刘汉、袁宝璟等"赢家"都成长为资本市场翻云覆雨的大人物。

资本市场，总是习惯以江湖规矩摆平这些上不了台面的丑事，息事宁人，牺牲一个，救下一群。带来的后果就是，以后大家大胆启用萝卜章，反正不出事暴利装自己兜里，捅娄子有大佬出面讲数，损失算别人的，利润是自己的，最后变成"出来混，总是只有一个人要还的"，有暴利而无风险，难怪游走于灰色地带打擦边球的所谓"金融创新"会风起云涌层出不穷。

监管部门显然意识到了金融行业问题的严重性，年末监管风暴强势出击，不仅要打击明目张胆干坏事的"妖精"，还要抓出那些潜在水底暗中作恶的"妖精"。

证监会新闻发言人张晓军强调，近年来金融资管行业中个别高学历、高智商、金融从业经验丰富的所谓行业精英人才严重背离职业操守，成为市场唾弃的"老鼠"，先后受到法律的制裁，个人前程尽毁，行业声誉受损，教训十分深刻。我会忠告：金融资管从业人员及其他相关人员应牢记"受人之托、代人理财"的初心，忠实履行"诚实守信、勤勉尽责"的职业操守；谨记"天网恢恢，疏而不漏"，加强学法、守法，严守道德和良心的底线，切勿心存侥幸触碰法律的高压红线，切勿以身试法。在此，我们也奉劝那些违法者立即收手，并尽快向监管部门和公安机关投案自首，争取宽大处理。

天网恢恢，疏而不漏，说得好！躲得过初一，躲不过十五，该来的迟早会来！

上帝是公平的吗？

也不知道是哪个信徒说的：上帝为你关上一道门，同时会为你打开一扇窗。

世上的事情就是有这么巧合，早上国海证券发布公告表示愿意为萝卜章事件承担责任与损失，下午就传来了IPO审核中两项目同时过会的喜讯。

2016年12月21日，安徽集友新材料股份有限公司和广东英联包装股份有限公司首次公开发行上市申请今日同时顺利通过中国证监会发行委员会审核，国海证券作为保荐机构（主承销商）连中两单。截至目前，国海证券在审IPO项目为10个，再融资项目8个（包括已过会待发行2个）。

含泪吞下萝卜章的苦果，含笑接过IPO的硕果，上帝关上一扇门的同时一下子为国海打开了两扇窗，对国海来说，上帝很公平啊！

只是难为了朋友圈里关心国海的人，刚刚为萝卜章的悲剧送去安慰，转瞬之间，又要为IPO的喜讯送上祝贺，这个情绪的180度逆转直接把人搞懵了！

在那个1963年的故事中，正当西勒·库斯特对玛莉小姑娘的来信不知如何回答是好时，一位朋友邀请他参加婚礼。也许他一生都该感谢这次婚礼，因为就是在这次婚礼上，他找到了答案，并且这个答案让他一夜之间名扬天下。

西勒·库斯特是这样回忆那场婚礼的：牧师主持完仪式后，新娘和新郎互赠戒指，也许是他们正沉浸在幸福之中，也许是两人过于激动。总之，在他们互赠戒指时，两人阴错阳差地把戒指戴在了对方的右手上。

牧师看到这一情节，幽默地提醒：右手已经够完美了，我想你们最好还是用它来装扮左手吧。

西勒·库斯特说，正是牧师的这一幽默，让他茅塞顿开。右手成为右手，本身就非常完美了，是没有必要把饰物再戴在右手上了。那些有道德的人，之所以常常被忽略，不就是因为他们已经非常完美了吗？

后来，西勒·库斯特得出结论，上帝让右手成为右手，就是对右手最高的奖赏，同理，上帝让善人成为善人，也就是对善人的最高奖赏。

西勒·库斯特发现这一真理后，兴奋不已，他以"上帝让你成为好孩子，

就是对你的最高奖赏"为题,立即给玛莉·班尼回了一封信,这封信在《芝加哥论坛报》刊登之后,在不长的时间内,被美国及欧洲一千多家报刊转载,并且每年的儿童节他们都要重新刊载一次。

这个故事之所以能吸引不同时代与不同国籍的读者反复阅读,正是因为它传递的这种"上帝对待好人与坏人的态度,看似不公平其实很公平"的信念。正所谓,人为善,福虽未至,祸已远离;人为恶,祸虽未至,福已远离。

据说,加德夫大学与德州大学的联合研究显示,"恶有恶报"是有一定的科学根据的。统计发现,少年罪犯的身体虽然常比起同年龄的守法少年强壮,但当他们步入中年之后,健康状况就急速下降,住院和残障的风险比正常人高出好多倍。这比较好理解,很可能跟犯人的不良生活习惯与心理状态有关系。

科学家在神经化学领域的研究中发现了一种现象:当人心怀善念、积极思考时,人体内会分泌出令细胞健康的神经传导物质,免疫细胞也变得活跃,人就不容易生病，正念常存，人的免疫系统就强健；而当心存恶意、负面思考时，走的是相反的神经系统：即负向系统被激发启动，而正向系统被抑制住，身体机能的良性回环会被破坏。所以善良正直的人往往更加健康长寿。

还有，美国有份杂志曾经发表过一篇题为《坏心情产生毒素》的研究报告，在心理实验室中的试验显示，人类的恶念能引起生理上的化学物质变化，在血液中产生一种毒素。当人在正常心态下向一个冰杯内吐气时，凝附着的是一种无色透明的物质；而当人处在怨恨、暴怒、恐怖、嫉妒的心情下，凝聚起的物体便分别显现出不同的颜色，通过化学分析得知，人的负面思想会使人的体液内产生毒素。

不同的实验都得出了相同的结论，即纯净、慈善、正面的思想状态能令生命健康喜悦，而恶念会让机体组织失衡与病变。这是在生理医学领域中的发现，其实，早在几千年前的中国古籍中都有系统的阐述，比如，孔子说过的仁者寿，中医主张正气存内、邪不可干就是这个道理。

中国民间有一句古话，叫"恶有恶报，善有善报，不是不报，时候未到"。我曾经对恶人迟迟得不到报应感到迷惑不解。现在我终于明白，因为"让坏人成为坏人"，就是上帝对他们的惩罚。

"327"国债事件的那些"大赢家"们，当初看似逃脱了上帝惩罚的那些"坏人"，最后都早早地自个儿跑去见上帝了。魏东、刘汉、袁宝璟他们，如今安在哉？

上帝是公平的吗？其实答案早就写就在《圣经·旧约·传道书》里了："我又见日光之下，在审判之处有奸恶，在公义之处也有奸恶。我心里说，神必审判义人和恶人，因为在那里，各样事务，一切工作，都有定时。"

坐庄套路从股市玩到了王菲演唱会

坐庄炒作这种模式，发轫于金融市场，但是，这种"一本万利"的赚钱技术很快就被"聪明人"推陈出新，跨越金融市场的边界，向生活的各个领域蔓延：从二手房屋到姜、蒜、绿豆等农产品，从苹果手机到各种门票，天下大势，无非就是一个"炒"字。

又到岁末。终于从一年的忙碌中安静了下来，驻足某个路口，遽然听见岁月离我们而去的跫音。

盘点好像剥洋葱，弄不好就让人泪流满面，不忍直视的旧时光，喜怒哀乐，点滴在心头。

牛股如幻，楼市独乐，多少人走过2016，无非幻乐一场。

在这个感性的时间节点上，一场纷纷扰扰了大半年的贺岁演唱会在上海如期举行，这场名为"幻乐一场"的王菲演唱会真是应景，又是VR直播，又是母女同台秀亲情，还有赤脚登场扮呆萌，大爷我听了一会儿直播，哎呀，说实话吧，还真不如二沙岛江边上流浪歌手唱得好听，当然，主流娱乐新闻上的通稿照例写着"一场横跨60、70、80三代王菲粉丝们的集体狂欢"。

据钱江晚报记者称，很多粉丝表示不满，原因是过高的票价和车祸现场的音准。例如，观众最熟悉的《匆匆那年》竟然现场走调，明显气短。网友也是差评一片。据悉，现场的座位也出现了一大块是空的场面。

渐渐老去的天后恰如这本即将翻过的日历，勾动愁绪，挑逗情怀，然后，故作潇洒，忘却所有。自个儿掏钱买天价票的歌迷，宣称自己听的不是歌，而是寂寞。是的，狂欢不正是一群人的寂寞吗？

把门票炒成股票

不过，这场贺岁演唱会的最引人注目之处，在于它从头到尾就是一场无节操的营销炒作。

坐庄炒作这种模式，发轫于金融市场，但是，这种"一本万利"的赚钱技术很快就被"聪明人"推陈出新，跨越金融市场的边界，向生活的各个领域蔓延：从二手房屋到姜、蒜、绿豆等农产品，从苹果手机到各种门票，天下大势，无非就是一个"炒"字。

有人爆料王菲演唱会的背后玩家是个台湾老板。这让我不禁想起十年前风靡大陆的云南某品牌普洱茶炒作热潮，不知害得多少人倾家荡产，据说就是一帮高智商的台湾同胞坐的庄。

让一向自认为不是艺术成功而是"商业成功"的王菲想不到的是，过往坐庄技术娴熟的台湾老板，也有失手的时候。偷鸡不成反蚀一把米，这次炒作不仅惨败，还搭上自己仅剩的一点名声。

炒作一开始，广告就宣称，王菲演唱会《幻乐一场》门票在大麦网公开发售，这次演唱会只有上海唯一一场。暌违六年的演唱会，仅此一家。

这次王菲演唱会的官方票价分为三档：1800元、5800元、7800元，经过黄牛转手后门票价格一路飙涨。以稀缺性为噱头，从12月初开始，门票的天价炒作行动就粉墨登场了，在很多平台上，60万、100万一张的票简直让人惊呆了。

这简直就是把粉丝当脑残的玩法啊。大爷我脑海中浮现出来的是周星驰电影中那个因为经常被欺负而哭得稀里哗啦的吴孟达，"不要因为我傻你就欺负我"。还有就是李小龙的经典台词，"我读书少，你不要骗我！"

浮躁难抑，投机不休，炒作至死，这不禁让人担心我们会掉入一个营销驱动型社会的陷阱。

恶炒天价票伤害了很多人的爱商和智商，引发了人们的反感，网友更是把矛头指向王菲。

说她三年不开演唱会，一开演唱会赚三年，集体炒高票价，最终一次宰割粉丝，盆满钵满。不出来捞金就不捞，一出来就大手笔的捞，恨不得一次把人榨干。

早在2016年9月份王菲演唱会的发布会上，主办方证实了票价传言：演唱会最贵的票价为人民币7800元，最便宜的票价为人民币1800元，这样的票价定位"照顾普罗大众"。王菲经纪人陈家瑛表示"以一般歌迷的消费力来说，1800元应该可以负担"。

言下之意，这点钱都拿不出来，你哪有资格做天后的粉丝？

确实，跟上海的房价比，王菲演唱会的门票还是太便宜了。

王思聪公开披露了王菲演唱会天价票的惊人内幕，说王菲演唱会曾定价1万，谁买谁是脑残粉。不少人开始指出，这是一个心照不宣的擦边球产业链，黄牛都是主办方派出来的人，不然官方不让价格定太高，主办方怎么提高利润？

事实上，这种门票定价就已经是挑战传统市场定价的行为了。根据业内人士的估算，如果只按照票面价格，这场演唱会有1.8万个座，整场门票能达到1.4亿元。这还不算炒作后的加价，无法想象王菲一场演唱会能赚多少钱！

很多上市公司一年的利润还不够在北上深买一套房，现在看来，更多上市公司一年的利润恐怕还抵不上王菲的一场演唱会呢。

不过，也有知情人爆料称，曾经炒至60万甚至上百万的天价票，根本从未真正成交。而各位黄牛党手里的高价票，随着开演在即，很快就跌至票面以下了。

被激怒的网友开始猛扒"商业成功"的天后王菲过往的炒作历史。

早在2010年的王菲巡回演唱会也是同样的套路。一次少量吞吞吐吐地放消息、捂票、惜售、炒价，最终场馆外现了原形的黄牛价昭告了那场局的幻灭。只不过，这一次的砸盘要比2010年来得更猛烈一些。

睽违已久的"重生"演唱会除了营销精彩外，留下的是无数笑话：走音、忘词、抢拍……央视春晚上，王菲唱《因为爱情》时被质疑严重跑调。

这次的故伎重演，如果粉丝依旧买账，那就不是他们的营销策划做得好，

而是粉丝们脑子里进的水太多。

　　好在脑残也有治愈的时候，于是，几乎所有人都毫无顾忌地冷眼看笑话，扬言绝不同情。这场营销大戏玩砸了，大家却拍手叫好，看以后谁还敢这样抢钱。以往，这样一边倒的全民性幸灾乐祸并不多见，可见，积怨已久总会有爆发的时候。

　　有网友表示，这已不是"我愿意买关你屁事"的事，王菲的天价票价和演员的天价片酬一样，直接损害广大消费者的利益，扰乱市场秩序，是一种违法行为。

　　据中国网报道，政府有关部门第一时间介入了王菲天价门票事件。票务网站牛魔王和票牛被上海市公安局立案调查，或将面临被关停的处罚，主要原因是参与倒买倒卖王菲演唱会等热门演出门票。据介绍，此次专项打击行动主要针对"王菲天价票"，由上海市政府高层直接挂帅，针对倒卖演出票的网站、票代公司和演出主办商严肃处理。

坐庄还是三部曲

房地产泡沫、股市与债市乱象以及互联网骗局的泛滥，背后总是少不了过度营销策划这个推手。

坐庄炒股也好，炒楼也好，炒债也好，这些营销策划，玩的全是一模一样的套路。

这个套路只需要三步，即养——套——杀。

王菲演唱会卖弄的炒作套路正是这个"俗套"。

第一步是养。把粉丝们的胃口吊起来，即制造稀缺性，强调只唱一场，物以稀为贵，释放价格奇高的合理性。

第二步是套。囤积居奇，搞饥饿营销，让粉丝靠关系来买票，贴上紧俏商品的标签，引诱粉丝自愿把脖子伸到套索圈里。

第三步是杀。抱团炒高票价，坐等粉丝高位接盘，然后高位派发，一网打尽。这个完整的套路跟坐庄炒股票没啥两样，只不过，股市庄家割散户的韭菜，而王菲炒作团队是剪粉丝的羊毛。

"毒舌"金星最近在《金星秀》栏目上手撕王菲。金星说出了网友们想说的心里话。如果你很有钱，钱就是纸，那就去吧。如果你是上班族，抑或是学生，花1800元去看一场演唱会，只能说你脑子有问题，怎么不把这1800元给父母买一件像样的衣服？就是你把钱当纸，中国还有那么多孩子上不起学，没衣服穿，你怎么不去帮帮他们？你花再多的钱去看王菲演唱会，她会看你一眼吗？她会给你一个拥抱吗？她会说声"谢谢你"吗？

网友黄生分析这次王菲演唱会说，因为去年发生了股灾，今年债券发生债灾，于是，这些人不甘心，好不容易找到了王菲，坐庄王菲的演唱会，将演唱会的门票坐庄当庄股来炒，结果收集了百分之九十五以上的筹码后，价格越拉越高，发现最后没人接盘，最终把自己套牢在高位，于是王菲演唱会这只庄股就这么突然崩盘了，崩得好，套得好，无良炒作。

这情形好像2015年上半年的疯牛行情，全通教育、朗玛信息和安硕信息等庄股纷纷被恶炒，最高的股价竟然被炒到450元的天价，结果，一遇上查配资去杠杆，庄家还没来得及出货，就直接崩盘了。

贪得无厌，大家都不去看，就没有贪婪的市场。特希望王菲这场演唱会空无一人，票都砸在黄牛党的手里，让这些丧心病狂的炒手赔个底儿掉。

但是，偶像很虚伪，粉丝太天真。

让王菲演唱会空无一人不过是一句气话，毕竟脑残的伪"文青"太多了，有他们奋不顾身地接盘，庄家拉高出货没有得逞，杀跌出货还是不愁卖的。

腕儿再粗，歌唱得再好，也要把粉丝当人。说真的，我不懂这个表情呆板、行为古怪的所谓天后时常跑调的歌声里包裹着怎样的"情怀"，我是连寂寞也没有听出来，听到的是欲望在尖叫。

当然，也并不是"洪洞县里无好人"，其实，演艺界也有德艺双馨的偶像，会把粉丝真正当朋友对待。就在平安夜，北京"看见"李健演唱会最终场，票价也就380元～980元，这个价格对于学生党和普通上班族都在可承受范围之内。李健说，他尽力协商把票价压在这个范围内，希望更多真心喜欢他音乐的人能够不因高额票价而被拒之门外。而那晚的27首歌，还有那晚的光影声色效果都绝对物超所值。也许李健并没有刻意把粉丝当作赚钱工具，才能如此设身处地地考虑听友的感受，善待粉丝，才能得到粉丝们持续的爱戴与支持。

你看看，同样是歌手，同样是偶像，他们做人的差距咋就这么大呢？

戏演完了，除了王菲，没有赢家。明天，她就可以心满意足地带着鼓鼓囊囊的钱包奔向2017年的奢华人生。至于她对这个世界的贡献，无非就是以一场跑调的演唱会给本来就被营销驱动得狼奔豕突的2016年，添加了一个妖娆的狐狸尾巴。

假如炒股是一场恋爱

LUN XUE PIAN

论雪篇

梦想家在仰望星空，实干家已迈开双脚

目前，很多国内企业沉迷于营销策划与资本运作，精力都用在玩虚的东西上，却从来不注重研发，而是大量山寨抄袭，搞短平快。投机取巧式的成功学只是误导人们把成功之"术"当成"道"，久而久之，浮躁浮夸乃至胡说大行其道。

新年伊始，众说纷纭。好比端午节做粽子，中秋节做月饼，过几天就要做年糕一样，此时最应景的事儿莫过于总结过去展望未来，刷刷存在感。但凡自认为智识之士，在这个黄金时段，要是不说话，不发表一番宏论，就有一种被人当哑巴卖了的危险。

咱们股市虽说从来就不是经济的晴雨表，但一直是预言家的赛马场。早在去年底，各路大师就争先恐后地抛出了今年股票市场大趋势，那些拍脑袋的点位与十大金股，刚出炉时总是新鲜热辣，喧嚣过后随即风流云散。这种年度策略报告，早期深受机构投资者的青睐，后来受到散户追捧，最后只剩不明就里的各种自媒体还在借此招徕粉丝。

注意力经济时代，一招鲜也不能保证就可以吃遍天，所以，一招不灵就得赶紧再亮一招，于是，各式玩法推陈出新，比如，各种"跨年演讲"这个新物种，预测未来，指点迷津，语不惊人死不休，就把屌丝们唬得一愣一愣的。

今年尤以罗胖的演讲阵势最为浩大。元旦假期，程大爷从厦门到武夷山，再到福州，一路上除了"时间的朋友"，就没见过别的朋友。不料回到广州，前来迎接的还是"时间的朋友"，像雾霾一样围堵我，无处躲藏。

可见，作为一个职业"口水佬"，罗胖这次的演说无疑是非常成功的。不得不感叹，这是一场精彩的口水秀，当谈话节目看看蛮好的，可是，偏偏有很多人激动地将这种同样拍脑袋式的未来大趋势当真了，这无疑是危险的。

虽然这些预测偶尔也有数据分析来支持结论，但是，这些数据也大多是来

自拍脑袋，而统计学家认为，纯粹主观概率根本不科学，个人信念毫无意义，只有客观概率才值得严肃对待。

预言家的新主张与老中医的旧药方

以前的意见领袖们发表各种奇谈怪论，无非就是逞口舌之快，谈不上太多的商业目的。而现在的网红，大多意味着一盘大生意。网红"思想家"本来是以贩卖情怀作为吸引眼球的方式，粉丝一多就会产生自我意识的膨胀，真的就以"指路明灯"自居了，顾盼自雄，把假说教真娱乐搞成了假娱乐真说教，好像周星驰忽然一本正经地跟你讲一个屌丝的职业修养一样，不仅不好玩，还特让人困惑。

以"指路明灯"的姿态扯淡，这似乎成了一种新潮流。学文科的精英们谈情怀讲故事可以，谈未来做预测还是需要保持克制。在程大爷看来，天底下最容易的事情就是不用统计数据只用理念就去预测未来，然而，这也是最没有用处的事情，因为谁都可以抛出一番猜想，至于能不能应验，眼下无法证实，以后不是被遗忘了，就是被新的猜想覆盖掉了。

这么多年来，我们被罗胖这样的网红思想家给娱乐着，调剂调剂生活还是蛮好的。这一次，我发觉很多人都信以为真了，元旦过后，言必称"时间的朋友"的人太多了，多得让人感到拥挤。

太多标新立异的预言，最后变成了一场误导，它让困惑的人更困惑，悲观的人更悲观。按照他们的说法，人类根本就没有未来，既然如此，当下又有什么意义？

把几株灌木当成森林，把几个概念当成明天。看了《时间的朋友》，我很认同一句话，那就是，我生命中的三个小时被一个歪嘴胖子给"拖住"了。

据说，包治百病的"老中医"看病，只需三句话，"第一，问题很严重。第二，找我就对了。第三，费用有点贵。"病人就会乖乖掏钱。现在的网红"思想家"，只要摆出这五步"魔鬼的天梯"，粉丝就会顶礼膜拜，心甘情愿献出自己的时间：

第一，造词。比如马云的"五新"、吴晓波的"新锐中产"、罗胖的"某某元年"。

第二，只谈遥不可及的东西。比如人工智能的发展将导致人类被机器取代。不可证伪，也不可证实。如同特尔菲神谕。

第三，制造你的危机感。未来有百分之七十的工作岗位会被计算机取代，不管你怎样努力，你都无法摆脱失业的命运，除非你有管理才能和创造力。这相当于算命先生说的"你有一个厄运"，也有几个好运，就看你如何把握了。

第四，设置严苛的假设前提。如果……就会……类似许多经济学家的学说，总是假设人是没有动物性的，市场是有效的一样。

第五，树立绝对权威。例如，你不需要懂，听我的就好了！

我发现，越是屌丝越是爱听这些"预言"，正如很多人宁愿相信命相大师的指点也不愿听从自己内心的声音一样，人生路上，遇到看不清方向的地方，指路的往往是个瞎子，可悲的是，你却笃信不疑。

好比心灵鸡汤与养生保健之类的东西，刚开始还是挺能唬住人的，按照这些"专家"的说法，你的过去总是不堪，你的现在总是苟且，你的未来总是缥缈……总之，如果你不听他们的"智识"之言，你这辈子算是白活了。

坐而论道易，脚踏实地难。空谈误国，实干兴邦，一味地臆想未来，炮制大量的新名词新术语，把未来说得玄而又玄，好像是另一个星球，这样的未来学说，到底现实意义何在？让人不解。

这几天华为成为一个激动人心的大热点，其2016年销售收入达到5200亿人民币，同比增长32%。面对如此巨大的成功，华为轮值CEO徐直军显得格外谨慎，体现了华为一贯的务实风格。

他的跨年演说是这样的：在新的一年里，我们要减少追求"形式感"、"排场"的营销活动、务虚会，增加坐下来和客户一起讨论解决实际问题的活动；减少高大上的"趋势"、"愿景"、"新概念"，增加场景化的实践经验教训的总结和案例；减少办公室里的坐而论道，增加进机房、上站点、去街边柜、蹲营业厅；去除以领导为中心的"内部价值呈现"，即制作美轮美奂的内部宣传视频、精美的PPT，聚焦以客户为中心的"价值创造"；去除"行业领导者"、"攻进无人区"的盲目乐观,增加对未来不确定性的敬畏和独立思考。

这简直就是两种截然相反的世界观啊!

数字比人会说话

人们总是习惯于以貌取人,以敢不敢拍胸脯说大话来判断谁"真理"在握,于是,嘴大吃四方,嘴把式吃香,实干家落寞。

世俗之见,以为羽毛最漂亮、舞姿最优美、声音最悦耳的鸟儿是凤凰,其实不然,他们也可能只是一群"网红",按任正非的说法,烧不死的鸟才是凤凰。

长期以来,尽管有人认为虚拟经济与实体经济之间的矛盾并非不可调和,但是,商业思想领域中两者之间的争论还真是从未消停过。

如果说资源整合型公司的成功靠运气,类似押宝,那么,营销驱动型公司就是靠粉丝,所以起步快,但后劲不足,一旦情怀被榨干了,公司就走不动了。还有就是像华为这样的技术驱动型公司,它静水流深,起步慢但后劲十足,正所谓路遥知马力。

可悲的是,这个社会的精英们还是更崇尚抖机灵、钻空子、走捷径这样的成功学,迷信于营销策划的巨大生产力。

打个比方:农民种粮食,结果出现卖粮难。有擅长营销策划者,把大米精加工,并包装成不同的品牌,米的品质没有任何改变,结果不仅卖出去了,而且还卖出了好价钱。

这样的成功经验吸引了众多的农民放弃种粮食而转入搞大米营销策划的行当,最终,不仅种粮食的不会研究改进品种、提高产品质量,反而会导致农民都去搞营销策划没有人种粮食的局面。

都脱实向虚了,谁还会踏实做事?这大概就是实业家最不愿看到也不认同的一种情形吧?

华为的成功,走的不是捷径,而是一条荆棘之路。在互联网英雄如明星般受人追捧的时代，知道阿里、小米、网易的肯定比知道华为的多得多，而电视上、网络中、书店里随处可见的马云语录、雷军思想，都被人们视为成功学的至理名言。

反观任正非，几乎从没见过他在媒体上发表关于未来世界趋势的高谈阔论，仅有的几篇内部讲话，却充满了对现实的忧虑以及对未来不确定性的敬畏。

正所谓路遥知马力，日久见人心，是骡子是马，跑出去遛遛，就看得清清楚楚了。

尽管华为在通讯领域不断超越国际巨头，早已经抵达霸主地位，但是，人们真正把目光投向华为，应该还是从手机开始，当小米们在国外屡屡遭遇技术专利诉讼的时候，人们才认识到，靠营销策划去做制造业的"讨巧"看起来聪明，小打小闹可以，要做成伟大的公司，简直就是天方夜谭。人们开始为华为这种完全以技术创新为核心竞争力的中国本土创新企业喝彩、买单。

2017年新年伊始，阿里巴巴集团披露2016年度纳税情况等七项数据，阿里巴巴集团以及蚂蚁金服集团2016年合计纳税238亿元，带动平台纳税至少2000亿元，创造了超过3000万的就业机会。

毫无疑问，阿里巴巴是一家成功的企业，年度业绩也是相当靓丽。但是，让人感觉滑稽的是，你公布你自己合计238亿的纳税额也就罢了，还非得把在阿里平台上的商家纳税额也算上自己的功劳。还有就是，阿里只计算新创造了3000万的就业机会，却避而不谈它导致了多少家实体店的倒闭和多少人的失业，到底是平台带动的税收与就业多呢，还是导致实体店大面积倒闭造成的税收减少与失业更多？大家心里都有杆秤，这样的数字说话，略显浮夸，容易混淆视听。

华为在2016上半年仅在中国就缴税超421亿，也就是说，如果中国有100个华为，缴税就可以达到8万多亿。华为的2016年销售收入达到了5200亿，这是什么概念？有好事者做了一个测算，大致相当于5个格力、2个联想、5个中兴、5个阿里巴巴、5个长虹、6个比亚迪、7个小米、20多个康佳。意味着超越IBM，进入全球500强前75名，增速在全球千亿规模企业中位居第一。

华为不搞金融不炒房地产不上市，还有60%以上的销售收入来自国外，华为一开始就要做中国最强的通讯企业，从蹒跚摸索到逐步实现超越，靠的不是营销与策划，而是选择了一条异常艰辛的道路、一条比别人更苦的路。

欧盟委员会最近发布的2016全球企业研发投入排行榜上，德国大众企业研发投资额居首，三星电子连续三年位列全球第二，美国英特尔排第三，华为排第八。

这项排行榜调查统计了2015—2016财政年度全球2500家重要企业投入的研发费用，华为2016年研发投入达到83.58亿欧元（约合人民币608亿元）。当然其投入主要集中在电信领域，以确保其大规模基础设施供应商的领先地位。华为最近十年研发经费已经达到1900亿人民币。

目前，很多国内企业沉迷于营销策划与资本运作，精力都用在玩虚的东西上，却从来不注重研发，而是大量山寨抄袭，搞短平快。投机取巧式的成功学只是误导人们把成功之"术"当成"道"，久而久之，浮躁浮夸乃至胡说大行其道，华为今天的成功，充分证明，只有脚踏实地做事，静下心来做研发，企业才可能做成伟大的公司。

尽管2016年华为取得了辉煌的成绩，但是，任正非却保持着清醒，他在内部讲话中提醒道："金融危机可能即将到来！"

与那些网红思想家动辄抛出未来世界的N大趋势的自信与笃定相反，任正非说他很迷惑，他的迷茫是对技术发展的深刻认知，是对人类未来随机性的一种敬畏。

为了让自己和华为员工保持清醒的头脑，随时提防不确定性事件的冲击，任正非还专门让人在华为园区养了黑天鹅。黑天鹅代表着不确定性，华为自我警示未来的世界是混沌的，是迷茫的。

梦想家仰望星空，实干家迈开双脚

肇始于2016年底的这场有关中国"新旧实体经济"发展之辩，已经从业界热议引发到全民关注。

这个元旦假期，马云先生的内心一定五味杂陈，起因是宗庆后、李东生和董明珠三位制造业的风云人物"组团"在央视财经对话节目中对他的"五新"（新零售、新制造、新技术、新金融和新能源）理念提出了强烈质疑。

作为我们这个时代的标志性人物，新经济思想家，成功学教父，马老师殚精竭虑，一年就憋出这么个"大招"，原以为从屌丝到商业界大佬都会喜大普奔，虚心学习，然后畅谈心得，没想到，竟然在庙堂之上，惨遭炮轰，面子上是有点挂不住了啊。

在宗大爷的口中，马老师的"五新"之中唯有"新技术"值得实体经济借鉴，其他的则都是胡说八道，其他两位大佬也表示对"五新"充满疑惑、不解

和否定。

开炮的宗大爷可不是等闲之辈，人家是骨灰级创业家，曾经的中国首富，李大佬与董小姐也是叱咤风云的商界领袖，在制造业中屹立数十年而不倒。而马云却是一个既不懂技术、又不懂制造、甚至还自谦不懂互联网，唯独擅长创新概念整合资源的"思想家"。

这一场商业思想之辩，虽然不可能有结果，但是，在程大爷看来，或许意味着人们对虚拟经济为核心的所谓"新经济"统领未来的信念开始动摇，资本家受到质疑，实业家开始强势回归。

从曹德旺对房地产业富豪的不屑之辞到宗庆后、董明珠与李东生等制造业大佬炮轰马云的"五新"，说明人们开始反思商业领域的价值观与方法论，开始质疑那些一直被奉为圭臬的成功经验，这是一件好事。

马云提出的"五新"基本上是目前经济和社会现象中的现状或趋势的一个归纳性表述，并无太多新意。例如，新零售——线上线下结合、线上与线下和现代物流结合，才能创造新型零售。新制造——未来制造当中智慧化（智能化）、个性化和定制化趋势将极大增长。新能源——在石油、煤等这些工业时代能源之后，数据将作为一种必不可少的经济血液，成为必不可少的要素资源……这些说法或比喻到底新在哪里呢？看不出来呀。

唯一的解释就是"为赋新词强说愁"，跟罗胖的跨年演说时间的朋友，吴晓波的预见2017八大新变化一样，你看到的只是一堆人云亦云的陈词滥调，充满了魅惑人心的复杂。面对2017，任正非没有先知般的预言，只有圣徒似的谦卑，他说，要小心黑天鹅！

自改革开放这几十年以来，商业偶像，最早是李嘉诚，中国企业家将其一言一行当成经商圣经，模仿者还是以贸易投机者为主，尤以牟其中为代表，易货贸易换回俄罗斯飞机，把喜马拉雅山劈开，让印度洋暖流进入中国西藏，这样天马行空的想象力，至今无人超越。

后来，一批赚到钱的房地产老板成了商业界的意见领袖，王石、冯仑、潘石屹一直占据商业思想高地，主导人们的商业模式。

接着，互联网英雄的横空出世，马云，雷军，李彦宏炙手可热。

当年联想起步比华为还早，而且同时处于改革开放的前沿阵地深圳，联想小有所成之后，柳传志也好，杨元庆也好，自信联想之路就是中国企业的成功之路，联想模式就等于成功模式，于是，你看到师徒二人，各种场合抛头露面，争当创业导师，到处传经送宝，创业者与企业家惟联想马首是瞻。而与此同时，几乎听不到任正非的任何经验之谈，更不用说为业界指点江山了，永远是一副如履薄冰的忧患意识，对未来保持敬畏的谦卑心态，很少见到他对未来的眉飞色舞与夸夸其谈，有的只是"华为的冬天"这样的自我警醒与反思，反复强调"我们起步晚，除了比别人更努力一点，其实没有任何长处"。

所以说，有的人会用嘴皮子告诉我们未来是怎样的，只有极少数人会用自己的行动把未来带到我们的面前。

在大趋势面前，个人的力量是渺小的，不管你有多牛掰，你也改变不了未来，你唯一可以改变的是自己对待未来的态度。

正如任正非所说，"一个人不管如何努力，永远也赶不上时代的步伐，更何况在知识爆炸的时代。只有组织起数十人、数百人、数千人一同奋斗，你站在这上面，才摸得到时代的脚。"

认识到这一点，我们对网红思想家描绘的未来大可一笑了之，杞人忧天不可，焦虑不安不必，须知，车到山前必有路！

最重要的是，不要一直仰望未来的星空而忘了自己脚下的路。

老板们押注的不是乐视前途，而是韭菜们执迷不悟的信念

村上春树在一本书中写道，说谎是非常令人讨厌的勾当。不妨说，说谎与沉默是现代人类社会中流行的两大罪过。

最近贾跃亭又火了，"风头"快盖过马云与王健林了。俗话说得好，人红是非多，当所有人的目光都盯着他时，就连随便说句话都立马就让市场方寸大乱，搞得停牌一个多月后好不容易刚刚复牌3天的乐视网，愣是又临时紧急停牌了一天，惹得好多不明就里的小散心猿意马浮想联翩了24小时之久。

针对贾跃亭喊话基金和券商分析师把股价快速做到100块钱的相关媒体报道，乐视网1月19日发布澄清公告后复牌，这个支支吾吾的公告，无非是想用一片树叶把老板不小心裸露在外的"胆子"遮掩一下。不过，贾老板的这一番苦心还真是没有白费，乐视网股价早盘最大涨幅接近8%，带动创业板大涨2.5%。

股民们真是听话，为了贾老板快速实现百元小目标，一大早就撸起袖子开干了。

人有多大胆，地有多大产

正所谓成王败寇。失败了，什么经验就是狗屁，成功了，什么狗屁都是经验。而这些成功经验中，有一条广受追捧的信条是：撑死胆大的，饿死胆小的。

听了中国首富王健林在清华企业家讲堂上的演讲，我很是为中国顶尖学府的学子们感到悲哀，王首富以不屑的口吻说："什么清华北大，都不如胆子

大！"学子们还起劲地鼓掌欢呼，真是幼稚啊，以后我孙子要是考上了清华北大，我肯定会老泪纵横的。

王老板的人生哲学就是"富贵险中求，敢闯敢干竞风流"。在短短几十分钟的演讲里，首富只想表达一个观点，即读书人都缺心眼，只有他这样的冒险家才最有头脑。

清华北大的学子们也真是够惨的，时不时来一个名人，每个人都带给他们一种不同甚至完全相反的人生观与价值观。

巴菲特去了会说人生最紧要谨慎小心，要看淡财富，要做一个正直的人。

王首富去了又大谈富贵险中求，在商言商，赚钱第一位，而且，关键要胆大。

你让这些涉世未深的年轻人到底听谁的啊？

然后，马云去了，会说什么清华北大，都不如梦想大。

程大爷猜想，赵薇要是去了，会不会说，什么清华北大，都不如眼睛大？

还有，要是苍井空老师也去了，又会说，什么清华北大，都不如胸大？

进入2017年以来，各路大神纷纷发布了自己的小目标，王石同学率先推出万科1万亿市值的小目标，贾跃亭同学在抛出百元小目标之前，早就提出乐视网1000亿美元市值的小目标。可能是与贾老板"一见钟情"之后的生理反应，孙宏斌同学也放言三年后融创将会成为5000亿到1万亿的大公司……一时间，大爷我感觉王首富真是高瞻远瞩，所言极是，什么宝能恒大，都不如胆子大啊。

房地产业与互联网大佬们的成功，彻底颠覆了过往财富需要长年累月积累的模式，而鼓噪起来了一夜致富的成功错觉：赚大钱很容易，成功很简单！"人有多大胆地有多大产"，"不怕做不到，就怕想不到"，于是，所谓"理想"就变成了押宝式创富的白日做梦。

马云的那句"梦想还是要有的，万一实现了呢？"一方面激励了年轻人志存高远，另一方面，也让有的年轻人好高骛远，眼高手低，不愿脚踏实地从小事做起。

大佬们的成功，客观地说，也只是一个随机事件，与他们同样天赋异禀的创业者何止千万，为何独马云们这几个"万分之一"脱颖而出了呢？所以，

"富贵险中求"无非是押注小概率事件，跟赌博没多大差别。

如果你把梦想对标于阿里巴巴，成功的概率不会大于万分之一，几乎为零，为了这个几乎为零的事件而不计后果地付出，不是说一定没戏，而是，运气会是最后的裁判。

假如，我们完全不从自身的天赋和爱好出发，选择一窝蜂地追求那个"万一"，最终必定会白忙乎一场。

对于年轻人来说，人生的梦想为何非得是BAT？是王健林马云们呢？其实也可以是做一个简单而快乐的人，做一个金牌厨师、种菜能手或者巧手木匠同样是自我实现的一种方式呀。

融创为贾老板的梦想买单，股民为孙老板的财技买单

贾老板真该去干房地产业，以他的营销造势天才，花过去十分之一的精力，应该会得到十倍于现在的财富吧？要是那样的话，中国首富就没王健林什么事了。

没错，我开始相信他是一个被情怀耽误了的房地产首富，太可惜了。

由于坚持不搞房地产，外表风光内心沧桑的贾老板这一年过得其实挺闹心的。

在美国搞个汽车项目被揭是庞氏骗局，搞个手机被曝拖欠供应商货款不付，投资拍部大片《长城》又被豆瓣评论是烂片，搞个体育又被曝拖欠海外转播版权费差点断炊，这还没完，最近媒体又报道华为消费者终端业务的六名前中高层领导，带了内部资料到乐视、酷派，已经被抓进看守所刑事拘留，等待检察院批捕，其中包括华为一些明星产品的设计师。

不过，这一切是非恩怨随着融创中国的领衔入股而得以暂时平息，孙老板带来150亿真金实银火速驰援陷入四面楚歌的乐视帝国，警报解除，贾老板又开始豪情满怀，笑看风云了。

关于投资乐视这个问题，孙宏斌霸气表示，很多人反对投乐视，但别人的意见不足以颠覆他的决定。过去他还参考别人的意见，今后他不听任何意见，

他自己就投了。

不仅外界充满了疑惑，就连融创中国董事会也难以理解孙宏斌的决定，他们最担忧的正是贾跃亭这样一个极具梦想的人物，可控性可能较低。万一他有一天想造火箭怎么办呢？但在孙宏斌眼中，这都不是事儿，相反，乐视哪儿都是那么顺眼，战略是对的，团队非常牛，贾跃亭也很牛，尤其是看了账之后就更佩服贾老板了，花这么点钱干这么大事！总之，一句话，啥都不缺就只缺钱。

难道作为"中国好老乡"的孙宏斌要比推崇在商言商的王健林更"重义轻财"？他在发布会上大谈与贾跃亭的缘分，而贾老板殷切回应了孙老板的"甜言蜜语"，说他与孙宏斌是志同道合、性情相同的人，那个场面，简直基情四射，温馨感人，完全闻不到一丁点儿铜臭味。

孙宏斌称其不会参与管理，只是会参与董事会学习，这笔投资只是相当于他买了乐视一只股票。然而，这句话还是暴露了他的真实意图，他其实是在炒股，类似于帮贾老板做市值管理。

融创是买的股票，而不是注资，落脚点是上市公司，直接接手了贾老板的股份，注入非上市公司的资金，几年内还是要通过装入上市公司来实现变现退出。孙宏斌并非看好乐视的所谓生态，而是，对乐视网这家上市公司平台价值的期许，他相当于是参与了乐视网的一次定向增发。

参与定增的人，有几个会去关心上市公司未来会走多远？他们只关心这个故事是不是足够性感，能不能吸引散户的眼球，最最重要的是，到期退出的时候，有没有足够多的人来接盘，这比上市公司未来赚不赚钱、赚多少钱要重要一万倍。

重缘分的孙老板不顾股东反对义无反顾地拯救乐视，一周过去了，成效卓著，乐视网涨了9.91%，最大涨幅接近15%，当然，代价也是巨大的，融创中国一周下跌了8.37%，最大跌幅超过12%，真是水瓜打狗——不见了一截，更为不爽的是包括穆迪在内的国际评级机构纷纷下调融创中国的评级，甚至建议卖出。不过，明眼人一看就知道没啥关系，东边不亮西边亮，羊毛出在猪身上，不像香港股市那帮精明过人的老千们，A股散户钱多人傻，未来乐视网的回报，岂是区区258亿港币市值的融创中国可以比肩？

任何事物都有其客观规律和逻辑，感觉现在的企业家精神被滥用了。真正的企业家精神永远把责任和诚实放在第一位，赌徒心态和险中求富贵的理念绝不是一个伟大的企业家应该有的。

所以，孙宏斌那番脉脉含情的缘分说咱们听听就好，作为一个成功的商人，基本上是不会"为情所困"的，而且，他押注的并不是乐视的前途，而是韭菜们执迷不悟的信念。

如何把股价快速搞到100元？

又到年底，年会扎堆。除了各种大奖轮番刷屏朋友圈之外，媒体行业的年会也吸引了不少眼球。

有意思的是，在近日举办的山寨发布会年会上，超半数媒体人在2016年

"金喷壶"奖项投票时，都将票投给了过去一年屡屡以大胆言论掀起轩然大波的贾跃亭。

"金喷壶"奖是山寨发布会的老牌奖项，代表媒体人感知到的对企业家观感、描摹企业家"敢喷能喷"程度。今年贾跃亭因"蒙眼狂奔"而高票获得，与此相映成趣的是，"金拐奖"（即年度忽悠奖）亦以同样票数颁发给了备受争议的乐视汽车。

从贾老板一不小心裸露的百元股价小目标来看，乐视网才是贾老板所有梦想的起点与支点，乐视网股价的走势才是未来乐视控股的命门，股价能撑住，梦还可以继续做下去，要是股价崩了，梦也就随之碎掉，搞不好噩梦就要开始了。

去年底，程大爷有位投资界的朋友老杨说，他曾为错过乐视网这样的大牛股而耿耿于怀，将这种错过视为其投资生涯中的一大遗憾，但是，现在他感到无比庆幸，有一种虎口脱险的窃喜。

当然，也有人为曾经错过安硕信息、朗玛信息、全通教育这样的大牛股而后悔过，在那些口若悬河的大师口中，450块钱一股根本就不算贵，按他们的商业模式，1000块都有可能。

事实证明，"洗脑式"吹牛只是信奉一个大数法则：吹得多了，总会有人相信！还有就是，简单的事情重复吹，谎言重复一万遍就会变成真理！

贾老板从没说过几年内乐视的盈利目标是多少，却只说乐视网未来要到1000亿美元市值，绝口不提会为股东创造多少价值。在他的脑海里，股票市值与盈利是没有什么关系的。

的确，如果2015年的疯牛行情再来一回，市值管理再做好一点，又或者，孙老板帮人帮到底送佛送到西，直接在二级市场大举买入乐视网股票，然后像宝能恒大那样反复举牌，让更多的韭菜相信这些动人的故事并勇敢地高位接盘，又有什么样的市值目标不可能实现？

那个差点被野蛮人赶走，好不容易才保住位子的王石开始鼓吹万科未来市值会到10000亿，他也没说万科未来会给股东创造多大的利润。只要再来几个姚老板与许老板，把万科股价炒到100块，万亿市值不也就实现了？

利润不重要，盈利模式不重要，现金流都不重要了，和市值比起来，乐视赚钱不靠产品靠资本运作。

在回应乐视陷入庞氏骗局一说时，大约是为了证明自己与孙老板"志同道合、性情相同"，在发布会上贾跃亭竟然大飚国骂，说把乐视比作庞氏骗局的，不是"黑手"，就是"傻逼"。

没错，那些说乐视是庞氏骗局的人，确实傻逼，人家乐视的颜色早就摆在那里，还用得着你多此一举去"抹黑"吗？还有，你识不识字？人家贾老板行不更名，坐不改姓，一辈子姓贾，不是姓庞，看清楚了，人家这可是如假包换的贾氏。

记得村上春树在一本书中写道，说谎是非常令人讨厌的勾当。不妨说，说谎与沉默是现代人类社会中流行的两大罪过。我们实际上经常说谎，也往往沉默不语。然而，倘若我们一年四季都喋喋不休，而且喋喋不休的无不真实，那么真实的价值势必荡然无存。什么自信之人，那样的人根本不存在，有的不过是能够假装自信的人。

区区百元小目标，何足挂齿？千万美金市值也不是梦。上周五数据显示，目前乐视网19.81亿股本，780亿市值，去年最高价179.03元，除权后是89.50元，只要乐视网股价涨到350元，下一个千亿美元市值小目标就实现了。

而目前融创中国总市值为258亿港币，离万亿市值还有很远的距离，不过，按总股本38.59亿股来算，只要融创中国每股也涨到350块港币，孙宏斌万亿人民币市值小目标同样也实现了！

都是350，大哥，缘分啊！

坐在炉火旁打盹的父母们，是时候考虑一下财富传承的问题

假如，你没有什么房子与金融资产等财产传承给孩子，那么，恭喜你，你就继续安心打盹吧，无须为此费神！当然，你丰富的人生经验这些宝贵的精神财富还是得找时间传承给孩子们，精神财富的最大优势是，无论泡沫有多大，基本上都不用担心它会崩盘，此外，它大概率是永久免税的！

过年了，千里万里，回到家里，一年的奔波劳碌，一年的苦辣酸甜，都融化在亲人团聚的笑容里。

此刻的幸福，是母亲烹制的一桌菜肴，是火塘中用柴火煮开的一锅热汤，是大门上的一副春联，是窗玻璃上的一个"福"字……中国人对春节团聚的重视，对家的眷恋，早已根植于数千年的文化基因。

按理说，有亲人的地方就是家，有亲人的故乡对于远方游子的意义，更是一个精神上永远无法断奶的家园。然而，农耕文明形成的习俗，血脉中流淌的家与房屋不可割舍的情缘，造就了国人对房子的钟爱。没有房子的地方，总是找不到家的那种踏实、安稳与温暖。不管是在乡村还是在城市，每到过年的时候，在一处属于自己的房子里，与亲人和朋友欢聚，是平凡人生的一种莫大慰藉。

国人对于房子的热爱，随着近年来房价的节节攀升而不断自我强化，达到了一种近乎痴迷的程度。很多人在满足了自住需求之后，将房子视为投资品而继续买入，投资需求推高房价带动更大的买房冲动，形成一个难以打破的正反馈，制造了巨大的楼市泡沫，以至于形成了居民财富过度集中于泡沫化的房产这样一种奇特的现象，不得不说，现在是需要对此保持必要警惕的时候了。

为何，地产大佬们纷纷要"去地产化"？

近几年来，房地产业造就了一个庞大的超级富豪群体，他们以令人震惊的速度赚取金钱，牢牢地占据着富豪排行榜的显眼位置。作为房地产商人的王健林位居中国首富多年，一度成为财富聚集的风向标。

有一个关于老王的段子，多少流露出普通人对地产大佬赚取庞大财富的羡慕嫉妒恨：儿子小王不愿接班，给出一个高大上的理由是，钱不是万能的！老王听罢大怒，厉声斥责小王：钱当然不是万能的，钱是万达的！

就是这么个在房地产业中呼风唤雨好多年的地产大佬，忽然说，老子要改行了，让人听得一头雾水。王健林称2016年对万达具有标志意义。王健林之所以这样说，是因为在2016年，万达服务业收入、净利润首次超过地产收益，万达提前一年实现了转型期的阶段性目标。

王健林在第47届达沃斯论坛的特别对话环节中表示，万达将"去地产化"，往旅游、体育、娱乐等方面发展。

关于"去地产化"转型的原因，王老板给出的第一个理由是因为房地产是周期性行业，好几年，坏几年，地产的现金流不持续、不稳定，不是一个万岁行业；第二个理由是地产（准确地说，是房地产上市公司的股票）的估值比较低。从长远角度来考虑，全世界房地产的发展有其自身规律，只要城市化率达到75%，自有住房率超过80%，房地产行业就会萎缩。

周期性行业的不确定性让万达早早就开始规划"去地产化"。在4年前，万达就已逐渐转型，陆续涉足影视、体育、金融等业务。

2016年初，王健林就主动下调房地产收入目标，发力文化产业。在2016年6月王健林提出，万达追求的长期目标，是将来自房地产类的收入降到30%以内。他还曾多次提议在2017年底或2018年把商业地产的名字改了，不再做地产商。

与此同时，另一个老王也到处演讲说万科要转型做服务。王石说，万科正历经由传统的住宅开发商向"城市配套服务商"转型的过程，在这个战略方向上，万科已经在缓慢地掉头。值得关注的是，王石曾强调万科未来投资策略仍将坚持"走正道、傍大款、合伙人策略"。

更早的时候，恒大已经开始了多元化布局，恒大冰泉、恒大足球、恒大粮油、恒大人寿，重磅出击，搞得火花四溅。

新近入股乐视的融创孙宏斌也说地产风险大，正在谋求多元化发展。

那么，地产大佬们的"去地产化"葫芦里到底卖的是什么药呢？

依程大爷的看法，主要是基于两点：

一是说明房地产行业的暴利时代临近尾声，该赚的差不多都已经赚到了，现在是考虑见好就收、落袋为安的时候了；

二是房地产业逐渐暴露出来的诸多问题导致行业声誉受损，总有一天有人要为行业的野蛮生长买单，所以，先自我标榜，逐渐划清界限，不失明智之举。

按理说，假如有商人被称为"大陆李嘉诚"那该是一件多么荣幸的事啊！但是，感受一下曹德旺的这段话，你就可以大致明白为什么那么多的大佬争相表白要"去地产化"："我跟李嘉诚不能比。我不做房地产，我不为钱，我捐了八九十亿给中国，我赚的钱也是捐掉。为什么拿我跟他比呢？我是实业家，对那些为了钱的人不屑一顾。"

曹德旺还说了，我站得正，做得正。我自己办厂三十年，有二十几年是福建的纳税模范，国家对我还是有信任的。

看看，房地产行业在一个"站得正、做得正"的实业家心里，竟然是如此不堪啊！

何时，我们会穷得只剩下房子？

本来，房子是拿来住的，不是拿来炒的。但是，在中国民众的现实生活中，房子不是一种消费品，而是投资品，具有金融属性。

三十年房产只涨不跌的非理性繁荣，还有货币幻觉的存在，人们完全忽视了房产价格波动的风险，甚至不切实际地认为房子只会涨价不会跌价，房子被老百姓当作财富配置的主要方式，当作遗产打算传给后人也是一种普遍心理。

楼市非理性繁荣造成有房者与无房者、拥有多套房者与仅有一套自住房者、拥有北上深住房者与拥有非中心城市住房者的财富差距快速拉大，令到贫富悬殊的不公平现实雪上加霜。

改革开放30多年，经济获得了快速发展，但是，诸多社会问题如影随形，贫富差距加大成为巨大的社会成本之一。

当然，贫富悬殊并非中国特有的社会问题，而是一个全球范围内的老问题，我们只是在改革开放后面临着它的新挑战。

奥巴马在告别演讲中坦陈，虽然美国在经济方面取得了许多实实在在的进步，但在有些方面做得还不够。顶层人士获取了更大的财富份额，最富有的1%人口集中的财富和收入越来越多，而许多内城区和农村家庭却被落下了。贫富悬殊问题正在侵蚀着美国的民主理念。

以研究财富收益率不平等著称的法国经济学家托马斯·皮凯蒂的实证分析部分印证了奥巴马在演讲中的担忧：全球最富有的0.1%人群（即全球45亿成年人口中的450万人）所拥有的平均财富大约是1000万欧元，约为全球人均财富6万欧元的200倍，这些人拥有的全部财富相当于全球财富总额的20%。而最富有的1%人群（即4500万人）所拥有的平均财富是300万欧元（广义上来说，这部分群体包括所有个人财富超过100万欧元的人）。这是全球人均财富的50倍，这些人一共掌握着全球财富总额的50%。

如果最富有的0.1%人群可获得6%的投资收益率，而全球平均财富的增长率只有2%，那么，经过30年的发展，最富有0.1%人群所拥有的资本在全球资本总额中的比重就可以变成原来的3倍，他们将拥有全球财富的60%。中产阶层和中上阶层的财富将更多流向超级富豪。

我们国家的发展历程中，改革开放之前，民众普遍认为遗产盛行的年代永远结束了，因为人们相信资本主义早已经宣告终结。改革开放以来，私人财富几乎都是个人通过一辈子的勤俭奋斗而积攒下来的，50后、60后、70后以及部分80后欣然接受白手起家、勤劳致富是获得并积累财富的必由之路这种观念，而从90后、00后开始，从父辈手上继承财产将会成为"新常态"。

在房子这件事情上，对于90后与00后开始的新一代而言，来自父母的赠予将在很大程度上决定他们是否能拥有属于自己的住房、在什么年纪获得自己的住房，还有就是房子的位置和大小。

与50后、60后、70后相比，来自父母的房屋馈赠将会深刻影响90后年轻一代的生活、职业、婚恋等价值观与人生观。北上深等超大型城市，继承了较多住房的新一代甚至有可能通过出租房屋就能获得较多财富，形成独特的世袭中产阶层，他们是无须劳动的食利阶层。

关于财富继承问题，法国经济学家托马斯·皮凯蒂曾经也做过一番实证研究，虽然他统计的是法国社会的数据，但是，我认为这个数据与中国的中心城市的情况比较接近。皮凯蒂分析，70后出生的人继承财富将占其一生财富资源（包括来自继承和自身劳动所得）的四分之一，如果未来低经济增长与高资本收益率的状态没有得到改观，那么，对于90后和00后来说，继承财富可能会占到其财富资源的三分之一甚至高达五分之二。

部分人的遗产数额很大，大到可以让继承者彻底放弃工作而完全靠利息生活，而其他遗产基数小甚至没有遗产的人毕生忙碌也不见得能挣到那么多钱，我们的社会就有可能从数量稀少的庞大食利者变成数量众多的小型食利者，即由小型食利者组成的社会。

《福布斯》财富排行榜中最令人惊奇的现象之一就是，无论财富来源于继承还是创业，一旦财富超过了某个量级，它就会以极高的速度增长，而不论财富的拥有者是否还在继续工作。这确实是一个非常有趣的事实。

先来看看全球财富分布的顶端。作为创业者的比尔·盖茨，财富从1990年的40亿美元增长到2010年的500亿美元，与此同时，欧莱雅集团的继承人利利亚纳·贝当古的财富从20亿美元增长到了250亿美元，欧莱雅是贝当古的父亲欧仁·舒埃勒创立的。盖茨与贝当古两人的财富都在1990—2010年以年均13%的速度增长，经过通货膨胀因素调整后的实际年均增速约为每年10%~11%。

这辈子从来没有工作过一天的贝当古的财富增速与高科技巨头的盖茨的财富增速相同。

贫富差距的不断加大已然成为一个全球性的问题，许多经济学家都开出了药方，比如，托马斯·皮凯蒂认为要扭转这种趋势，必须建立一整套公共机制，使资本为整体利益服务，包括在各个行业中发展各种新型资产和新型的参与性治理，还包括对收入和资产实行累进税制。

皮凯蒂特别针对中国的现实情况给出了建议，他认为中国实行累进税的理想形式是对所有收入与资产征税，没有免除或者例外，收入和资产水平越高，税率就越高。

鉴于中国社会中的资产越来越庞大，皮凯蒂认为也可对遗产继承和捐赠实行累进税，并对资产征收年度累进税。而随着老龄化社会的来临，过去积累的资产在税收结构中所占比重会上升。在一个每对夫妻生10个孩子的社会里，最好不要对遗产抱太大希望，基本上只能靠自己打拼奋斗。反过来，在独生子女家庭中，假如父母名下有财产的话，这个孩子会继承两边的财产。

注意这个数据，100万欧元在北上深只够买到一个普通的三居室吧？换言之，在北上深拥有一套像样子的房子的人，就可以进入全球1%的最富有人群的行列。在中心城市，这个人群实在太庞大了，以至于给人遍地富豪的感觉。然而，除了房子（和房贷）之外，这些富豪们却又几近一无所有。

可以预见的是，在未来数十年里，中国的90后、00后们的遗产继承会越来越多，那些只有一份工作的人越来越难以在中心城市获得个人资产，在这种条件下，对巨额遗产继承进行征税就显得尤为重要，以减轻工薪阶层的纳税负担。比如，对房地产及金融资产（除去负债后的净额）征收年度税，以增加资产的流动性。这种政策无疑会让拥有多套房者的持有成本吃不消。

需要思考的问题是，在一个财富分配越来越不平衡的社会里，政府通过税收制度进行调节的力度只会越来越大，房子大概率最终还是会回归它作为生活品的属性，作为财富传承给下一代的不确定性会不断上升。

是否，私人财富也要考虑"去地产化"？

也就是说，你以为给孩子留下一大桶啤酒，实际上，大半桶都是泡沫。假如未来皮凯蒂所鼓吹的遗产税和房屋与金融资产年度税收政策付诸实施，那么，剩下的小半桶啤酒，有几杯可供你的孩子享用，就不好说了。

著名实业家曹德旺在接受媒体采访时说：我们把大批的资金购买了大量的财产，不是资产。资产可以每年生产东西出来，财产不但不能每年生产东西出来，还需要大量的资金来养护它，这就是个大问题。

曹德旺对大众的"恋房癖"很是不解："老百姓手上买了很多房子他说保值，我跟他讲，你不要再傻了。有钱的人都几套房子，剩下需要房子的人才没有钱。现在都没有钱他以后怎么有钱给你买。你们将来就是有钱的人卖给有钱的人，卖得出去吗？他们都知道这个是皇帝的新衣，但是大家都不愿意拆穿它，怕房价一跌下来，手上拿着的房子马上亏本。"曹德旺认为现在买房子不划算，就是一买进来就亏，因为你卖不出去，谁给你买，你说谁买？

按曹德旺的说法，楼市崩盘是迟早的问题："我不是政府官员，没有参加过过去的决策，但是我参加过过去事情的执行，而且执行得很积极。我不说我没有责任，我现在应该来研究一下如何面对这个现实。所以，手上有房子的人，趁早卖掉是明智的选择！"

曹德旺现身说法，他手上现在除了一套自住的房子，一套别的房子都没有。

雾霾污染了空气，楼市非理性繁荣污染了人的价值观。过去，孩子们拼爹，说是学好数理化，不如有个好爸爸。现在，这个好爸爸，要么有权有势有钱，要么有几套房。但是，听了曹老板的直言相劝，鸡年炒房的人，要小心鸡飞蛋打啊。

中国房地产市场的健康发展方向是以消费品为主导的方向，买房是为了住，而不是为了卖。在购买房子的导向上，要学德国、新加坡，不能学经济运行以金融市场为主导的英国与美国，把房产作为金融资产炒。

楼市非理性繁荣的危害，显然已经引起了"顶层设计"的高度关注。2016年中央政治局会议以后，中国经济政策发生了非常大的转向，决策层开始集中全部力量抑制资产泡沫。中央经济工作会议把防控金融风险、抑制资产泡沫放在更重要的位置。之后，我们看到了两个非常明确的信号：第一，快速"冷却"房地产市场的资产创造的速度。这一次房地产调控决策时间非常短，各种政策密集出台，把市场流动性彻底冻结。中央经济工作会议后来提出的说法："房子是用来住的，不是用来炒的"，习近平主席最近提到，我们要全力抑制房地产泡沫；第二，开始全面清理金融过度自由化的无序繁荣所导致的巨大的金融混乱。金融领域呈现持续高压监管态势，一系列措施都在陆续推出。

子若如我，留房给他有何用？子若不如我，留房又有何用？

不要让你的几套高价房毁了孩子的一生。风险是显而易见的，一方面是高房价不可持续；另一方面，未来的税收政策会引导住房回归生活品的本位，房产的持有成本会成为多套房产拥有者的不可承受之重。

过去有"一铺养三代"之说，但是，当我们看到老城区那些曾经煊赫一时的所谓"旺铺"如今纷纷贴上"此铺转让"的字条时，我不禁会替他们的三代人担心。

假如，你没有什么房子与金融资产等财产传承给孩子，那么，恭喜你，你就继续安心打盹吧，无须为此费神！当然，你丰富的人生经验这些宝贵的精神财富还是得找时间传承给孩子们，精神财富的最大优势是，无论泡沫有多大，基本上都不用担心它会崩盘，此外，它大概率是永久免税的！

在一个错误的时间醒来，
不仅孤独，而且危险

讲效率的人都爱抄近路，但是，浪漫的人偏爱把直路走弯。以快乐优先的原则，假如有时间，我就爱自己跑去菜场买菜，按自己的爱好做吃的，然后，去电影院看场电影。看到烂片我就打会儿瞌睡，不骂娘；看到好电影，触动我了，思考一下，然后分享给朋友。

从小到大，过年的滋味不断在变，然而，一直没变的是过完年后的心情，总是特别的惆怅：理直气壮地胡吃海塞、名正言顺地好逸恶劳、冠冕堂皇地东游西荡的几天"好日子"眨眼就过去了，年前那些烦恼烦心的事情解决不了就自掩耳盗铃自欺欺人地推延：过完年再说吧！那个挡箭牌似的"年"，一不留神就溜走了，学习、工作以及生活的烦恼立马就如雾霾一般回到你面前，看你还有什么借口不去面对！

尤其是北上广深等中心城市的上班一族们，过完年后第一天上班的心情，更是别提有多失落了。从春节前最后几天畅顺得不知所措的街道，到春节时爆竹声声的村庄；从热带海岛的奔放，到雪花飞舞的浪漫，人们紧密团结在快乐周围的那份惬意，似乎就在重新汇入拥挤的上班人群与车流的刹那间，戛然而止了。

股市一开盘，生活就安定？

有人感慨，家乡是回去了不知如何是好，离开了又很想念的地方。而股市之于股民，何尝不是如此呢？

开市了，闹心；休市了，牵挂。年前总是在纠结于持币观望还是持股过年。假期里眼见国际金融市场波澜起伏，股民们的内心呐，忍不住的暗流涌动。都还在盘算着会不会开门红呢？开门红之于迷信"彩头"的股民来说，意义不言而喻。所以，与其挂在心里累，不如开市看着烦。持股也好，持币也罢，股市一开，无论涨跌，生活好像又回到了原来的轨道，反而安定了。

可惜，年年有奖竞猜似的"开门红"今年还是无情落空，大盘缩量下跌19点，19而且还是下跌，股民"利是"没有拿到不说，这个19的"彩头"感觉更是不妙啊。

心情更郁闷的是那些持有"明天系"上市公司股票的投资者，大年三十晚上的一则传闻，让多少人年都没有过好。但是，焦虑解决不了任何问题，该来的迟早会来。

受利空传闻影响，该系个股集体大跌。春节后开市，该系实际控制上市公司ST明科、华资实业、西水股份等3家上市公司早盘跌停后一直持续到收盘。另外，该系参股的上市公司北方创业、鲁银投资、新黄埔、金地集团股价均出现不同程度的下跌。

其实，在开盘前一天，明天控股在其官方微信公众号发表公司声明，称明天控股及其子公司生产经营活动一切运转正常，感谢社会各界朋友对肖建华及公司的关注与厚爱。

这是近期"明天系"对外发布的第三个澄清声明。

之前，有香港媒体报道称，大陆某万亿级富豪在香港被控制，据知情人士表示，该富豪可能为明天系实控人肖建华。报道出现后，明天控股当天晚间在其官方微信公众号上发表特别声明，肖建华以第一人称口吻表示，"本人现在国外养病，目前一切安好！明天集团一切业务正常！感谢各界的关心！"

明天控股成立于1999年，是国内最早从事股权投资的公司之一。该公司由肖建华创立，历经近20年的发展，逐渐形成以明天控股为主轴的"明天系"。

多年来，明天系这个资本市场的庞然大物，像一只神秘的巨鳄一般潜在水底，关于它的真实资料凤毛麟角，但随着一年之内的数起大手笔并购，让这只中国资本市场上最为神秘的巨鳄慢慢浮出水面。

提到明天系就不能不提其掌门人肖建华，素有"枭雄"之誉的肖老板一手缔造了明天控股集团，控股、参股以及曲线持有几十家上市公司，打造了一条涵盖证券、银行、保险、信托、期货、PE、基金在内的全牌照金融产业链。

鸡年股市开门绿，虽然有央行加息传闻的困扰，但是，明天系上市公司的组团暴跌，对人气与信心的打击亦"功"不可没。

我一直觉得"明天"是一个富有朝气蓬勃的词语，也曾经那么不理解动力火车为何把《明天的明天的明天》演绎得如泣如诉。终于，我听懂了那撕心裂肺的歌词：

"你逗留多久，我没有问过，痛痛哭了你，你泪湿了我，你被谁伤透，你从没有说。如果你没勇气陪我到，明天的明天的明天，倒不如就算了就放了，空虚的昨天的昨天。"

早醒者的选择

在2017年冬季达沃斯论坛上，中国首富王健林参与了一个持续了30分钟的特别对话环节，他特别提到了一个在之前与阿里巴巴董事长马云之间鲜为人知的争论，即手机是否会取代电影院。

王健林与马云此前对于中国电影市场的看法存在分歧，马云认为手机将取代电影院，但王健林则认为电影院的潜力依然很大。而在过去的几年间，中国的电影屏幕数和票房一直保持了高速增长。

至少在这一件事上，目前来看，马云肯定是输了。

早在十年前，移动端还没有形成这样统领一切的势头的时候，程大爷就认为家庭影院会取代电影院，我看到的情形是几乎所有装修房子的人，都不惜血本买来最贵的环绕立体声音响、进口DVD播放机和超大型电视机，想象着今后一家人坐在客厅里看电影的美妙场景，谁还会费神费力费钱去电影院看电影呢？

结果却完全出乎大爷的意料，十年后的今天，再也听不见当年的那些器材发烧友们谈论家庭影院了，反而是彼此都在热烈推荐电影院新近上映的电影。以前买下的那些昂贵音响设施，没用过几次，就被岁月的灰尘裹得严严实实。

从这件事上可以看到，我们对未来的许多预测，经常不过被证明就是一个个信誓旦旦的伪命题。而这十多年间，那些提前布局家庭影院概念股的与关注影视娱乐上市公司的，谁输谁赢，一目了然。

我就是花了重金打造家庭影院放那儿蒙受灰尘，自己还是喜欢浪费时间和金钱跑大老远去电影院掏钱买票看电影的那撮人，所以，这一次我认为老王说的是对的，小马并非先知，不要认为他啥都懂哦！

由此带出一些感悟：人生在世，不可以一切都以"效率优先"为原则，那样的生活如同机器。互联网让生活的效率优先达到了极致，网上购物、网上娱乐、网上社交，如果吃饭都得叫外卖的话，人类是可以用营养胶囊替代吃饭这么麻烦的事情的。

讲效率的人都爱抄近路，但是，浪漫的人偏爱把直路走弯。以快乐优先的原则，假如有时间，我就爱自己跑去菜场买菜，按自己的爱好做吃的，然后，去电影院看场电影。看到烂片我就打会儿瞌睡，不骂娘；看到好电影，触动我了，思考一下，然后分享给朋友。

比如最近看过的《太空旅客》，有人骂它不像科幻片也不像爱情片，大爷我看完后，就认为它其实是讲投资哲学的，信不信由你！

很多很多年之后，人类已经能够星际移民。三十岁左右的吉姆是阿瓦隆号飞船上的一位工薪阶层旅客，在飞船前往太空殖民地家园2号星球的120年旅途中，由于飞船在飞出地球30年后，意外遭到一颗陨石的撞击，使他提前从休眠中醒来。

茫茫宇宙中，独自醒来的他无法再进入休眠状态。发现自己有可能要在这艘巨船上独自度过90年，在安置了5000个同行人员的睡眠舱中孤独生活，终日只有飞船上的机器人酒保相伴，他绝望得试图冲进太空自杀。

偶然的情况下，吉姆发现休眠的几千人中有一名为奥罗拉的女乘客，模样很是吸引他。他花了近一年的时间研究这个女子，她是一名记者兼作家，在地球上有着不幸的童年和孤寂的成年生活，决定离开地球前往外星球。吉姆读完了系统中奥罗拉的所有作品之后，竟然爱上了她，而且欲罢不能。

处于自杀边缘的吉姆在绝望中孤注一掷，他通过飞船上的手册，学会了如何激活一个休眠的人。他唤醒了奥罗拉。

奥罗拉发现自己提前八十九年醒来了，同样是非常绝望，但和吉姆醒来时不同，奥罗拉可以有一个帅哥聊天喝酒、遥望无限星空。经过一段浪漫的日子，吉姆打造了一只戒指准备在奥罗拉生日之际向她求婚。但就在这个节骨眼上，机器人酒保向奥罗拉透露了是吉姆弄醒她这个惊天秘密。

奥罗拉认定吉姆在谋杀她，她愤怒、绝望，并与他决裂，然后陷入更加痛不欲生的状态。

飞船继续出现一些小问题，船长也醒了，通过核查研究，船长告诉吉姆与奥罗拉，飞船严重受损，应该再飞不了多久就会失去动力，全船人都得灭亡。虽然还有嫌隙，但共同的命运迫使他们相互珍惜，联手自救，最终修好了飞船，挽救了所有人的生命。

89年过去了，飞船还有四个月就要到达家园2号星球。人们开始从休眠中苏醒，当他们来到飞船大厅里时惊喜不已，大厅已不是最早的空旷场景，而是变成了一个森林。这个时候，大厅自动播放了一段女人的语音：因为飞船被意外撞击，我们醒来，相爱，一起修好了飞船，救了所有人。不过，此刻，你们看不到我们了，祝你们在目的地快乐幸福！我们也很幸福！

嗯，就是这么个老套的故事，一切都是早醒惹的祸。

身处陌生人之中的股市，与身处飞行在外太空中的阿瓦隆号有其相似之处，醒得太早都不是件好事。

我们怀揣梦想，在混沌中飞向从未到达过的目的地。这个时候，由于各种阴差阳错，机缘巧合，有人有意或者无意，主动或者被动地"醒来"了，你发现别人还在休眠之中，你该如何选择？

有人说该把握先机，把别人的钱都装自己口袋里。你看见了市场的破绽，看见可以被你轻易利用的漏洞，你可以在别人无法觉察的情况下做任何损人利己的事。

这确实是一个道德困境：只有你和你唤醒的人是醒着的，只要你愿意，你就可以为所欲为，干尽各种不道德的事情，因为在别人醒来之前，并不知道。当然，等他们醒来了，看到你的所作所为，也为时已晚，无奈你何。

但是，你也可以选择向善。即使是别人看不见的地方，善恶都是一样存在。多为别人着想，比如，吉姆与奥罗拉在甲板上种树，把船舱大厅变成绿色的森林。

早醒者的宿命

电影《太空旅客》中机器人酒保有句话说得好：你总是不满意现在的生活，可是哪怕你可以任意穿梭，到任一时空，你还是不会满意。人类就是永远不满意现在的动物。

不满意造就了人类永无止境的欲望，从权力到财富，追求的征程是星辰大海。中国资本市场上的各种"系"，就像太空中的各种星系，吸引着人们的眼球，它们正是财富欲望不断膨胀的宇宙。

某系是迄今为止在中国资本市场上染指上市公司最多的民营资本"系族"企业，掌门人经历颇具传奇色彩。15岁考入北京大学法律系，18岁成为北京大学学生会主席，27岁成为上市公司华资实业总经理，30岁掌控4家上市公司。

一看就知肖老板就是资本市场上的"早醒者"。

A股的庄时代"早醒"并且干出名堂的人还真是不少，各路隐秘枭雄不算，名震江湖的也可以列出一大串：肖建华、唐万新、魏东、周正毅、张海，还有青出于蓝而胜于蓝的徐翔。

这些资本大佬，基本上都是很早就读懂了市场的秘密，在众人还在沉睡中的时候，他们总是因为某种机缘巧合，像阿瓦隆号飞船上的吉姆一样突然醒来，发现可以凭借某种"特权"进入某些原本不该进入的房间，享受原本不属于自己的待遇。

投机市场上的早醒者，最后都没有到达目的地，就出事了，比如徐翔和他的那些上市公司合伙人们。

再比如，年三十晚上闹得沸沸扬扬的肖老板。

很显然，他们发现了股票市场上赚大钱的捷径。并且在赚还是不赚，这样一个道德困境面前，轻松应对各种疑惑，选择赶紧下手把钱挣了。

每一个大佬在没有出事前，给人的感觉就是眼光独到，财技高超，犹如股神，但是，每一次的坠落之后，却又如皇帝新装般一丝不挂，让人不禁感叹，哪里有什么"赌神"，原来他们都是在"出老千"而已，只要胆大心黑，就可以财源滚滚，如入无人之境，没啥技术含量。

在奔向成功投资彼岸的飞行途中，早醒者常常过于精明，被卡在半路上，最终无法到达目的地。这几乎就是他们的宿命。

由此我想起了约翰·邓普顿和他的道德投资，想起他一生追逐的内心财富。

约翰·邓普顿是被誉为"全球投资之父"的邓普顿集团创始人，他不仅是一位取得不凡成就的投资者，同时也是一个终生陶醉于科学、灵性领域及其对于生命意义之间共同联系的精神智者。其丰富的人生智慧和独到的投资哲学，值得投资者们学习。

邓普顿哲学的本质就是，为了获取成功，投资者们通过精神上的进步可以超越这些人的天生趋向。他在过去的半个世纪里是世界上业绩最好且最受尊敬的共同基金经理，这就是其投资哲学具有成功特质的有力证明。

邓普顿的理论告诉我们，我们不仅仅在经济领域里投资，同时也投资于人本身。因此，我们应该充满激情地投资于爱与道德。

美国人喜欢在投资实践中植入一种国家主义。但是，邓普顿认为应该懂得博爱，至少投资一部分资金于那些欠发达的国家。他的爱实际上早已超越国界，演变成对人类广阔的爱。

有道德意味着不仅要做正确的事情，也要做聪明的事情。尽管整个华尔街都在教这个东西，但是，邓普顿仍然强调道德准则增加了而不是减少了投资者的长期收益。

当他在管理邓普顿基金的时候，他有一条原则，就是不投资于酒精、烟草和赌博公司的股票。邓普顿说这"仅仅是常理，没有什么别的原因"，投资者避免投资于政府、医生和其他的活动家们所限制的行业，而这些行业通常对我们的社会是有负面效应的。应该投资于对我们自己和邻居有益的行业中去。

而如果你选择了真正的精神法则，你将有更多的客户。你的生意将会增长，如果你不按照精神法则来经营你的生意，那么它就不会持久，你在这个世上也不会做什么好事。

做善事正是投资者成功的前提，可以用坚实的精神基础和人性化的原则铺一条通向成功的道路。虽然，这条路并不容易穿越，但是邓普顿基金的长期成功证明，有爱与道德的投资，正是一条通向成功的康庄大道。

在投资的漫长旅途之中，早醒者要做到坚守爱与道德，确实是一场逆人性的巨大挑战。作为一个崇尚"睡到自然醒"的投资者，我宁愿不要太聪明，甚至可以愚钝一点点，也不要早醒。我不是害怕孤独，而是害怕自己的人性经受不了考验！

商业的最高境界是娱乐业

正是由于全能自恋，大咖们往往会认为自己就是宇宙的中心，就是神一样的存在，所以，我咋说都有道理，你们都会听得津津有味，我可以正话反说，反话正说，不管怎样胡说八道，你们都会拿它们当"语录"。

如果没有"无厘头"教主周星驰和他的一众追随者，仅靠那台越来越鸡肋的春晚，怕是撑不起鸡年春节国人娱乐生活的半边天的。

近几年，周星驰电影几乎成了春节期间的一道家常菜。2016年春节上了《美人鱼》，影迷哭着喊着"我们欠周星驰一张电影票"，然后争先恐后地"偿还"，最终该片票房高达33.89亿元，创造了国产电影的票房纪录；今年大年初一上了《西游伏妖篇》，大家嘴上说"周星驰先生，我不再欠你的电影票了"，但还是忍不住屁颠屁颠地跑去捧场，元宵节还没过，票房就16亿了。

不仅周星驰自己火，就连山寨版周星驰也不由分说地疯狂吸金。同期上映的一部由王宝强执导的无厘头搞笑电影《大闹天竺》，尽管剧情恶俗，然而，票房可不俗了。这部电影无论剧情还是对白，充斥着"屎尿屁"的呛人味儿，活脱脱一部早期"周星驰"，影片上映以来遭遇了差评，成为春节档豆瓣评分最低的电影，可这也没妨碍宝宝的处女作取得近8亿票房的好成绩。

影片中反复出现的"最恨就是抛弃"这句话，让人联想起去年宝宝同学被老婆背叛的惨痛经历，连自己珍藏的绿帽都要拿出来用到电影里去讨好观众，这正是无厘头"恶心自己娱乐大家"的价值观。为了更像周星驰，这回宝宝也是蛮拼的。

生活永远比电影无厘头

无厘头本来就是广东佛山顺德一带的方言，自从被星爷运用到港产电影中之后，已然成为一种流行文化了。

从概念和内涵来看，《咬文嚼字》对无厘头作了两种解释：一说"哩头"即来头，因为粤语中的"哩"和"来"同音，显然，"无哩头"就是没有缘由、没有来头、没有由来、没头没脑、莫名其妙之意；一说"哩头"就是准则，"无哩头"即无准则、无分寸、乱来，由此引申出戏说、搞笑等义。

就事情关联来说，"无哩头"也就是无逻辑，出其不意，上文不对下理的行为、思想和语言。这就是涉及了相近的解说，"哩头"即意义，意思就是没有意义，废话。所以，周星驰电影上的英文字幕就常被译为"Nonsense"，没有意义之称。

《西游伏妖篇》作为2013年周星驰导演电影《西游降魔篇》的后续故事，讲述了唐三藏在上集感化了杀死段小姐的齐天大圣，并收其为徒后，带着孙悟空、猪八戒及沙僧，师徒一行四人踏上西天取经之旅。路途凶险，除魔伏妖，师徒四人盘丝洞里大战蜘蛛精，比丘国里智斗红孩儿，故事不循现实、毫无逻辑可言，与其之前的无厘头电影风格别无二致。

大爷我一边看电影一边替吴承恩不值，他要是从明朝穿越回到现代，那得收取多少版权费啊。说一部《西游记》养活了几代电影人还是太保守，有人估计，不断演绎下去，未来西游题材值1万亿票房也不为过呀。

看过86央视版《西游记》之后，我们头脑中的唐僧师徒四人形象基本就定型了，断然想不到周星驰会把西游拍得这样无厘头。在他随心所欲、"毫无底线"的"恶搞"下，唐僧成了一个六根不净的情种，悟空成了一个辣手摧花的臭猴子，紧箍咒成了《儿歌三百首》，妖精美得让人窒息，而良好女子则丑得让人想死的心都有。就是这么个原本善恶分明、踏平坎坷成大道的励志老故事，被星爷的无厘头搞得妖风阵阵，笑声隆隆，一点正经没有。

大概是周星驰看多了，国人的无厘头能力近年得到了快速提升，大有青出于蓝而胜于蓝的架势。"胡说恶搞"越来越成为一种时尚，连财经圈也没能免俗，大咖们举手投足之间，经常洋溢着浓浓的喜感，无厘头十足。

比如最近，刘强东在接受央视财经采访时谈到妻子章泽天时说：我这个人脸盲，就是说我根本分不清楚谁漂亮谁不漂亮。说实话，我跟她在一起不是因为她漂亮，因为我根本不知道她漂不漂亮。

刘老大是脸盲还是眼瞎呀？一脸正经地胡说八道啊这是。

这个时候，大爷我脑海里就闪出《西游伏妖记》中盘丝洞里的一幕：猪八戒要强"攻"蜘蛛精的时候，冲着蜘蛛精的"大长腿"口水直流，蜘蛛精赶紧声明："我是蜘蛛"，八戒却说"我也是只猪"。

大爷我这联想其实也挺无厘头的。

这就跟马云说自己对钱没有兴趣是一个性质吧？人一旦混得江湖有名就不能好好说话了？

2016年的圣彼得堡国际经济论坛上，当主持人问马云"人生最大的错误是什么"，他是这样回答的：我人生最最大的错误是创立了阿里巴巴！

马云还说了：我从第一天开始就没想过当首富，所以我才会把公司持股稀释到这个样子。但我还是没有想到尽管把自己的股份降到8%，还是有那么多，这是我没想到的。如果有来生的话，我一定不会做相同的选择。

对此，有网友评论说：哈哈，装逼上天，非得摆出一副圣人模样就没意思了。

另外，马云同学还有一句超级无厘头的话，他说自己天生讨女性的喜欢！天哪，我脑海里又出现了蜘蛛精。

王健林那句"先定下一个小目标，比如挣他一个亿"成为2016年最为无厘头的一句流行语。与这句话有异曲同工之妙的是，去年底他跟着董明珠投资珠海银隆时，别人问他投了多少，王首富也是一副云淡风轻的表情说，"不多不多，就5个亿！"

感觉过去一年，为了娱乐大家，王首富总是在不知疲倦地创作无厘头俏皮话，真是越老越天真可爱啊。

超级爱唱歌的王首富，今年唱《一无所有》刺激了不少屌丝，他们愤愤不平地说，钱都被他给挣了，他还唱这种歌。

其实呢，换个角度去看，大咖们都在说大实话呢？

中国男人，孩子是自己的乖，老婆是别人的漂亮，所以，刘老大说的未必不是真心话。

王首富除了钱，也可能真是一无所有。

马云不爱钱不碰钱，因为都是钱爱他嘛，他钱缘好！

金融业充斥着各种无厘头

金融业可以说无厘头年年有，今年特别多。

自从华润将持有的万科股票转让给深圳地铁之后，外界普遍认为万科股权之争就此偃旗息鼓了。不料一场由媒体报道引发的无厘头再次将宝万之争推至风口浪尖。

有媒体报道称深圳中院裁定钜盛华、前海人寿等增持万科无效，宝能方面上诉深圳中院，并提出将案件移交广东高院管辖，但深圳中院未予支持，维持原判，且为终审裁定。

一份法院判决竟让姚老板百亿资金增持的万科股票无效？其实，这份文书只是审判管辖权程序上的裁定，并不是案件最终判决，该媒体的报道是误解。

但是，就这么件摆乌龙事件，足足在媒体和朋友圈刷屏了大半天，各种"姚老板买到了假股票"之类的解读充满了莫名其妙的兴奋，无厘头完全超越了事件本身，喜感十足。

去年年底以来，从萝卜章到窃听器，金融业各种无厘头没有最奇葩，只有更奇葩。

喧嚷一时的国海证券萝卜章事件余音袅袅，不管最终处理的结果如何，都很难再勾起人们的兴趣。这个事件之所以轰动全国，盖因其匪夷所思而又简单粗暴的"创新"，把江湖杂耍搬到了庙堂之上，反差之大，让人三观尽毁。不过，凡事都其两面性，至少，它确实给我们带来了娱乐。

进入2017年后，金融从业人员茶余饭后的谈资也到了更新内容的时间了，金融各领域又开始轮番上演精彩节目。

深得周星驰无厘头真传的还有一家名为ST慧球的上市公司，事情虽然已经过去了一段时间，但是，当我看完周星驰与王宝强的无厘头电影之后，我还是忍不住想起了它。

极富幽默感的ST慧球给交易所发了1001项议案而且全是各种瞎扯淡内容，据推测，他们的用意明显就是要戏弄交易所。很多人看到都惊呆了，戏弄交易所，这也无厘头得冒烟了吧？

就像《西游伏妖篇》的臭猴子，可以不把师傅放在眼里，但是，面对如来的神掌，他还是吃不消的。果然，管理层震怒，立案调查，眼见成功地惹火上身，这群平均年龄不到30岁的公司高管团队就集体辞职，拍拍屁股走人了。

ST慧球奇葩议案事件引起市场广泛关注，证监会新闻发言人直指该事件是一场闹剧，实质上是挑战监管权威、挑战党和政府权威的行为；把重大政治问题当成炒作的噱头，性质极为恶劣，社会影响极坏。

这回，"悟空"捅的娄子有点大，惹得监管部门已对该公司及相关当事人采取一系列行政监管措施和自律管理措施，并对公司立案调查。最后还撂了句狠话：对此案我们将一查到底，不留死角，对于相关违法违规行为将从重处罚，决不姑息，以儆效尤。

还有一件窃听器无厘头事件也值得回味。

无论政治丑闻"水门事件"，还是荧幕大片《窃听风云》，恶意监听事件总能吊足公众的胃口。

让人拍案惊奇的是，英大财险也在山东潍坊上演了同样的一幕。在山东保监局检查组对英大财险山东分公司及潍坊中支的保险业务经营情况开展现场检查时，发现潍坊中支在其提供的检查人员工作场所内，安装了2部智能窃听装置，用于窃听检查组调查谈话及工作交流内容。搞笑的是，由于贴在座位底下的窃听装置粘贴不牢，竟然掉了下来，窃听行动当场败露。

我们可以想象一下这个场景，它的无厘头搞笑程度，相比周星驰精心设计的喜剧桥段，恐怕是有过之而无不及吧？

据说作案工具居然是iPhone 6 plus和录音笔，窃听装置的安装位置竟然隐藏在座位下方。

媒体报道这事也是无厘头得很。当即就有一位大爷幸灾乐祸：有些钱该花还是得花，作为一家有实力的公司，英大财险办这么大的事还去省2000块钱？假如用苹果7不就掉不下来嘛！

这个"喜剧场面"最后却演绎成了"悲剧"，检查组将该事件定性为恶性事件，对英大财险干扰、妨碍、对抗监管检查的严重失当行为进行通报，并使用了"性质极其严重，影响极为恶劣"这样严肃的字眼。

关于无厘头的精神分析

刘强东说他不知道老婆漂不漂亮；马云说他没有碰过钱；王健林高歌《一无所有》……这大概就是无厘头的三种境界吧？

大咖们这是在消费自己，娱乐大家吗？随即，又有一位大爷说：大家都是成年人了，就不能对彼此真诚一点儿吗？

可是，这位大爷，你确定大家都是成年人了吗？现在，关于成年人这个说法怕是需要重新审视一下了。

心理咨询专家武志红在解剖国人人性的《巨婴国》一书中提出了巨婴（即成年婴儿）这样一个颇有创意的概念，并断定多数国人都是巨婴。他们拥有成年人的生理年龄，而心理年龄却还停留在一岁前的婴儿状态。

弗洛伊德将一个人的心理发展分为五个阶段：即口欲期（1岁前，嘴部是快感中心）；肛欲期（1~3岁，肛门是快感中心）；俄狄浦斯期也称为性蕾期（3~5岁，生殖器部位是快感中心）；潜伏期（6~12岁）；生殖器（13~18岁，即青春期）。

作为弗洛伊德的经典概念，口欲期与俄狄浦斯期的说法早已深入人心，精神分析师们不仅用该理论来分析个人心理年龄，甚至还用它来分析一个民族甚至一个国家的心理年龄。

据说，国内的精神分析学界有一个基本共识：中国人的集体心理年龄没有超过1岁，基本上还停留在口欲期。

最有力的证据就是中国的吃文化非常之发达。口欲期的集中表现则是，好吃，而且，什么事都要经过嘴来体验。这就是说，口欲期不仅好吃，也因为嘴部最敏感，所以，1岁前的婴儿，做什么都喜欢用嘴唇去感受一下。

所以，一切美好的动物，国人都想把它们吃到肚子里，变成身体的一部分。比如，在《西游记》中，各种妖怪都想吃唐僧肉，以求长生不老。

心理发育停留在口欲期的巨婴，由于嘴巴是快感中心，所以，不仅仅是"好吃"，还有就是"好说"，好一逞口舌之快！

"好说"也就罢了，还好语不惊人死不休。

武志红还有一个激进的判断，认为中国人的集体心理年龄甚至没有超过六个月。表现为以下几个主要心理特征：

第一，共生。

6个月前的婴儿会觉得，我就是妈妈，妈妈就是我，我们是一体的。更小的婴儿甚至觉得，我就是万物，万物就是我；我就是宇宙，宇宙就是我。

第二，全能自恋。

6个月前的婴儿会觉得自己是神，无所不能，我一动念头，世界就该按照我的意愿运转，否则，我就会变成魔，有雷霆之怒，恨不得毁了这个世界，或者毁了自己。

这就是婴儿和巨婴的最核心心理。在这样的心理支配下，中国的男人多有皇帝梦，而中国的女人多有皇后梦，这个梦的原动力就是希望拥有无上的权力，让整个世界围着自己的想象转。

第三，偏执分裂。

6个月大的婴儿必然会有这样的心理，我的判断和我的意愿必须坚持下去，事物非白即黑，非善即恶，非好即坏，不可并存，亦无法调和。而我都是正面的。

活在这种心理之中的巨婴们，有着极端对立的两面。全能自恋得到满足，他就会有神一般的感觉，整个世界都是我的意志的体现；当没有得到满足时，他就陷入彻底的无助之中，就会生出暴怒，恨不得毁了这个世界或者自己。

巨婴渴望拥有对这个世界的操控力，会觉得失控是不愉快的，所以，他要将围绕着无助与暴怒的破坏力投射到外部世界之中，他无法独自承受这份

"坏",那样的话,他那脆弱的自我就会立刻分崩离析。

说来说去,我们的生活之所以这样无厘头,我们的各种名人大咖经常不好好说话,恰恰证明了大多数人都是长着成年人的身体而怀揣一颗婴儿般的心灵。

没错,大咖们的无厘头言行,正是巨婴心理的自然流露。

在商界大咖们身上,最容易窥见共生、全能自恋、偏执分裂这些人格特质。

正是由于全能自恋,大咖们往往会认为自己就是宇宙的中心,就是神一样的存在,所以,我咋说都有道理,你们都会听得津津有味,我可以正话反说,反话正说,不管怎样胡说八道,你们都会拿它们当"语录"。

看看无厘头鼻祖周星驰,他把无厘头表演风格推向了极致,他的自恋牛掰就不用说了,在他的身上,还可以看见典型的偏执分裂。

比如,他要求把每一个细节都做到精彩绝伦。香港演员毛舜筠说,"周星驰这个人很怪,我们做演员,都想着做好本分就行了,但他不是。我跟他搭戏时,他脾气差得要命,整天要求改剧本,不满意他就发火。"

不好笑的点子,即使是老板提的,他也不买账。台湾学者公司蔡松林回忆说:"有一次我去探班,希望他按照剧本演,他当面就拒绝:蔡老板,你觉得这个好笑吗?"

星仔坐在监视器看鲍牙珍拍戏,重来了好几遍,一直不是很到位。他倏地站起来,大步冲到鲍牙珍面前,盯着鲍牙珍一字一顿地说:"如果杀人不需要负责,我现在就想杀死你。"

巨婴心理,莫名其妙,处处无厘头,不可理喻。难怪周星驰经常感叹,自己明明拍的是悲剧,世人却硬说他拍的是喜剧。

在《西游伏妖篇》里,臭猴子悟空戏弄姚晨扮演的九宫真人,让她摆布的法术一再失灵,还调侃她说:莫非真人是故意把真的都搞得这么假吗?

真人苦笑着说:世人以假为美,我们又何必当真?

确实,连神仙也搞不清,世人所迷恋的,究竟有多少是"真",又有多少是真实中镶嵌的那一点钻石般的"假"?

大师不可怕，就怕大师有文化

中国股票市场二十多年的发展历程，一路有形形色色的"大师"相伴。"大师"盛行，装神弄鬼，总不见停歇，说明了两个问题，一是市场浮夸之风已然成为常态，二是投资者心态浮躁为"大师"提供了群众基础。

不知道是从什么时候开始，"大师"这个荣誉称号就开始变味了，就像"小姐"这个尊称越来越被女同胞嫌弃一样。

遥想当年，被人尊称为"专家"已经是一件莫大的荣耀，一听到别人夸你是"股评大师"，总是高兴得合不拢嘴，假如再加个"著名"的前缀，那感觉就要腾云驾雾了。

尊称所带来的快感，似乎也是呈现边际效应递减规律的，所以，当"股评大师"遍地之后，高逼格的"证券分析师"出现了，接着"首席分析师"、然后"巫师"、"天王"、"首席经济学家"……这个架势，完全就是装逼上天的节奏啊。

不过，在A股市场，还愿意被人称为"大师"的，估计只剩下外国人了，比如，国际大师吉姆·罗杰斯，每次被国内的信徒们高价请到五星级酒店的国际会议中心讲故事时，只要一听到主持人用惯常的谄媚口吻介绍"我们非常荣幸地请来国际投资大师"这句话，罗杰斯大师原本还故作深沉的脸上立刻绽放出菊花般的笑容来。

不幸的是，后来专家惨变"砖家"，大师又沦为"大嘴"，搞得大家只好绞尽脑汁想新名词，于是"亚太"、"环球"之类又被创造出来了，感觉地球上的词汇已经满足不了他们的要求了。

每一只妖股的背后都有一群"大师"

中国股票市场二十多年的发展历程，一路有形形色色的"大师"相伴，"大师"盛行，装神弄鬼，总不见停歇，说明了两个问题，一是市场浮夸之风已然成为常态，二是投资者心态浮躁为"大师"提供了群众基础。

中国股票市场的大师之路，大致经历了这三个阶段：

第一，自娱自乐阶段。

最初的民间股评大师，往往出身于职业股民，文化程度不高，但是人气颇高，善于总结，勤于研究K线图与各类技术指标，他们表达欲比较强烈，乐此不疲地活跃在营业部的散户大厅，占据报纸杂志的股市版和电视、电台的财经节目，他们大胆解盘，积极荐股，所得甚少，几乎可以忽略不计，无非就是周围散户们的一声"高手！"恭维，所荐股票别人赚钱了，请吃顿饭，报纸给点稿费，电台电视台给点路费。名气比较大的，券商营业部请来开个股评报告会，办个股民炒股培训班赚点外快。总体来说，早期的股评大师到处开讲，获取金钱的动机不是特别明显，主要还是一种兴趣爱好。

第二，坑蒙拐骗阶段。

随着散户大量涌入股市，新股民容易被大师们口若悬河的演说风采所迷惑，而老股民则总是把一夜暴富的希望寄托于他们隆重推荐的某一只黑马股，于是，大师广受追捧，一下子就成股民眼中的股神，他们口吐莲花，点石成金，一说某股票好，热情洋溢的散户们就把它推到涨停，场面疯狂，大师们被自己的魅力吓坏了。于是，一个邪念就顺理成章地出现在脑海：既然如此，我自己先买了某股，然后就在媒体上推荐，等散户一冲进去，把股价推高了，我就卖给他们，每天赚一个涨停，那得发多大的财呀！

一招鲜，吃遍天，股市钱多人傻，大师们纷纷仿效，买入——推荐——卖出，每天带领脑残粉们一、二、三，就玩这么个弱智的"抢帽子"游戏，大师们赚得盆满钵满。

赚钱哪有嫌多的？游戏不断被升级，利用互联网技术深入各个环节，买断电视台黄金时间雇黑嘴忽悠，搞人海战术打电话推荐牛股……至此，大师们彻底撕下遮羞布，恨不得直接动手开抢了。

正如《西游伏妖记》中，悟空对唐僧所说：我走的最长的路，就是师傅你的套路。

第三，装神弄鬼阶段。

在监管部门与公安部门的联手打击之下，以北京首放为代表的"抢帽子"队被查处，"帽子一哥"汪建中身陷囹圄，最终落得家破人亡的凄惨结局，极大地震慑了其他"队友"。从此，大师们的骗钱运动进入低潮，并被迫转入地下活动。

民间大师式微，机构大师崛起，与老一代股评大师高中、大专最多本科的低学历相比，这些动辄冠以"首席"头衔的大师们，往往会有很吓人的学历与阅历，起步价都是硕士，一般博士，海归博士，经济学家，但是，你看看他们的言谈举止，要么语不惊人死不休，要么装神弄鬼故作高深，其实就是升级版的股评大师而已。

空盆取蛇与个位数预测股指是同一套路

证监会主席刘士余在全国证券期货工作监管会议上讲到，"网上预测股票指数能预测到个位数，我是清华大学工程专业的，数理化是本行，毕业论文是计量经济学，都没敢想（预测指数）。但出差到外地，电视上操着山西话、山东话、江苏话、浙江话的分析师都能预测到个位。"

刘主席说他一出差晚上就睡不着，电视里操着各种方言的各种预测，什么2673点，什么今年要到3284，这种分析师我们将来就得有一些措施，你按50点预测还算是贴点谱，怎么可能预测到个位数？现在可能点击率决定他在公司是不是经济学家，黑哨几年没打，又出来了，好政策也被黑哨吹歪了，全世界也没见（像我们这样）个别券商经济学家这么胡说八道的。要加强对"黑哨"的处罚力度。

证监会主席如此毫不留情地斥责升级版大师为了博眼球而胡说八道的丑恶行径，这还是第一次。确实，估计全世界也找不到如此庞大的大师群体，他们的背后，没准就躲着小妖精与兴风作浪的资本大鳄，监管部门要逮鼠打狼，自然也不会放过个别狼狈为奸的大师。

这么多年过去了，各种忽悠散户的大师不断升级换代其马甲，在股市中兴风作浪。人们不禁要问，为何我们股市中的大师现象屡禁不绝？

原因是多方面的，既有大师文化传统的深远影响，也有迷信神话的群体长期存在。比如元宵节前夜因病死亡的气功大师王林，就是大师文化的一个另类样本。

这个颠倒众生的王林大师，据称7岁离家，拜峨眉山道士学艺，差不多是文盲，最多小学学历。但是，他在顶级高层圈子里却是一个非常有影响力的人物，纵横捭阖于政商娱乐各种圈子，如鱼得水，能量十分了得。无论高官巨富，影视明星，都纷纷登门拜访，以求王大师给予指点迷津。网络上流传着王林大师与各种高层政要、高官、巨商、明星合影的照片，从侧面反映了王大师人气爆棚。据说，就连受过最高等级现代医学教育的前卫生部门某领导，都相信王林大师的特异功能和治病神话。

然而，最终王林的气功并没有拯救王林的生命，到底是神通敌不过造化，还是世间造化总是弄人？

其实，类似王林这样的大师，在中国数千年的历史上一直都是一个真实的存在，这种角色，有时候叫道士，有时候叫法师，总是被赋予了某种神秘的力量，可以作法伏魔，驱除妖孽，消灾降福，甚至治病疗伤。

古代《西游记》等妖魔鬼怪小说中常会出现这些所谓的妖道、妖僧、妖人、妖术，中国历史上，在某些特别的历史时期，这些行走于江湖的术士，往来于宫廷之中，装神弄鬼，妖气冲天，很能蛊惑人心。可见大师之道，有历史渊源，迷信大师，也有割不断的妖魔文化情结。

如果说王林真算个大师的话，那肯定不是气功大师、有特异功能的治病大师，而是"魔术大师"、"公关大师"。他的自我包装与"吸粉"能力让人叹为观止，连马云这样的红人也听从他的召唤，亲自前往拜见。不过，凡事过犹不及，盛极而衰，马云见王林是大师最终倒台的导火线，对马云这个层次的人来说，这个世界是充满着各种不确定性的，所以他们也容易迷信大师的神话。

出于好奇，我还专门找来一些过去的录像资料，看过王林的一些"气功"表演，像空盆取蛇、空杯来酒这些招数，不过是流传千年的民间杂耍而已，大多数普通人只要稍加训练便可以信手拈来，并没有什么高深之处，跟刘谦的魔术表演相比，简直就是小巫见大巫。

假如王林把这些杂耍当成娱乐，逗人民群众一笑，那他就是一位值得尊敬的民间艺人，可惜的是，他自诩为特异功能，于是他就成了招摇撞骗的大师。

与王林的空盆取蛇类似，股评家的个位数预测原本就是一种猜谜游戏，假如把它当作一种娱乐，那么，股评家就是人民的开心果，同样可惜的是，这个猜谜游戏又被他们自诩为科学预测，还煞有介事地到处发布为研究成果，于是，他们就成了胡说八道的大师。

良知是去除股市疑难杂症的良药

老是上当受骗，散户对大师们的忽悠也开始失去了信心。去年年底以来，中小投资者不断撤离，这里的原因，既有机构日益发挥主导作用的好的迹象，但是，也要看到投资者的觉醒以及对投资环境的失望——玩不过你，那我不玩了总可以吧？

所以，还是要有正视A股市场存在问题的勇气。过去总是讳疾忌医，掩耳盗铃，拿新兴加转轨说事，活生生让A股沦为了柠檬市场。

有位券商分析师半开玩笑地说，过去，我们一直自以为从事的是财富管理行业，现在发现，自己不过就是一个在百家乐赌桌上发牌的"荷官"。

假如病理都没搞清楚，又怎么可能做到对症下药呢？刘士余主席几次措辞严厉的讲话，显示了政府监管部门刮骨疗毒的决心。一个不仅大师横行而且还迷信大师的市场，散户只有被扒皮喝血的份儿了。

券商分析师确实处于两难境地，市场环境就是不网红无人理睬，于是，劣币驱逐良币，大嘴、黑嘴、歪嘴太多了，搞得有点廉耻的人反而不愿张嘴。

黑泽明晚年记录过这样一个民间故事：在深山里，有一种特别的蛤蟆，它和同类相比，不仅外表更丑，而且还多长了几条腿。人们抓到它后，将其放在玻璃箱内，蛤蟆一看到自己丑陋不堪的外表，不禁吓出一身油。这种油，是一种珍贵药材。

我们这个股市中的许多分析师，大概就是这样一种蛤蟆，只是多年以来，整容与化妆造型技术了得，个个都整成青蛙，到处假扮青蛙王子去了。

只是，某一天卸妆之后，窥见镜子中的素颜，一定会吓一大跳，自己或许会被吓出一身油来。

我想，这种油，也是一种珍贵药材，名字应该叫"良知"吧？专治各种股市疑难杂症。

散户抱怨大股东减持：
为何我的心痛竟是你的快乐

　　什么样子的股民能成为极少数的赢家？情绪波动率低的人，简而言之，就是那个表情平静的人。你可以看到他，在涨的时候，比别人少一点点贪婪；跌的时候，比别人少一点点恐慌；任何时候，比别人多一点点理性。

　　朋友的茶叶店招聘员工，拿来几张应聘者的照片要我给她们看看"相"。自从程大爷学会"看相"之后，但凡找对象、招员工、考大学选专业、合伙做生意等等，各种拿不定主意的事情，都找到我这儿来了，弄得自己跟算命佬似的。

　　平心而论，"看相"这事，说起来像是荒诞不经，但也并不全是瞎掰，还是有一定的道理的。俗话说，相由心生，一个人的内在品格与修养如何，不管怎样刻意掩饰，还是可以从脸上看出来一些蛛丝马迹来的。

　　比如，招个卖茶叶的店员，脸上有笑容的总是比板着一张脸的要好，从一个人脸上的笑容可以窥见她心里的阳光。有人说，爱笑的女孩子运气都不会差到哪儿去，所以，笑容亲切的店员，肯定会更能招徕生意，从这个角度看，当然就"旺"老板啦！

　　那么，最"衰"的人是什么样子的呢？品格需要时间去检验，但是，气质大致会写在脸上，如果这个人爱抱怨，动不动就唉声叹气，好像全世界都对不起他似的，这样的员工，肯定会坏老板的财运。

　　牛皮不是吹的，火车不是推的。程大爷这看相的本事，还是拜这么多年为股民服务的工作环境所赐。看的人多了，自然也就成了"相面大师"，准确率八九不离十吧。

　　成天有一群股民在眼前晃来晃去，看看他们的脸上的表情，基本上就看出高手与菜鸟的区别来了。

什么样子的股民能成为极少数的赢家？情绪波动率低的人，简而言之，就是那个表情平静的人。你可以看到他，在涨的时候，比别人少一点点贪婪；跌的时候，比别人少一点点恐慌；任何时候，比别人多一点点理性。

而绝大多数的失败者，有一个共同的特征：情绪波动率极高！在股票被套或者出现亏损时表现为情绪激烈的抱怨，甚至谩骂。

散户爱把大股东放在敌对的位置

到底是什么鬼让散户炒股一再赔钱？是大股东减持、上市公司疯狂再融资、金融大鳄扒皮吸血、机构坐庄割韭菜还是新股加速发行？

好像都是，又好像都不是。

去澳门赌博的人，赢钱了就会归因于自己的智慧，赌输了就会归因于自己的运气。一般来说，很少有赌客会把自己输钱的原因归罪于赌场或者其他赌客，他不会认为是百家乐的赌桌太高、21点发牌的荷官长得太丑、俄罗斯转盘的转速太慢会导致自己的判断失误。

他一开始以为自己可以控制输赢，赢了的话，他会印证自己内心那位"全能神"的存在，输了的话，他会自动把全能神的想象切换到外部，比如财神、土地菩萨、上帝、观音等等，他会认为，尽管每一把都需要做出选择，但是，控制输赢的不是自己，而是"财神"们，财神保佑我，我就会赌赢，财神没保佑，所以我就输了，而财神之所以不保佑我，不是财神不好，而是自己有什么事做得不对。所以，在赌博这件事上，自己不是全能神，财神才是。

而A股市场的投机者们，他会坚信自己的内心住着一个全能神，所以，在参与一次次名为"主题投资"实为博傻投机的交易之后，博对了，赚钱了，就会得意于自己的判断能力，许多自诩为民间股神的交易者，往往就是这种全能自恋的典型代表，他不仅会自我强化股神的意识，还会向别的散户输出自己作为股神的高超之处。这也就是很多刚入门的新股民往往在炒股这件事上好为人师，喜欢"指导"别人的原因。

心理学家有个论断，即心理发展水平低下的人很容易把两个不相干的事物联系在一起，然后推导出一个不可思议的结论。我有个朋友不吃鱼，据说因为小时候吃鱼被鱼刺卡住过喉咙，所以，只要一吃鱼，就会感觉被鱼刺卡住了。有一次朋友聚会，他吃了几口鱼香肉丝，竟然呕吐不止，其实，鱼香肉丝除了名字里有个"鱼"字，跟鱼还真没什么关系。

这种事情，不是个案，还是挺常见的。即使是程大爷这种自认为心理发展水平不算低下的人，有时也会不由自主地犯这种低级错误。

例如，有次大爷我痛风发作，赶紧百度了一下"痛风的人不能吃哪些食物"，发现红肉，特别是羊肉嘌呤含量最高，于是，决定忍痛割爱，不再吃羊肉了，但是，有天晚上感觉脚指头隐隐作痛，竟然不可思议地怀疑自己新买的羊皮鞋是不是也有可能会导致痛风呢？

按照心理治疗师武志红先生的说法，绝大多数中国人都是成年人的身体里装着一个婴儿的心，而这一特征在A股市场的散户投资者身上表现得尤为突出，我甚至在想，这么多年来，我们都在反复强调要保护中小投资者利益，原因正是A股市场的中小投资者是一个极为不成熟的群体，他们心理发育水平太低了。

不成熟的投资者有一个错觉：自己可以预知甚至控制股票价格未来的走势，全能自恋会造成股神心态，觉得自己不仅可以控制股价的大趋势，甚至连波段机会也可以轻易捕捉到，他们要求外部世界必须适应自己的内心愿望，一旦股票的走势与自己的预测背道而驰时，他就会产生失控感。

按照"世界必须按照我的意愿来运转，否则，这个世界就是有问题"这样一种奇怪的逻辑，心理发展水平低下的投资者一旦炒亏了，那就要归罪于外因，因为自己内心的全能神是不会犯错的，那么，错的肯定就是别人。这个时候，该死的"大股东减持"就成了罪魁祸首了。

增持往往无人关注，减持却"人神共愤"

我们先来看看大股东为何减持？

第一，资金需求。如果股票是有价值的，值得拥有，股东减持，反而是趁机买入的机会。腾讯、阿里巴巴、网易都不断有股东减持，但也没见小股东骂娘，股价反而不断创新高。

第二，股价高估。也不见贵州茅台的大股东减持，反而只见大股东增持，这里说明一个问题，如果股价低估，大股东会舍得减持吗？而那些清仓式减持的公司，本来就是在讲故事，你又爱听故事，股东就是拉高出货，甚至清仓式减持，股东有问题，散户更应该承担愿赌服输的后果。而不是要求别人以永不出卖的方式维持股价，帮你站岗放哨。

第三，优化股权结构。单一大股东持股比例过高对公司治理结构的优化并不是一件好事，适当引入不同类型的中小股东，既可以提高股票的流动性，也可以改善股东结构。

股东减持容易被妖魔化

大股东减持一直是A股市场一个沉重的话题，特别是当股市下跌时，这个因素总是会被放大到天怨人怒的程度。

那么，大股东减持果真都是应该被禁锢起来的怪兽吗？

首先，大股东合法合规减持与增持一样，都是他的权利，这个受法律保护，也理应得到尊重。

其次，一般来说，股东会选择股价估值偏高时减持套现，但是，也不可一概而论。股东减持套现并非全部都是不看好公司或者认为公司高估，腾讯的马化腾、网易大股东丁磊一直都在减持公司股票，但是，这两个公司最近都创出了历史新高，阿里巴巴的大股东软银孙正义、马云和其他股东也不断在减持，但是，也没有谁认为有何不妥。

第三，股东减持与增持会在短期影响投资者情绪，但改变不了它的投资价值。判断一个公司股票是否值得持有的标准与买入一个公司股票的标准应该是一致的，那就是这个公司的内在价值，它不因为股东减持而失去投资价值，也不因为增持（不包括回购后注销）而增加了投资价值。也有控股股东为了支撑股价而故意增持烂股票，实际上就是为了诱骗散户跟风买入。所以说，股东减持与增持不会影响公司的估值，最多会影响投资者买入时机的选择。

第四，散户最恨的是大股东减持前故意释放利好拉高股票，趁投资者跟风买入之后减持套现，这种行为不仅信披违规，而且是一种操纵股价的犯罪行为，理应受到法律严惩。但是，散户需要反思自己根据消息而不是公司价值买入股票的投机行为，散户的怨恨是因为自己帮庄家抬轿却惨遭抛弃的受骗感。

在心理学上，这是一种非常典型的病态共生现象，并由此派生出一种全能自恋。他的逻辑是：我买入你的股票，那我们就共生在一起了，你就得按照我的想法去做任何事，就像婴儿对母亲的看法，婴儿会觉得自己就是宇宙中心，不管自己怎样，母亲都是要无条件地跟自己在一起，全心全意地照顾好自己，不能把感情投注到别的事情上，否则，就是对自己的抛弃与背叛。你减持股票，就说明你不是全心全意地跟我在一起的。

婴儿的需求被满足，他就有无所不能的自恋感，如不被满足，完全依赖抚养者的婴儿就会陷入彻底无助之中。而我是婴儿，是全能神，你这么做了，那我很愤怒，后果就会很严重，我就从全能神变成全能魔，我就要哭闹，让你不得安宁。

我哭闹得不可开交，引起了奶奶（监管部门）的注意，奶奶会跑过来问孩子他妈，你是怎么搞的？孩子为何哭得快背过气去了？会不会带孩子啊？

孩子他妈气恼地说，他无理取闹啊！原因是我准备再去生个宝宝，他就认为我不爱他了，就成天哭闹，其实，就算我再生几个孩子，我也不会不爱他的！

后来奶奶发现其他几个媳妇的孩子也都在哭闹，原因也是因为妈妈要生二胎三胎，孩子们不乐意，怕妈妈对自己的爱被分薄了，但是，媳妇们显然不以为然，准备按计划行事。

结果，让奶奶不愿意看见的情况出现了，由于孩子们昼夜哭闹，惹得隔壁邻居都跑来关心过问，更为严重的是，有几个孙子因为过度焦虑而病倒了。

其实奶奶也觉得孩子们阻止妈妈生二胎三胎不近情理。但是，为了平息愤怒，安抚人心，那也就只好召开家庭会议，宣布半年内媳妇们都不可以再提出

或者实施生二胎三胎的计划，否则，就把她乱棍打出，赶到大街上去。

于是，就有了半年的平静期，大家暂时不会担心被母亲抛弃了，孩子们不哭闹，可是病还是没见好转，满院子都是感冒发烧流鼻涕咳嗽的小孩，原因归别处了，比如院子来新人了，空气不好。

至于那些利用各种题材拉高出货的骗子，她原本就是一位不值得信任的"母亲"，她也没想过要一直照顾你这样子的婴儿，所以，散户被抛弃后才明白，这个"妈妈"原来就不是一个好人，她只是夜总会的小姐，尽管你已经离不开她，但是，对她来说，去坐台赚小费永远要比照顾婴儿重要得多，也有意义得多。

散户如何化解心理上的失控感

大股东与小股东之间的关系，如果是一种零和博弈关系，那这种关系就是一种互害型关系，大股东将小股东当成对手盘，我要赚钱，就要卖出股票，而为了把价值1元的东西卖个好价钱，比如先定下一个100元的小目标，就得讲故事，诱骗你高位接盘。

在这种互害型关系中，作为巨婴的散户们被大股东照顾的欲望是强烈的，他要求，大股东不断释放利好去推高股价，最痛恨的就是股价涨到了一定程度，突然大股东跑了，大幅减持甚至清仓式减持，这种行为十分可恶，抛下婴儿们不知所措。

婴儿需要被爱才能化解互害心理。所以，需要建立互利合作的投资者关系，并实现共赢。大股东有减持套现的要求时，他也希望能卖个好价钱，但是，他是通过做好业绩来推动股价上涨，这种情况下，大股东就不会把散户当对盘来大肆渲染，他套现的是业绩增长的部分。

不成熟的投资者心里住着一个想控制一切的全能神，而这个神一旦受挫，就会变成全能魔，他会把这个魔投射出去，让大股东变成魔。

所以，大股东需要通过强化信披，让减持预期阳光化，主动去毒，避免触发投资者的失控感，导致非理性的魔性投射，付诸行动的话就是用脚投票。

当然，说得粗俗一点，养猪不就是为了吃肉吗？难道都不让杀，要一直养成宠物？制度不合理是制度的缺陷，需要顶层设计来加以纠偏，但是，假如大股东认为股价高得想趁机套现的地步，那么，小股东需要反思自己为何不先于大股东而卖出？

减持只要信披没有问题，不存在为了配合减持而操纵股价的违法行为，其实也是无可指责的。散户需要摒弃怨妇情结，不要把大股东减持看成是对小股东的背叛——这其实也是一种A股独有的病态共生心理，需要大股东与散户一起努力来加以矫正。

财富金字塔尖上的
王卫如何保持内心的平衡

人生有百分之九十九的东西你都控制不了,只有一个百分点你可以掌控,那就是做事的态度。这个态度都有两面,究竟是采取积极的态度还是消极的态度,是接受正念还是邪念,由你自己来决定。

快递小哥20年跑成了大哥,原以为自己是在互联网大戏中给电商大佬们跑龙套的,没想到,最后他们都跑得没影了,顺丰们跑成了主角。

不夸张地说,过去一周的A股市场是属于顺丰控股的。这倒不是因为它一度连拉五板的凌厉走势,A股市场连拉十板的股票也多了去,还轮不到五板的显山露水,而是,这事关一位千亿身家级别的富豪能不能从A股市场这个魔术表演节目中脱颖而出,一步登上华人首富的宝座。

不仅整个快递物流板块唯顺丰马首是瞻,而且大盘指数似乎也在看他的脸色。大象般的总市值与蚊子似的流通市值形成鲜明对照,涨停板简直就是家常便饭。大象甩了甩长鼻子,蚊子就满天飞,顺丰每天都在"刷数据",股民每天都在津津有味地欣赏一个涨停板让老板王卫的身家增加180亿,而周五股价大幅回落近8%又让王老板的身家一天之内足足少了150亿!顺丰控股一天的市值波动值,比绝大多数A股上市公司的总市值还要多呢。

屌丝们为何期待王卫成首富?

广大散户莫名激动,看股价大幅波动计算市值,帮王老板数钱数到眼睛发酸,像银行柜员似的。难怪有人聊侃,散户们的这一辈子,吃的是地沟油,操的是首富心,自己买房的"首付"都没凑齐,却搬了个小板凳盯着顺丰控股操心还有几个涨停板王卫会超过王健林成为新首富。

面对每天动辄上百亿的财富波动，不管王卫自己的内心是否淡定，反正散户们热情高涨，隐约有一种期待，王卫能坐上个人财富榜的头把交椅，对屌丝们而言，真的就有那么好玩吗？

跟许多可望而不可即的首富相比，王卫可以说是距离屌丝们最近的富豪，非常接地气！他的成功，不仅激励了顺丰20万快递小哥的工作热情，也让每一个屌丝都可以拥有一个首富梦。与其说是屌丝们期待王卫成为首富，不如说是成千上万的普通人把自己内心的那个首富梦投射到王卫身上，王卫的成功，是普通人从社会底层逆袭成功的一次验证。

第一，零起点照样可以成为首富。

高中毕业学历，没有读过大学，在当今社会，就文凭来看，差不多也算是零起点了吧？

没有钱，没有经济基础，90年代初是深圳街头一名骑摩托车送包裹的穷小子，经济实力上也差不多是零起点了吧？

快递行业没有技术壁垒，只要有力气就行，是一个零门槛的行业。

王卫的奋斗历程具有强烈的励志色彩，而他成为首富的意义，显然可以将这种励志的正能量推到极致。

第二，七十二行，行行出首富。

在人们的心目中，快递物流行业纯粹就是一个屌丝行业，我这么说并没有贬低快递行业的意思，事实上，我的生活也离不开快递公司的服务，但是，跟高大上的电信、金融、互联网等技术与资本密集型公司相比，快递行业还只是一个劳动密集型行业。

雄踞全球财富榜头把交椅的比尔·盖茨当然正是知识创富的典型代表。人们普遍相信，知识就是财富，技术密集型的行业中才最有可能出首富。

可是，这个规律在中国不怎么适用，回顾一下曾经占据财富榜靠前位置上的中国富豪，来自技术密集型行业的只是个别，绝大多数还是同样技术含量极低的房地产行业。他们把土地加工成房子，是名副其实的"土豪"，或以天价卖给房奴，或以各种方式进行炒作获取暴利。

所以，革命工作没有高低贵贱之分，不要以为只有资本密集型行业和技术密集型行业才会出首富哦，劳动密集型行业同样可以出首富。

第三，配角演好了，没准就成了主角。

美国当年的西部淘金热中，据说真正去淘金子的没有几个赚到了钱，很多淘金客不是死于矿难就是被西部牛仔的手枪打爆了头。

但是，就是那一群看起来很瘪三的卖牛仔裤与水的家伙们发了大财。

在最近十多年来的中国互联网大潮之中，搞电商的一大多半都死的尸骨无存，但是，为电商做佣人的快递物流行业却赚得盆满钵满。

搞了这么多年，电商第一人马云的财富，竟然还不敌一个搞快递的王卫，有点戏剧意味。

我想应该是爱屋及乌吧？顺丰控股上市后的巨幅上涨，得益于它的群众基础真是好。看了一周盘面情况，程大爷无比感慨：为了把王老板推到首富宝座上，韭菜们不惜拼尽全副身家也要把顺丰控股往涨停板上封，场面太感人了，像电影《血战钢锯岭》里边的激烈争夺战斗场面。这是什么精神？这就是众人添柴火焰高的集体主义精神！这就是牺牲小我成就大哥的毫不利己专门利人精神。我只能在一边默默地鼓劲：韭菜们加油，只要人人献出一点爱，A股就会变成美好的人间！

功夫不负有心人。按照上周顺丰控股最高73.48元/股计算，其市值最高达3074亿元，跃居深市第一。

随着公司市值暴增的同时，王卫身家也跟着飙升，上周王卫身家最高达到了1985亿元，根据福布斯实时排行榜显示，王卫身家已经超过了马云（约1973亿元），继前一天超过马化腾和李嘉诚之后，坐二望一，直逼华人财富头把交椅。

成功来得太猛烈，如何平衡自己的内心？

过去人们把福布斯中国富豪榜称之为"杀猪榜"，上了榜富豪，多没有好下场，所以，富豪们多避之唯恐不及。再说了，当年的某些首富，确实真假难辨别，也无法量化其真实财富。

从地域文化来看，广东人就特别崇尚闷声发大财，有财不外露的低调风格。现在好了，"首富"这个招人羡慕嫉妒恨的角色大佬们是争着抢着要去做的，比如现任中国首富王健林，就很是享受做首富的感觉，他不愿闷声发大财，而且还特别热衷于抛头露面，说话直率，做人高调。比如，他就说过，不仅要做中国首富，将来还想做做亚洲首富、最好做世界首富玩玩。

二十多年一直行走于粤港两地的王卫，显然深谙世故，行事风格粤味十足。虽然没有读过大学，但是，王卫的谈吐却颇有文化气息。

当年的中国首富牟其中没读过大学，黄光裕没读过大学，可惜结局都不大好。他们之所以从首富宝座上猝然跌落，摔得头破血流，跟读没读过大学没太大关系，暴富起来后没有把持住自己，做人做事过于张狂肯定是原因之一。

王卫在早年也经历过了一段"暴发户"的迷失期，不同的是，他在太太与佛法的指引下，努力平衡心态，快速纠偏，重要找回了自己人生的航道。

王卫22岁开始创办顺丰，25岁公司初具规模，算是赚得了第一桶金。可能有人会说王卫很难得，年轻得志，却没有头脑发热变成"土豪"。

其实不然，王卫25岁的时候也曾经是一副标准的暴发户做派。因为他穷过，遍尝被人歧视的滋味。后来突然发达了，就有点目空一切的感觉，恨不得告诉全世界王卫再也不是从前那个样子了，王卫现在是有钱人了！可以想象一下，早年一个暴发户拿两部手机的段子："有钱了，有钱了，我左手一部诺基亚，右手一部摩托罗拉！"哈，就是这个调调吧！

有了钱的王卫和其他暴发户并无二致，爱炫富，花钱大手大脚。但暴发户的感觉并不能让王卫寻找到精神满足，所幸，这段精神空虚的过程并没有持续多久。按照王卫自己的说法，主要有三个因素将他带出了精神的沼泽：

第一，随着事业不断迈上新台阶，个人的眼界和心胸不一样了；

第二，得感谢我的太太，她在我得意忘形的时候，不断泼我冷水，让我保持清醒和冷静；

第三，是找到了精神依托，信了佛教。佛教让人内心平静，并且读懂了里面的因果关系，能够让人醍醐灌顶。

或许是天天礼佛的原因，王卫行事逐渐稳健，并将顺丰快递引向健康发展的道路。当时国内快递市场门槛较低，几个人，一台车，就可以去各个高档写字楼发传单，揽生意。

在寻找突破方向上，王卫有若神助，快速摸到了电子商务这个21世纪最大的风口。

王卫在私人场合曾经说过这么一句话："顺丰现在做电商物流是个死。顺丰现在不做电商物流，将来可能也是个死。"无论如何，现在看来王卫的选择是做电商物流，这就是关键的一步。

从暴发户的浮躁心态中安静了下来，王卫更加深刻地体会到了品格在人生中的重要意义。

王卫告诫顺丰员工：经济大发展了，人心却更浮躁了，很多人有意无意地都在追求"威"（广东话"威水"的简称，虚荣炫耀、傲慢牛逼之意），有人觉得有钱有权就威，我认为这个观念是完全错误的。威不是建立在金钱或权力的基础之上，而是建立在道德的基础之上。一个人可以昂首挺胸地走在路上，并且收获的都是尊敬且乐于亲近（而不是羡慕嫉妒恨）的眼神，这才叫威。要正确理解威的内涵，很多人喜欢在穷人面前炫富，在平民老百姓面前炫耀权力，在我看来这是一种很幼稚的表现，他们错误理解了财富和权力的含义，同时还缺乏一样很重要的东西。

王卫还告诫国人：这几年报章媒体都在讨论，说我们的国人出国被外界歧视，是因为现在中国人有钱了，他们妒忌，心理不平衡。对此我想说的是，这方面的原因不能说没有，但更多的恐怕还是看不惯我们种种愚昧以及缺乏教养或素质的行为。一个人所拥有的财富和他的品格、素养不成正比的话，是一件相当可悲的事。

我们走出去后，要想别人尊重我们，首先我们自己必须有道德有修养，并且学会尊重别人。怎样才算尊重别人呢？首先你要尊重人家的环境，不随地吐痰，不乱扔垃圾；其次你要尊重人家的生活习惯，公共场所不大声喧哗，乘车购物时自觉排队；最后要尊重人家的文化，不同的宗教信仰，不同的制度法规你得了解，避免在日常行为中构成挑衅或冒犯……如果这些你都毫不在意，就凭着自己的感觉和习惯在异国他乡"为所欲为",被人鄙视也就纯属自找的了。

关于尊重,王卫有自己的衡量标准,那就是要让为你提供服务的人也因为服务你而感到开心。王卫去饭店吃饭,上至经理下至服务员,他都会主动跟他们打招呼,服务过他的服务员,也都很享受服务他用餐的工作过程,因为他会很礼貌很平和地去跟别人交流,努力要让这个服务员因为服务他而感到很开心,这就叫尊重。有些人暴发户心态十足,一进饭店就是不可一世的做派,对服务员呼呼喝喝,态度相当恶劣,这样的人就很难收获别人真正的尊重。

作为服务行业的从业者,你想你服务的客户是什么样的人,首先你自己就得是什么样的人。这叫德、叫威,而不是开豪车住豪宅,出手阔绰,每天鱼翅漱口叫威。如果大家都能这么想,那我们这个社会也就离大同社会不远了。

事实上,在顺丰的竞争对手那里,对于王卫有个评价,即佛教徒的心肠,市场上的"杀手"。而顺丰内部,则认为王卫有三个特点:一是尊重员工;二是有理想主义精神;三是有社会责任感和关注弱者的情怀。截然不同的评价,也说明了王卫对内对外完全不同的处事方法。

对竞争对手,市场不相信眼泪,心慈手软成不了大事。因此,王卫没有选择做商场上的弱者,恰恰相反,顺丰自诞生以来便以强悍著称,开始便以低价策略为武器,从一片红海中抢得市场。

顺丰控股在深交所举行重组更名暨上市仪式的当天,20年来从未接受过专访的王卫现身上市仪式并表示,顺丰变成公众公司后,他将提醒自己言行更加谨慎,"从今天开始,话不能随便说,地方不能随便去";他更提醒员工也要更加谨慎,"少说话多做事"。

成功了更需要保持低调,这是他的人生观,努力保持着内心的安静,不被突然涌入的财富所淹没,王卫自有其平衡之术。

一半是"马云",一半是"星云"

中国的富豪中,马云在商业上的成就无疑是举世瞩目的,连美国总统特朗普都要找他聊聊天,足见其江湖地位之显赫。满世界都是马云语录,除了生意,他还负责指点江山激扬文字,粪土当今思想观念落后的各路大佬。就是这个习惯了俯瞰众生的狂人,却出人意料地仰视着王卫,据说,他正是马云最佩服的人!

我在想,马云佩服王卫的,肯定不只是他赚钱的能力,还应该是他可以在"入世"与"出世"之间转换自如、把生意与信仰糅合得恰如其分的那份淡定。

没错,王卫有马云的商业天才,同时,又有星云大师的佛心禅思。他把"马云"与"星云"有机融合在了一起,而这,恰恰是中国的富豪们最无法拿捏得当的困惑。

据到过王卫办公室的人描述,那里终日弥漫着佛香,并摆放着8尊佛像。王卫把对佛法的感悟融会贯通于企业的管理,他就是要利用顺丰这个优质的平台,尽力把未来很多看似偶然的东西变成必然。这份心态来之不易。在一份难得一见的顺丰内部讲话中,王卫直言,自己也曾目空一切,是太太与佛法相助,令他平衡了心性,也成就了今日的顺丰。

王卫认为,人这一辈子的成就、际遇,是跟上辈子积下来的福报有关联的,不管你权力多大、财富多少,很多东西你都掌控不了,比如说你是男是女,出生什么地方,长相什么样,家庭是否富裕等等,你更加控制不了的是今天运气好坏,明天成功与否。

人生有百分之九十九的东西你都控制不了,只有一个百分点你可以掌控,那就是做事的态度。这个态度都有两面,究竟是采取积极的态度还是消极的态度,是接受正念还是邪念,由你自己来决定。如果你在这方面做出了正确的选择,就会把这一个点又放大成一百个点,弥补很多其他方面的不足。

到底是商业的磨砺打通了他的佛性,还是佛法的甘露滋润了他的慧根?

在王卫的身上,我们看见赚钱的技巧与佛法之间和谐相处,没有冲突,甚至于还互为因果。

由此可以看出,在王卫的心中,太太与佛法占据多么重要的位置,顺丰走到今天,王卫把自己的成功归功于幸福的家庭和信仰的力量。

一个人从一无所有，到拥有了巨大的财富，这种梦幻般的人生际遇，容易让人感觉到冥冥之中某种力量的存在。

　　有那么多快递小哥，为何成为千亿富豪的是一个叫王卫的人？干快递公司的多如牛毛，为何唯独顺丰做成了深市第一市值的上市公司？虽千万人，吾独富，这到底是偶然还是必然？无人知晓。

　　其实，上市公司老板中信奉佛法的还真不是少数。

　　早几年，有一位在福布斯中国富豪榜上排名颇为靠前的上市公司实际控制人请我吃饭，山珍海味摆满了桌子，老板不断招呼我吃喝，自己却不动筷子。我知道这个老板平时还是个颇有品味的美食家，那天的表现，着实让人好生纳闷，老板却只是笑称自己的菜还没来。后来，等菜上来时，原来就是一大碗菜心粒煮粥。他自言自语地说，不好意思，今天是观音菩萨的生日，我吃斋！

还有一次去内地的一家上市公司老板办公室聊点业务，一进房间，发现里边整个就布置得像一个佛堂，老板的打扮，更像一个虔诚的藏传佛教信徒。他平时也是以打坐的方式办公，每当谈到关键点，他都会说，这个问题我不能马上回复你，我要问问我师傅和活佛。

王卫坦言，佛教中有很多关于"法"的故事，这些故事的宗旨都是帮助世人正知、正念、正行。虽然都是一些形而上的道理，但是能够给人一个正念，一个积极的人生观、价值观，同时还能够通过接受者的一言一行传播开来，比直接授人以鱼、予人钱财，功德更大。

一个突然成功并且暴富的年轻人，在汹涌而至的名利面前如何做到不迷失自己，这在古今中外都是一个难题。

忽然记起那位比王卫还要年轻的马克·扎克伯格说：我尽量不做任何对于社会毫无贡献的决定。

原以为，一个人只有在历尽沧桑之后，等到心苍老得像100岁的星云大师那样，才会沉淀出人间大爱，现在看来，一个人内心深处对这个世界抱有的慈悲，跟年龄好像也没有多大关系。

二股东有想法，大股东没办法

人心不足蛇吞象，说的是人类欲望的永无止境。对于已经实现财务自由的人来说，金钱所制造的满足感呈现出边际效应递减趋势，当钱已经多到几辈子都花不完的海量之后，财富已经不能带来完整的幸福感了。与此同时，对其他比钱"高尚"得多的东西，比如名分与权力的欲望就与日俱增了。

尽管乐视网公告了投资人投资款项已分期到账这个利好消息，但是，上周乐视网股价继续徘徊在31元附近的悬崖边上，看不到回心转意的迹象。

这之前，借着10转20利好把乐视网股价从35元平台砸了下来的机构，民间普遍猜测是第二大股东鑫根资本，不过，这个在资本市场上长袖善舞的乐视网前"老二"，对外界的询问回应得滴水不漏，声称不就其持仓动态做任何披露或表态，无论鑫根资本是否减持乐视网股票，都并不代表鑫根资本不看好乐视生态的整体发展。这个说法，听着感觉挺拧巴的。

不给名分就砸盘，这个老二用情太深

前不久在网上看到一张手写体的"情书"，白色A4纸上几行大字写得真是漂亮，仅次于那几句言简意赅的情话——"仁者，乐山；智者，乐水；颠覆者，乐视"。

一句话，贾老板，不管别人怎么黑你，我可是异常地看好你哟。

手书这张"情书"的人，据说正是这位乐视网的"老二"。

这些饱含深情的话儿，要是搁当年，由小凤仙手书一封情书，对蔡将军敞开心扉，将军可能会感动得热泪盈眶！我看电影《知音》里边，人家小凤仙也说过，不做小鸟依人的花瓶，要做蔡将军伟大事业的知音与帮手，境界可高

了!

可是，面对这份来自老二的情书，那个铁石心肠的贾老板看完，竟然完全没有任何感动的意思。

要知道，这位老二对自己的名分是非常在乎的，在乎到几近自豪的地步。

注册资本金1000万的这家公司，原来是一个职业"老二"，它的战略就是入股上市公司成为第二大股东，形成1个主生态，成立参股基金参股N个上市公司关联子生态链。

简介上随处可见成为乐视第二大股东之类的字眼。公司简介上隆重写着要"与乐视生态成立生命共同体"，乐视与鑫根成立1+N+B+G全战略合作模式，过去一年中，以基金形式打造1个主生态，N个子生态以及B个外生态，同时提供各种政府产业支持，总基金规模达100亿。

2016年年底乐视风波正起时，鑫根资本找媒体发了一封公开信，说作为乐视网的第二大股东，已经准备好要跟乐视网风雨同舟。

鑫根资本创始人曾强对乐视的赞美溢于言表：在中国，即使是在BAT，很难看到有一个团队，可以24小时充满激情地工作。全公司上上下下像群狼一样工作。即使是在双休日晚上10点后，甚至12点，贾总也经常在办公室。

这个鑫根资本也是蛮有意思的一个公司，从他那些时而柔情蜜意缠绵悱恻时而娇嗔佯怒幽怨争宠的文字中可以看出他对二股东名分的一种在意，而且，迫切地希望得到老大的认可。

谁知老大阅人无数，什么国色天香没有见过，早就心猿意马了。再说了，一路上有太多人想跟他"风雨同舟"，可是，不管多大的风雨，老大乘的那可是"龙舟"，正如王石当年说姚老板信用不够一样，贾老板可能觉得他还没有与老大同船共进的资格。

这就好比，美国大选那会儿，大爷我是挺希拉里的，我要是说我愿与希拉里风雨同舟，她会乐意吗？就算她乐意，人家克林顿会怎么想？

热脸贴冷屁，总觉得鑫根投资只是自作多情罢，"剃头担子一头热"，老二名分一直藏在F10上市公司"股东研究"这个"金屋"里，跟情怀一样难以落地。

从乐视这边的各种信息来看，鑫根资本第二大股东的地位从未获得过贾跃亭的认可。

不认可也就罢了，贾跃亭在中国企业家领袖年会上还公开表示，鑫根资本只是乐视二级市场上的一个股东而已，因为乐视的持股非常散，不存在二股东、三股东。这个打脸啊，啪啪啪的。

随着融创中国150亿驰援乐视后，贾跃亭只认可融创中国是乐视的第二大股东。贾跃亭将其所持有的170711107股（占上市公司总股本8.61%）乐视网股份以人民币60.41亿元（每股35.39元）的价格转让给孙宏斌的嘉睿汇鑫。

于是画风有点变了。鑫根资本创始合伙人曾强表示，我们只做雪中送炭的红衣骑士，不会像普通的大股东那样，要做一辈子联姻的红衣公主。

说半天，做老二也是要看本钱的，啥红衣公主红衣骑士的，人家要的是红颜知己！

孙宏斌是骑着白马来的，这个老二，兼备王子与唐僧的气质。

于是，鑫根资本一夜之间，很忧桑地成了小三。只好忍住眼泪唱，很爱很爱你，所以愿意，舍得让你，往更多幸福的地方飞去。

没过几天，乐视网股价就暴跌了，创下31.04元的一年半来新低。而乐视网股价的突然暴跌，据媒体分析跟鑫根资本的出货有很大关系。深交所披露了两笔关于乐视网大宗交易信息，这两笔大宗交易中，卖方席位均为中信深圳前海营业部。这是鑫根下一代颠覆性技术并购基金壹号投资合伙企业减持"固定席位"。鑫根资本疑似抛售6.4亿元。媒体向乐视网官方求证，对方不予回答。不过，据知情人士透露，鑫根资本过去一段时间陆续在减仓，现在可能在乐视网不再持有股份。

此时，鑫根资本创始人曾强当初放言要和乐视风雨同舟，准备再投100亿的豪言犹在耳边。

老二"造反"源于控制欲得不到满足

人心不足蛇吞象，说的是人类欲望的永无止境。对于已经实现财务自由的人来说，金钱所制造的满足感呈现出边际效应递减趋势，当钱已经多到几辈子都花不完的海量之后，财富已经不能带来完整的幸福感了，与此同时，对其他比钱"高尚"得多的东西，比如名分与权力的欲望就与日俱增了。

金钱外化为一种支配地位与能力，所以需要建立一个"帝国"来安放这种能力，但是，具备这种能力的人瞄准的都是金字塔尖的位置，老大身后，得陇望蜀的人排成长龙，相信这个"不足"，它更多地表现为控制权的不足。

共谋富贵时，富贵在别处，不在团队的控制之下，所以，大家团结一致，誓把富贵抢到团队的桌上。

共享富贵时，富贵在大家的桌上，老大可以话事，但是，大家都对桌上摆着的富贵虎视眈眈，说明还是有一部分的控制权不在自己手上，这就容易产生失控的焦虑情绪。

为了消除这种失控的焦虑感，最简单的方法就是把一切权力都置于自己的绝对控制之下，所有人与桌子隔离开来，桌上的富贵，就不再担心别人来哄抢。

大股东与二股东和三股东之间如果股权比例相差不大，彼此又不是一致行为人，那么，爆发股权争夺战的概率就会加大。股权比例相差悬殊的话，比如老大持有1亿股，老二持有100股，老二当然就不会想着要把老大从桌子边赶走了。假如老二持有9000万股，那就不好说，你要把我从摆着富贵的桌子边支开，你来控制这张桌子，凭什么我就不能？

典型案例如差一点儿就上市了的中式快餐连锁企业真功夫，前姐夫蔡达标与小舅子潘宇海都想"称帝"，内斗不断，结果，前姐夫最后就被废为庶人，在高墙之内练真功夫去了。

在过去几年的时间里，真功夫的股东乱战不仅仅让蔡达标遭遇牢狱之灾，而且让这个本来有机会成为中式快餐连锁第一品牌，并有可能IPO的明星公司变成了平庸公司。本是一起创业的好夫妻好亲人好伙伴，斗到后来，不仅形同陌路，而且已成仇人。创始人蔡达标在身陷囹圄几年后被终审判处其有期徒刑14年。

真功夫的另一位大股东，是蔡达标前妻的弟弟潘宇海，据说潘氏家族近几年的重要工作之一就是把蔡达标送进去。

到了这般田地，不仅仅是一家人的事，或者两个家族的事，已经是一件关乎很多人利益的大事。今日资本，真功夫小股东们，真功夫员工们不同程度都受到了伤害。

想起一个民间故事：天上飞来一群野鸭，一共有9只，姐夫与小舅子枪法神准，打下来自然不在话下，但是，他们发生了一个争论，谁得5只？姐夫说我老大啊，当然是我得，小舅子说，凭什么？

于是，他们打了一架，姐夫被打残废，小舅子变成老大，可是，那群野鸭子呢？早飞得没影了。

准上市公司真功夫的内斗让人感慨唏嘘，假如成功上市，估计会是一家大市值上市公司了，那么，不管是老大老二老三，身家不知道会暴增到何等量级。可惜夫妻反目，感情战胜了金钱，为争一口气，不惜鱼死网破。

主要从事独立第三方检测业务的上市公司华测检测，自上市以来一直被资本市场所青睐，公募基金与私募基金等专业投资机构争先恐后地往里边挤，按说是一只超级大牛股才对，但是，它除了2015年跟着大盘疯了一把之外，其他时间都是半死不活的状态，究其原因，大股东（万里鹏、万峰父子）与二股东（郭冰）内斗激烈是主要原因。虽然二股东没有斗出自己想要的结果，大股东坐稳了头把交椅，但是，股价长期牛皮不振，形同僵尸，更糟糕的是，业绩下滑明显，机构纷纷出逃。

二股东"造反"，以失败告终的多，但是，把大股东赶下宝座的也不在少数。继"和君系"上位乾照光电后，厦门又一家上市公司管理层发生了大变动。

三维丝的几则公告让市场大跌眼镜，由公司第三大股东提出的罢免实际控制人董事职务的提案，居然获得了通过，大股东罗祥波、罗红花夫妇被逐出董事会，丘国强和张煜则被增补为公司董事。这场"内斗"背后，被外界猜测是原副总经理丘国强得到了其他新进股东的"撑腰"。

起初，丘国强提交临时提案时，因其仅持有三维丝8.62%的股份，与实际控制人罗祥波、罗红花夫妇17.35%的占股有差距，因此被认为是"不可能完成的任务"。但最终,剧情还是发生了反转。

共创富贵易,共享富贵难,老二有想法,老大没办法,"仇恨"的种子早在"帝国"大厦建起之时就已埋下。股东大会前,罗祥波为三维丝董事长、总经理。而丘国强为三维丝发起人股东之一,曾长期在公司担任董事、副总经理职务。2015年7月,在三维丝股东大会审议中,丘国强未能当选董事,随后董事会决议不再聘任丘国强为公司副总经理。但其继续持有上市公司3224.76万股(占总股本8.62%),当时是上市公司第二大股东。

没有一个老大会甘心以这样不体面的方式离开坐得很舒服的头把交椅的,控制权争夺战还处于胶着状态,"宫斗"升级为"诉讼战"。

三维丝正陷入老大与老二老三股东之间的诉讼漩涡,无论哪个股东最终胜利,三维丝都是失败的一方。长此以往将会对公司经营业绩造成负面影响。

老二有想法,老大没办法

一家企业做得很大时,人们会说这是一个庞大的商业帝国!

富可敌国嘛,哪个老板不喜欢做到这样的境界?

在世界500强中抢到了一把椅子的民营企业家们,特别喜欢列举的一个数据是,他的企业年度营业额如果放到全球100多个国家的GDP排名榜,会位列第多少名,排在哪些国家的前面,言谈之中,顾盼自雄,帝王范儿十足。

所以,中国的商界大佬,无论男女,无论说出来还是揣在心里,恐怕都会有一个这样的"皇帝梦"。

当然,中国男人的"皇帝梦"表现得比女人更为张牙舞爪一点。

名为气功大师的王林,其实是一位"成功"的商人,金钱美女豪车样样齐全,为了触摸一下自己的帝王梦,也不能免俗地建造了一座宫殿,取名"王府"。

众所周知的是,中外历史上的帝国会有两个基本特征:一是对内实行高度集权,二是对外则表现出强烈的侵略性。

帝国的崛起,无不有一个呼风唤雨的"枭雄",枭雄的霸业一旦坐大,鼓捣一番文化与制度大旗,自己就摇身一变,成了某个方位的王者。而商业帝国从草创,再到行业龙头,尤其离不开枭雄的决定性作用。

所以说,枭雄不一定会创造人类的历史,但是,他们经常会创造一个商业帝国的历史。

中国企业的枭雄文化决定了其治理结构很难导入成熟的现代企业制度,强人独揽大权的模式难以轻易打破。

商业帝国创业团队中除了老大之外,一般还有老二老三,如果属于一致行为人,比如父子、同父同母的兄弟姐妹、夫妻,那还问题不大,如果只是桃园结义的兄弟,那后事就不好预料,按这种关系的宿命来说,如同帝国的建立,风雨同舟之后,相濡以沫的故事不常见,倒是相忘于江湖的传说到处飘。正是,一山难容二虎;正是,卧榻之侧岂容他人酣睡?

看看中国历史,就会发现帝国差不多都有一个无法逃脱的宿命:创业团队一旦成功地建立了帝国,那就离解散不远了。

比如西汉公司的刘邦团队,起初被生活所迫,也算是底层公务员下海创业,前途未卜,鬼知道事业能成还是不成。为了引进人才,手头现金捉襟见肘,开不起高薪,只好以给股权来诱惑,于是拉来各路大神。

没想到后来西汉公司做得太大了,成了一家大市值公司,这个时候,一个百分点的股权就是一个天文数字,善财难舍呀,要刘邦信守承诺,把股权切成几块,分给高管们,确实不舍得了。

创业时说好的共天下,最后高祖还是觉得家天下比较舒服一点。刘邦手下有很多大臣,这些开国功臣,有的是六国旧部,有的是以前在一起创业的穷哥们,还有的曾是刘邦早年的上司。结果,公司做大了,大得像个帝国,原来的大哥与小弟关系变成了君臣关系,按照那个宿命的安排,坐在头把交椅上的人发现这把交椅实在是太舒服了,不容许有被别人坐去的丝毫可能性,这个时候,总是觉得原来的小弟们眼神中依稀闪烁着觊觎的神色。

为移除这种觊觎的神色,保证所有的眼神都是纯洁无瑕的,于是,刘邦杀韩信、屠彭越、斩英布,连那个足智多谋的张良也退避三舍,居然装神弄鬼,搞起了隐居。

只有萧何自我定位相对准确，知道自己这辈子就一个董秘的命，承蒙老大关照，股权没敢多要，薪水还算体面，于是安安稳稳地做起了大汉丞相。

二股东韩信最冤，本来寻思着自己会拿到不低于百分之三十的股份，与老大共享富贵，结果，不仅原始股悉数被夺，还被彻底被赶出西汉，连再创业的机会也没得到，直接就被赶去西天。

白手起家的创业公司做大之后，容易出现一股独大，相比较而言，借壳上市的，情况就有点不一样了。

比如北宋公司的赵匡胤团队，在处理大股东与二股东三股东的关系上还是比较人性化的，没有卸磨杀驴，参与借壳上市时定向增发的前几大股东，除了一致行为人赵光义之外，尽管悉数被请出了董事会与高管团队，表决权没有了，但是，所得股份还是得以保留，只是锁定期比较长，可以继承，不得随意减持或者转让，也就是有那么点儿分红权，于是，二股东三股东们基本上过上

了财务自由的退休生活。

在那样的时代，不想当皇帝的枭雄肯定不是一个有抱负的大股东。相比从0到1的草创风险，从1到N的借壳上市，风险与难度都要小很多。所以，自古至今，借壳都是一门热门生意。

中国历史上，除了北宋赵匡胤借壳成功这个案例之外，东汉末年，乱世枭雄曹操与其子曹丕成功借了汉献帝的壳，也堪称一次教科书式的资本运作。

载入史册的官渡之战后，袁绍气死了，袁尚接班，袁家兄弟内讧，最后袁家三兄弟一一惨死，袁绍的股份就都归了曹操。

从此，曹操势力坐大，持股比例直达二股东，实际控制力早已并列大股东，直至受封等同于皇帝地位的魏王。

汉献帝审时度势，人在屋檐下，不得不低头，授予曹操金玺、赤绂、远游冠，并将他的位份拔高至诸侯王之上。

当皇帝的，谁愿意有个人要跟自己并列大股东呢？都想自己真正当家做主，几番折腾，献帝想要从曹操手中夺回实际控制权的努力，无一例外，都失败了，而曹操，封为魏王，使用天子仪仗，王冕规格与皇帝等同。

至此，大家都已经看明白了，曹操距离当皇帝，就差捅破那一层窗户纸了，就差一个名义上的名义了。

曹操在众多儿子中，选了曹丕做魏王太子，也就是自己的继承人。

六十六岁那年，曹操在洛阳病逝，曹丕即魏王位后，改建安纪元为延康，迫使汉献帝刘协"禅让"，正式终结了东汉王朝，上市公司从ST东汉更名为曹魏帝国，以黄初纪年。为了纪念创始人曹操的历史功绩，曹丕追封他为武皇帝，相当于名誉董事长。

卖壳的汉献帝一了百了，把一个ST东汉卖出了好价钱。曹丕当了皇帝之后，封禅位后的汉献帝刘协为山阳公，特许他不用在自己面前称臣，刘协的四个儿子也同时封为列侯。相比有的ST公司落得个退市下场，ST东汉的大股东获得了现金加股权，算是以一个相当不错的对价把一个烂壳卖了。

一切历史都是当代史，即使过去了千年，国人还是没有从皇帝梦中醒来。

因为控制欲是个怪兽，可以被打败，但不可以被消灭。无论是动物世界还是人类社会，渴望支配别人而摆脱被别人支配，对控制权的争夺都是一个永恒的主题。

在和平年代，这样的欲望推动了商界领袖的脱颖而出。而一个人在商业上成功了，就会情不自禁地产生两个幻觉：一是，我无所不能；二是，别人都得听我的。

回头看看那个趴在悬崖边上的乐视网，我忽然觉得，其实不用花时间去写什么"情书"，这个时候，还愿意掏出真金白银买乐视网股票的，一定才是真爱。他可能不是爱贾老板，而是爱他的商业帝国，爱他的江山美人。当然，仅有爱是不够的，还得有实力，先做他一个二股东再说。

看看三国时代的曹操，再看看当下的孙老板，长得有几分神似，还都有一副乐于助人的热心肠。只是，我又不禁替贾老板担心了，乐视这个山头上，从今往后就有两头老虎了，就如历史上的那些帝国中的枭雄，起初可都说是来帮老大的忙的，最后把自己帮成了老大。即便是保留着老二的名分，可操的都是老大的心啊。

要知道，天天说话的不一定就有话语权，比如播音员。

会咬人的狗一般也不叫，比如阿尔法狗。

高房价面前，基金经理年薪百万也得认怂

假如买套房就像买部手机那么简单，那就真没必要为一套只是付了首期的房子跟前妻死磕了，即使恩断情绝，估计也不会如此撕破脸皮。

武功再高，也怕菜刀；学历再高，没钱白搞；收入再高，房价更高。问世间哪座山最高？答：一山更比一山高！

还没消停半年，楼市又成热点。一边是首席们列举各种数据力证楼市泡沫破裂在即，一边是各地房价旁若无人地轮番上涨。正可谓，春暖花开日，房价发疯时。

早春二月的江南，草长莺飞，桃红柳绿，本是一年最适合踏青看花的好时光。然而，被房价挑逗得心猿意马的房奴们，不是在过户大厅里焦急地排长队，就是奔波于各大楼盘的样板房，在他们眼里，什么桃花、樱花、油菜花，哪里美得过楼花？

惹火的只是房价？一对母子为房举牌

春风拂面的上海市虹口区嘉昱大厦大堂，一位年轻的母亲带着她不到三岁的孩子夹杂在一群到处看楼花的人群中。不过，母子俩不是来看楼花的，而是来举牌的。

牌子上是孩子的口吻：我的爸爸叫徐白告（这俩字实为一个字，由于电脑版本太低，死活抠不出这个字来，只好打成了两个字，各位看官就凑合着看吧），是一位年收入过百万的××基金公司基金经理。

我叫徐××，目前近三岁，是他的儿子。到上海来，我想见爸爸，并且想对您说一句话：您如果不想对我负责任，不如提前彻底放弃我，好吗？

这母子举牌的事，有图有真相，也不知道是哪位好事者拍下来告到特爱主持公道的曹老师那儿去了，于是，一图风行，舆论哗然，一边倒指责徐同学。

主流腔调大约是这样的：上周，惹火的哪里只有房价？房地产股和房地产基金也火得一塌糊涂。顺带着还把一位负责管理房地产分级基金的基金经理也捧红了。这位××基金的徐姓帅哥，三年前当爹，结果股市大跌，如今幡然悔悟，慧剑斩情丝，果断与三岁儿子划清界限，拒不当爹之后，管理的有色金属分级B和房地产分级B红红火火，涨势喜人。

还有看热闹不嫌事儿大的吃瓜群众，各种八卦传言顿时沸沸扬扬，有位似乎颇了解内情的网友爆料：这个妈妈是我同事，不是大家猜的那样的。他们已经离婚，经过就不提了。反正男的不要儿子，拿了婚房（女方首付大头）和存款，离婚后一年不闻不问，拖欠抚养费。现在不过是女方要给儿子改姓，户籍警要求父母都到场，男方不合作，不接电话，不出现。女方只能出此下策。

一种"恶毒"的说法是，一个连儿子都不爱的基金经理，也别指望能对基金投资者多负责任啦，另一种容易让人浮想联翩的猜测是，基金经理不认三岁儿子，背后原因竟然是"房事"惹的祸？

记得在前几年的大熊市中，确实有医疗机构对基金经理的"房事"质量进行过统计，数据显示，基金经理普遍压力山大，"房事"质量堪忧，略微低于农民工。不过，这几年股市总体来说还是有机会，基金经理们的"房事"质量应该会跟随股指反弹到了一个较高的点位，断然没理由闹到太太出来举牌抗议的地步吧？难道老公一不举，老婆就来单位举牌？那老公面子往哪儿搁啊。

我比较认同女子举牌是因为另一种"房事"的说法。如果那位妈妈同事所言属实，徐白告同学不仅与徐××他妈离婚了，还拿走了婚房和存款，而且这个婚房还是孩子他妈掏的首付大头，不要孩子不说，连抚养费也不给。再加上最近房价忽然又猛涨，受此刺激，孩子他妈一怒之下就跑来单位举牌了。这样去看，女子举牌情有可原，倒是男方属于典型渣男一枚嘛！

不过，我不打算随大溜也去指责徐同学，恰恰相反，我还要冒天下之大不韪替徐同学辩护一下。

豪宅存在的意义，就是让你自我感觉渺小

看过孩儿他妈的举牌语录，有几个词还是蛮刺眼的，比如"年薪百万"，"基金经理"，拿走"婚房"，"拖欠抚养费"。按理说，离婚了，孩子还跟着妈，男方工作体面，年薪百万，把房子和存款就给老婆孩子，自己净身出户，再战江湖，大丈夫何患无房？

但是，稍微一算账，觉得事情不那么简单。假如可以潇洒把房子给了女方自己做一个有情有义的"大爷"，谁会拿走婚房然后躲躲闪闪一年多不见面不接电话不付抚养费做一个被众人戳脊梁骨的"孙子"？说来说去，还是因为上海房价太高，生活压力太大，就算是纯爷们，在现实面前还是没法昂首挺胸做男人啊。

假如买套房就像买部手机那么简单，那就真没必要为一套只是付了首期的房子跟前妻死磕了，即使恩断情绝，估计也不会如此撕破脸皮。无力承受的高房价就这样让一个找到好工作的基金经理也斯文扫地了。传说年薪百万的徐白告同学也潇洒不起来，捏住房子不敢松手，这仅有的一套婚房，可就是他的命根子。可悲呀，人在"屋"檐下，只得装孙子。

按年薪100万算，扣完五险一金，再扣个人收入所得税后，实际到手估计还不到50万，由于监管趋严，搞老鼠仓基本等于找死，假如有积蓄的话，也只能投资基金买理财，这几年基金业绩普遍难看，投资收益也就可想而知了。

一年50万在上海这样的地方，不吃不喝，在中心城区也就就买个5平方米吧？要买套与基金经理社会地位相当的房子，没个1500万，想都不要想了。至于汤臣一品之类的豪宅，对普通人来说，它存在的意义，就是让你感觉自己的渺小。

这样算下来，徐白告同学要拿30年的百万年薪才会在退休之后拥有一套属于自己的稍微体面点的房子。而要凑够首付，没个小十年想都别想了。

在基金经理中，这位徐白告先生硕士研究生，学历不算太高，2007年至2010年曾在宇宙行总行资产托管部从事投资交易监督工作，7年前加盟××基金曾任高级风控经理，担任基金经理的时间也就2年多时间，算一下其实真没多少

积蓄。他与前妻的婚房首付还是女方掏的大头,可见自己家境也难言殷实。

一句话,这位所谓年薪百万的基金经理,在上海这样的地方,如果没有一套房,他就是个如假包换的穷人,相当于金融民工中技术含量相对较高的木工师傅(看线比搬运工们要准一点儿)。

所以,儿子啊,别怪你爹狠心,爹在上海,没房咋办呢?要是让你妈拿走了婚房,你爹估计再找个媳妇都很难很难,搞不好只能孤独终老了。你还太小,说这些你也不懂,等你长大了,你就会发现,这个世界,仅有才华还是不够的。

百万年薪基金经理,北上深买套房子也不容易

据有关部门统计,金融行业的工资与地方经济发展水平高度相关,北京、上海的金融人士年均薪酬在20万左右,另外浙江、广东、贵州、天津、重庆、江苏、云南、福建这8个省份的金融人士年薪超过10万,黑龙江、甘肃的金融人年薪仅仅超过5万。

虽然说,金融行业的工资相比其他行业已算高薪,但是依然不能与另外一个价格相提并论——房价。2015年,全国可支配收入占收入的比重约为30%,据此计算出的金融行业人士年可支配收入与房价的对比是:收入最高的北京、上海,金融人一年的可支配收入买不到两平方米的房,若用广东的平均工资去购买深圳的房子,那么普通金融人士花100年也搞不定一套90平的房。

所以,就算百万年薪的基金经理,要在北上深买套房子,也一样不容易。

最近写文章时,用拼音输入法打"公募"一词时跳出来的却是"公墓",打"私募"一词跳出来的却是"死墓",也不知是咋回事!

有财经媒体曾形容过基金经理的真实生活是:高级囚犯+金融屌丝。每天摄像头对着你,你干的每一件事情都被拍下来。交易时间手机上缴,固定电话被录音,基金经理就是高级囚犯,哪有人格的尊严?

外界以为基金经理很光鲜,轻轻松松拿着几百万年薪。但其实60%的基金经理年收入也就是30万~60万元,超过一半基金经理人群的年收入就是50

万~60万元，而所谓的百万年薪收入，只出现在资产规模排名前20名的基金公司。

春节后北京房价继续上涨，尤其是学区房被炒至令人咋舌的天价。望房兴叹的房奴们只得编段子自我解嘲。

说是一对北清毕业的夫妇问禅师，自己一路苦读为何还买不起学区房？禅师反问，北清毕业还买不起，要学区房何用？

满腹诗书，也不一定换得来一套房子。这事说悲怆吧，也不尽然。看看历史，你就会发现，曾经不知还有多少英雄汉，一怒为房子呢。

对房子的热爱，是由基因决定了的

人的基本需求中，衣食住行，"住"排在第三位。但是，当人类还是爬行动物时，找个"窝"其实是比穿不穿衣服还要重要得多的事情，可见，对房子的热爱，是由基因决定了的。

主张"三脑合一"的脑神经科学家的研究表明，在形成"新皮层"和"边缘系统"这两个"脑"之前，人类脑部的最初形态是动物爬行脑，形成于大约7亿年前。你可以想象一下，一大群智人赤身裸体，四处寻找风景优美、冬暖夏凉的优质山洞的情形，跟眼下奔波于各大楼盘看楼的人群何等相似。驱使他们如此热衷于看楼花的力量正是来自"动物爬行脑"的主导作用。

为适应农耕文明的发展，人类从居住了亿万年的山洞中走出了，搬进了各式用泥土、石块、木头与茅草建成的房子里。早期的房子，遮风避雨就可以了，没有交换，房子也不是商品。

随着城镇的出现，先知先觉的人们热衷于搬到城镇居住，土地和房屋成了可以租售的商品。

没有买卖就没有伤害，有了买卖就有人买不起。买不起房子的"社会精英"就没法做到淡定了，纵使才高八斗，还是难免落得个被房子伤害的下场。

自古英雄皆气短，现在买不起房子的"精英"太多，表达自己的愤恨与焦虑，只好写文章抨击房价泡沫，预测房价会雪崩，以此宣泄心中不平。而古代的社会精英们，有才无房者众，一样望楼兴叹，不同的是，他们不会以预测房价会崩来溶解心中块垒，多少愁绪，都付诗与酒。

北宋前期，汴京的一套豪宅少说也要上万贯，一户普通人家的住房，叫价1300贯；而到了北宋末，京师豪宅的价格更是狂涨至数十万贯，以购买力折算成人民币，少说也得5000万元以上。

难怪宋人要感慨地说，"重城之中，双阙之下，尺地寸土，与金同价，非熏戚世家，居无隙地"。

由于首都房价太高，宋政府又没有为所有京官提供官邸，所以，当年宋朝的官员都买不起京师的房子，都是租房一族。北宋名臣韩琦坦言，自来政府臣僚，在京僦官私舍宇居者，比比皆是。

欧阳修官至知谏院兼判登闻鼓院，相当于国家法院院长，还是只能在开封租房子住，而且房子非常简陋，他曾写诗发牢骚：邻注涌沟窦，街流溢庭除。出门愁浩渺，闭户恐为潴。

北宋首席大才子苏轼待在京城里就不舒服，房价太贵，家大口阔，开销不起，所以，每次都是申请去外地做官。流放到黄州，搞了块宅基地，才建了座宽敞的房子。

当过御史中丞的大才子苏辙，也买不起房子，一直住在出租屋。他的朋友李廌乔迁新宅，苏辙写诗相贺，诗中羡慕嫉妒恨十里之外都可以闻得到：我年七十无住宅，斤斧登登乱朝夕。儿孙期我八十年，宅成可作十年客。人寿八十知已难，从今未死且磐桓。不如君家得众力，咄嗟便了三十间。直到晚年，苏辙才在二线城市许州盖了三间新房，喜难自禁，又写了一首诗：平生未有三间屋，今岁初成百步廊。欲趁闲年就新宅，不辞暑月卧斜阳。

可以想象，自古以来被房子问题困扰的社会精英，不在少数。居无定所是有着悠久的历史传统的，并非当今社会才出现的新问题。

高房价面前认怂，其实算不上丢人

面对人们的疯狂，财富积累的速度总是落后于房价上涨的速度，读书人的焦虑不安就会容易外化为一种主观期望，然后，又把这种期望变成了预测。

正如勒庞在《乌合之众》里做出的那个著名判断，人一旦进入某个群体就会失去自我判断能力，集体的判断会代替个体的判断，而群体的智商会显著低于个体的智商，所以我们在楼市上才会观察到显著的羊群效应。

高智商的牛顿也曾经进入过疯狂的投机群体，奇怪的是，他的自我判断也消失了。参与投机南海公司的股票失败后，牛顿哀叹，自己可以计算出行星的运行轨迹，却无法计算人们的疯狂。

爱因斯坦则说，有两样东西是没有边际的，一个是宇宙，另一个是人的愚蠢。

他后来又补充说，宇宙有没有边界还不确定，但是，人的愚蠢肯定无边无际。

面对投机市场的乌合之众，智商200的牛顿与爱因斯坦都认怂了，智商虽然高于屌丝但肯定高不过200的社会精英们，在高房价面前认怂、装孙子，其实算不上丢人。

多年前，基金经理还是一个让人羡慕忌妒恨的职业，商业周刊上有一篇文章不怀好意地说，基金经理业绩下滑从何时开始？从穿上漂亮的Armani西装、换掉老婆、购买飞机开始。不过，文章说的应该是华尔街的基金经理。

国内的基金经理们在业绩排名的重压之下，为了保住饭碗，还是不得不皓首穷经地专注于研报和市场波动的曲线。毕竟资本市场波谲云诡瞬息万变，在北上深买下高价房子需要每月支付巨额供楼款的基金经理深谙世故，过着常人难以想象的苦逼生活。

以前，人们对金融民工的生存状态有过这样的一个描述：一人在银行，全家跟着忙；一人做证券，套牢一大串；一人卖保险，全家不要脸……现在得加上一句：一人干基金，全家都闹心。

我说徐白告啊，有那么多好名字不取，偏偏取名"白告"，这不明明白白就是说，心里有再多苦再多委屈也无处可告，即使告了也是白告？

外表风光，内心沧桑，干基金的也不例外。那我也不收费，白讲个段子给你听听吧：

很久很久以前，公鸡下班回家后一副垂头丧气的样子。母鸡心疼地问他，亲爱的，怎么了，生病了吗？公鸡有气无力地回答，没什么，做了个小买卖给累的。母鸡又问，做了个什么买卖把你累成这样？公鸡不好意思地说：卖了点鸡精！

假如炒股是一场恋爱

LUN YUE PIAN

论月篇

头上那片瓦不是给你住的，
它叫作金融产品

也许是被"房形幽灵"伤害太深，有位网友竟然总结出了人生三大臆想：国足会赢、房价会跌、股市会涨。真是世事无绝对啊，有一种黑天鹅叫"正向黑天鹅"，恍惚之间，人生三大臆想就落实了三分之二，惹得屌丝们开始改变信仰，仿佛又找回了人生的意义。

有一个幽灵，一个长得像房子一样的幽灵，在北上广深等一线城市的各大楼盘徘徊。所到之处，时而化身为上帝，牵引人们仰视的目光；时而变形成满嘴鬼话的巫师，导演众多家庭的悲欢离合；还可以像孙猴子那样分身，扮演欣喜若狂、焦虑抑郁、偏执分裂、悔恨莫及、羡慕忌妒等五花八门的众生角色。

没有人说得清这个幽灵的身世背景，她来自何方，她情归何处，谁在下一刻与她遭遇？

一旦遇上了这个"房形幽灵"，你的世界依旧是原来熟悉的样子，你上班的道路依旧拥堵，打工的工厂依旧嘈杂，甚至你呼吸的雾霾还是原来的味道。但是，你眼中的房子刹那间就变得陌生了——它们虚无缥缈、似是而非、模糊不清，你看见的房子，其实已经不是房子了，它们是一个奇怪的变形金刚。

耳光响亮

这个幽灵除了变幻莫测之外，还喜怒无常，尤其爱隐身于造化，以捉弄一群外号叫房奴的人类为乐。

比如，最近她就把北京与上海的房子进行了一番资本运作：

两个北京人结婚就是两家上市企业合并；

有钱外地人和北京人结婚就是借壳上市；

没钱外地人和北京人结婚就是上市公司并入不良资产；

北京人和上海人结婚就是港股和A股公司合并，蓝筹合并，两市同时大涨；

北漂离京去二线定居，这是去新三板或者创业板上市，好歹上市了，但回到主板可能性基本为零；

北京人上海人离开去二线定居，就是主板私有化。

除了把房子进行资本运作之外，这个幽灵还特别爱抽名人的嘴巴子。

幽灵让瑞士信贷董事总经理陶冬放下身段，公开道歉：

我去年错得最厉害的一个，就是对于中国房地产的判断，我错了。如果你试图用经济学来分析中国的房地产，无论你从供需性质关系入手，还是从库存入手，无论你说这个人口结构还是你说可承受能力，用任何一个指标来判断中国房地产市场结论只能有一个，泡沫。但是如果你用任何这些东西来分析，你就错了。

因为今天咱们头上那片瓦，不是给你住的，这叫作金融产品，这是一个投资。这是一个流动性拉动的一个投资。十年后再看咱们的历史，会告诉你这句话是中国房地产市场的分水岭。

被幽灵打得信心尽失的陶博士甚至开始怀疑自己了：那么房价什么时候跌？我不知道，我可以告诉你这组数据：1990年日本房地产的顶峰期，日本所有房子的价值相当于日本GDP的200%，2006年美国房地产泡沫的顶峰期，全美国的房子价值相当于当年美国GDP的170%，咱们中国已经干到咱们GDP的250%，这是一个在现代资本主义历史上前所未有的数字。

其实陶博士不必道歉，你不过是犯了一个全天下分析师都会犯的错误嘛。圣经上都说过了，幽灵打了你的左脸，你再把右脸凑过去好了！任志强倒是一直看得很对，但他连个经济学家都算不上，更不用说首席了，所以暂时不在幽灵的关注之列。

今年姜超唱空楼市，看来被打脸的风险与日俱增……好吧，同学们，看见泡沫吹大易，看见泡沫破灭难啊。你看看，耶鲁大学罗伯特·希勒一辈子看对了一次房地产泡沫破灭就获得了诺贝尔经济学奖呢。

希勒通过大量的证据说明，20世纪90年代末的股市与房地产市场的繁荣中隐含着大量的泡沫，并且最终房价可能在未来的几年中开始下跌。

他认为，2000年股市泡沫破灭之后，许多投资者将资金投向房地产市场，这使得美国乃至世界各地的房地产价格均出现了不同程度的上涨。因此，非理性繁荣并没有消失，只是在另一个市场中再次出现。

一句话，希勒认为这个房形幽灵本来是在股市晃荡的，后来才来到楼市。

爱自抽更爱互抽

经济学家们不仅爱预测楼市，还特爱赌大小。自抽嫌不过瘾，还想玩玩更刺激的，比如互抽。

2006年，王小广发表观点：未来几年内房价一定会下跌。对此，北师大教授董藩扬言要和王小广打个赌，他在北京买套房子，5年后如果房价涨了，王小广就赔给他这几年的差价；如果房价跌了，董藩把差价赔给王小广。

央视的录制现场，王小广表示不愿接这个赌，因为自己没有赌博心态，真赌就要赌他的良心和名誉。此后，王小广在2011年告诫开发商，要想尽一切办法把房子卖出去，因为2012年全国房价将平均下降20%到30%。然而，王小广的预言再次落空。还好王老师没赌，不然裤子都要输掉了。

2008年6月，深圳大学经济学院国际金融研究所所长国世平抛出过"奥运会后房价将雪崩"和"深圳房价跌回8000元/平方米的隆冬"的论点。然而，2009年，楼市上演了疯狂一幕，深圳房价全年上涨80%。

此外，就职摩根士丹利的谢国忠、中国社科院金融研究所金融发展室原主任易宪容和地产评论人士牛刀，长期唱空楼市，十年如一日，咬定青山不改口。就像当年A股市场中的空军司令侯宁风雨无阻地坚决唱空中国股市一样，楼市中也有一批"死空头"与"死多头"。不同的是，股市死空头让散户恨得咬牙切齿，而楼市死空头则迎合了普通购房者的消费心理，赢得众多粉丝的喜爱。

然而，楼形幽灵总是爱捉弄死空头。十多年来，中国楼市上涨的趋势从未真正扭转，随着"死空头"们的预测悉数落空，一众听信者只能蒙受多掏购房款的损失或继续无力买房。

楼形幽灵不仅爱捉弄专家，也爱调戏散户，制造出不少荒诞喜剧。

2006年的五一黄金周，一个名叫邹涛的大侠成为购房者簇拥的英雄。他在网上发起"三年不买房行动"，短短数日，便征集到上万支持者。他被评为2006年最受网民关注的十大网络人物之一。他在当时的公开信中除了呼吁市民支持不买房运动，更恳请政府采取行之有效的措施进一步调控房价。更多的拥护者则认为，邹涛正在竞选深圳市人大代表，具有一定的公信力，同时，只要团结起来，就能如邹涛所言：政府一定会推出相关政策控制房价。

然而，不管邹涛大侠号召的"不买房运动"如何轰轰烈烈，房价就是不买账。2006年全年，深圳的房屋销售价格总水平比上年上升了12.3%，涨幅扩大了4.8个百分点。3年多过去后，2010年5月8日，因策划发起"三年不买房行动"成名的邹大侠，在个人博客发表致歉信，向响应此活动的人道歉。邹涛称自己"无言以对，唯有祝福"，"在面对连诺贝尔经济学奖获得者也看不懂的中国房价时，我们唯有顺势而为"。现在看来，邹大侠是幸运的，他被啪啪打在脸上的耳光，非常及时地拍醒了，不然的话，硬扛到现在，还不定被多少人追着屁股暴打呢！

房产中介一般来说都是滑头，既不是死多头也不是死空头，所以，他们总是如鱼得水。但是，灵异事件发生了，鱼也有淹死在水里的时候。有一位名叫王立的中介听信地产评论人士牛刀等"专家"斩钉截铁地表示："只要房价回归理性，都要跌去80%"，于是，王立下了决心在2010年春节前将深圳的一处房产卖了。又听闻有"专家"建议投资者应该"将资金从楼市中抽出投入股市"，他将30万房款投入了股市"做长线"。3年之后，当时他以8000元/平方米出手的那套房子售价16000元/平方米，更让他痛不欲生的是，投入股市的30万元已经缩水到10万元。

真可谓，几多荒唐言，一把辛酸泪。

来看看大宋朝的"限购令"

房子是用来住的。但大家没听到下半句，前提是你住得起。

当年谢国忠唱空楼市，许多人因此没有买房，后来房价暴涨，信他的人悔恨交加，扬言要找他算账，吓得他再也不敢出门演讲，基本上销声匿迹了。可怜的谢博士，按照他自己的判断，估计自己在上海也没买房，现在不知在哪里租房住呢。春雨绵绵的夜晚，他会不会还有吟诗唱词的雅兴？这词倒是很应景啊——帘外雨潺潺，春意阑珊。罗衾不耐五更寒。梦里不知身是客，一晌贪欢。

不管耳光如何响亮，但是，并不会阻止专家们前仆后继地预测楼市，积极为楼市献计献策。

这不，连日本人也来操中国楼市的心。野村控股株式会社会长古贺信行认为，中国一线城市房价已经超过八十年代末地产泡沫时代的东京了。很多城市出台了调控政策，但对于普通中国人来说，虽然这个房价有所回落，但是依然是高不可攀的。

他表示，中国房价上涨的根本原因在于是地价的上涨，地方政府是非常乐于来维持高地价的。他建议赋予农民对土地的所有权，让农民可以直接把土地拿到市场进行交易。同时发展公租房，进一步分散人口。

清华大学中国与世界经济研究中心主任李稻葵表示，房地产市场需要一个长期、有效的基础性机制。但截至目前，只是采取了调控手段，如限购或调整对二套房、三套房的信贷政策，这并非治本之策。国际经验表明，房地产的"根"是土地财政。地方政府控制土地，通过卖地或开发来获得收入。但在此过程，要明确地方政府需留出足够土地财政收入，用以购置或控制一批房源，用较为平价的价格进行长期出租，支持本地经济发展。

从土地财政来看，李稻葵认为，地方政府一方面控制了土地财政，另一方面却不持有和管理自己的房产，因此房地产问题不能得到解决。重庆模式是一个很好的探索，但它只做了一部分，政府只是在土地供给方面"随行就市"，用土地供给的多寡来控制土地价格。这还不够，地方政府还必须再持有相当一部分房产。

这个政策建议的核心意思就是：房价太贵，如何过上体面的生活？居者有其屋，但并非一定要自己拥有其产权。所以，古贺信行与李稻葵主张政府应该自持一定数量的物业，租给低收入者居住。香港人60%就是住在公屋里的，他们的幸福指数比房奴高多了。

值得庆幸的是，日本人与李教授的公租屋建议穿越整整1000年的时光隧道，竟然被宋朝采纳了。

宋朝政府是历代少见的商业驱动型政府，眼看着房地产市场如此有利可图，也积极投身进去，在都城与各州设立"店宅务"，专门经营官地与公屋的租赁。天禧元年（1017年），汴京店宅务辖下有23300间公租屋；天圣三年，京师公租屋的数目又增加到26100间。

宋政府设"店宅务"经营公租屋，目的有三：一是分割房屋租赁市场的利润，以增加财政收入；二是将公租屋的租金设为专项基金，用于维持当地的公益事业；三是为城市的中低收入者提供基本住房。

相对于私人放租的"豪宅"，"店宅务"的房租比较低廉，天禧元年开封府一间公租屋，每月租金约为500文；到了天圣三年（1025年），在物价略有上涨的情况下，租金反而降为每间每月430文。当年一名摆摊做小买卖的"走鬼"，月收入约有3000文，每月付500文钱的房租，还是绰绰有余的。

房子不仅是开发商与政府的摇钱树，更是居民生存于社会必不可少的容身之所，因此，宋政府也不敢放任房价一再飙升，当时采用了不少调控措施干预楼市。甚至，不惜祭出大杀器——"限购"。

宋真宗咸平年间，朝廷申明一条禁约："禁内外臣市官田宅。"即不准中央及地方官员购买政府出让的公屋，希望将申购公屋的机会留给一般平民。

宋仁宗天圣七年（1029年），宋政府又出台"第二套房限购"政策："诏现任近臣除所居外，无得于京师置屋。"现任高官除了正在居住的房产之外，禁止在京师购置第二套房。

由于两宋时期大城市的房屋自住率不高，租房一族数目庞大，宋政府将房市调控的重点放在房屋租赁价格上，时常发布法令蠲免或减免房租，如大中祥符五年（1012年）正月，"诏：以雪寒，店宅务赁屋者，免僦钱三日"。这个宋政府想得真是周到，下场大雪，立马就给租房的平民减免三天租金。你说自己减租金也就算了，为了平抑房租，宋政府也会要求私人出租的房屋与公屋一起减免租金，如北宋至和元年二月，仁宗"诏天下州县自今遇大雨雪，委长吏详酌放官私房钱三日，岁毋得过三次"。

有好事者撰文分析，人生何以不快乐，只因未读苏东坡。当年苏东坡也嫌楼市泡沫严重而错过了在帝都买房的最好时机，结果做了一辈子无房户，可见1000年来，古今中外楼市幽灵都是不可捉摸的。但是，与现今焦躁不安的无房户相比，东坡先生倒是颇为淡定，城乡接合部私自搭建了几间没有产权的宅基地房，就高兴得手舞足蹈，又是喝酒又是写诗，此等境界，高了现代人不止千年啊。他化帝都楼市暴涨的悲痛为食欲，乐观开朗，在出租屋里读书作赋，闲暇时间就潜心研制东坡肘子、东坡肉的独特配方，纵使命运多舛，动辄被流放千里，但人家硬是做到了锅里有肉，手中有书，把苦日子都过成了节日。

牛刀被鸡杀了

关于房地产泡沫对实体经济的影响，十多年一直争论不休。甚至有人发出了到底是地产兴邦实业误国还是地产误国实业兴邦的诘问。

在过去十多年的楼市江湖中，伴随着"涨价"与"调控"的博弈，一批高喊"房价必跌"和认定"房价必涨"的专家在房价不断膨胀的年代不断涌现，他们的角色是开发商、经济学家、投资机构甚至普通炒房者，他们一谈到楼市就口若悬河头头是道，专业派头十足。就是这帮人掌握了房价的话语权，他们对楼市或追捧或批判的看法总是一呼百应，此外，他们拥有一大批以普通购房者为主的粉丝。

然而，在一轮又一轮"专家"们的论战和赌局中，那些信奉专家而未能踏准房价节奏的购房者，却成为楼市起伏中真正的输家。

房价俨然变成了一个全民参与的赌博游戏，在各种关于楼市的争吵中，值得回味一下的是徐滇庆教授与网红牛刀的对赌。

本来嘛，杀鸡焉用牛刀？一个大咖级的教授，哪里用得着跟一屌丝级网红赌啥楼市涨跌啊？

结果，房形幽灵暗中捣鬼，不仅让赌局发生了，而且，还鬼使神差地让那把真正的"牛刀"被"鸡"杀了，由于找不到原因，所以，只得把它归结于灵异事件。

徐教授看涨，死空头牛刀当然赌跌了。这个荒谬的赌局，现在看来，真是输得光荣，赢得可笑。

当年那件大众极为关注的深圳房价打赌事件，因为北大教授徐滇庆的突然道歉而发生戏剧性的转变。徐滇庆当时郑重道歉：目前深圳房价确实在下跌，将刊登整版文章向深圳市民致歉，道歉信已经发给媒体。他的这一表态让舆论感到非常意外。

徐教授作为学者，勇于认错的精神还是值得肯定的，关注民生的态度也值得人们赞赏。徐教授坦言："我错就错在简单地预测房价，这样做很容易让人搞成娱乐新闻，有可能忽略了房地产市场急需解决的根本问题"。在徐滇庆看来，盘踞在中国的热钱可能带来的金融风险比打赌房价更需要关注。虽然房价走低，但是要防范热钱炒作导致房价暴涨。现在看来，这不是真知灼见吗？而当年，徐教授还为他的远见道歉了。人间悲剧呀！

而当年赌赢了徐教授的死空头牛刀，竟然是这样豪气冲天地解释他是如何打败徐教授赢得赌局的：2010年9月26日，是深圳特区30周年纪念日，网友们又把我评为"深圳特区30年10大最受争议的人物"之一，在投票区提及的主要是2008年的那场关于房价的赌局。现在，时过境迁，我觉得有必要公布当时我为什么会获胜的几个关键点，这是两年来无论多少记者向我追问我都没有回答的问题。

在当时，无论徐教授多么高明，但是，他都不熟悉深圳。而我们身在深圳的人，几乎对深圳或多或少都有一些爱恨交加。俗话说，爱之越深，恨之越切。所以，深圳报业集团的同仁不管性格如何，大多奋勇献身自己的职业。我在这样的环境中工作了5年，研究房地产市场的变化，就成了我多年的积累。我想也能给现在的买房人一些判断价格趋势的指引。

当然，我最后确认房价一年会下降的主要因素还是市场的因素，并因此回应了徐教授。现在想来，寻找房价涨跌的临界点的方法是正确的，所以，尽管没有过多的研究政策和货币的变化，也没有影响我们的判断。

深圳未来房价整体下降的趋势已经明朗，只有降价增大销量，才能延缓泡沫破灭的时间……

这就是当年那把牛刀的获胜感言，看来，当年不仅他自己，就连深圳人民都公认牛刀是靠水平赢了徐教授的。

"有生之年"一语成谶

伴随着楼市的再次上涨，地产界大佬任志强的那句"在我的有生之年看不到房价下跌"刷爆大小媒体，也引发了大爷我对任大嘴健康状况的担心，希望大嘴的有生之年不要太短，房地产老板们可都需要你呀！

不就是赌个大小嘛，赌注整个"道歉"、"裸奔"、"一个亿"都无所谓，但是，不要轻易拿自己的"有生之年"打赌，这个赌得有点大，搞不好会出人命的哟！

万一有个三长两短的，亲人和朋友会认为您是被楼市给气死的。楼市已经背负了太多的骂名，就别再让它欠上血债了！

2002年元旦，清华大学管理学院教授魏杰接受中央电视台专访——《2002，房地产的冬天》的访谈开启了绵延十余年的"中国房价预测史"大幕。访谈中，魏杰认为"2002年将是中国房地产业的冬天"。他以生命做赌："如果楼市不崩盘，我就去跳楼。"一年后的数据显示，2002年，全国商品房平均销售价格同比增长2.9%。实际形势与他的预测相左。

当年打赌楼市不跌自己就去跳楼的魏教授昨天还在写长文继续预测中国经济走势，看起来身体还挺硬朗，完全看不出十多年前跳过楼的样子，看来大家都白替他担心了。其实大家可能都误解了魏教授，他确实说过楼市不崩盘就去跳楼，可是，请注意，魏教授只说跳楼，并没有说是从楼上往下跳还是从楼下往上跳，他也可以选择说话算数的，就是去楼梯间从一楼跳到二楼，这样既毫

发未损又表现出了愿赌服输的君子风度，真是两全其美了。

　　在2016年美国总统大选打得火热之际，许多谣言和预测一度被掀了出来，就在大选前夕，美国社交媒体上开始流传着一张美国前司法部长珍妮特·雷诺的照片，照片上附着一句话，"唐纳德·特朗普在我有生之年绝不可能当选总统"。据美媒报道，当地时间2016年11月7日早上，这位美国首位女性司法部长因患帕金森引起并发症，在佛罗里达州迈阿密的家中过世，享年78岁。一天之后，川普赢得了美国大选。

　　还记得资本市场大佬君安前总裁杨骏当年被问及对股市的看法，他竟然说在自己的有生之年是见不到沪指3000点了，外界普遍认为杨总对股市是极度悲观的，结果是，2009年6月22日下午，杨骏因肝癌去世了，终年44岁，他的"有生之年"短暂得令人扼腕。消息传出，大家才恍然大悟他说那话的真实想法。果然，他真的就没有见到半年后股市冲过3000点的一幕。

　　也许是被"房形幽灵"伤害太深，有位网友竟然总结出了人生三大臆想：

国足会赢、房价会跌、股市会涨。真是世事无绝对啊,有一种黑天鹅叫"正向黑天鹅",比如买彩票中了头奖,再比如,上周,国足真的就赢了韩国队,还有就是,A股上周也开始涨了!恍惚之间,人生三大臆想就落实了三分之二,惹得屌丝们开始改变信仰,仿佛又找回了人生的意义。

可是,就算房价真的跌了,三大臆想全都落地,人生就真的从此圆满了吗?

是真的吗？
每一个天真无脑的日子都是愚人节

高送转以前都是新年行情的神器，神器一出，啪啪打板，简直屡试不爽。为了感谢股民朋友长期的默默奉献，给股民实实在在的回报，许多公司每年都照例祭出神器，遗憾的是，使了这么多年，狼牙棒都磨成搅屎棍了，终于很不好使了。

你今天被人捉弄了吗？朋友们在微信上一边开玩笑捉弄人，又一边不断提醒大家，今天是愚人节，小心上当受骗哦。

我回答说，岂止今天？感觉每一天都是愚人节的节奏，没事，习惯了就好。佛说，只要心中无坑，人间处处皆是坦途。所以，别手软，尽情忽悠吧！

本来这个愚人节跟咱中华儿女没有半毛钱关系，它是从19世纪开始在西方兴起流行的民间节日，而且，也从未被任何国家认定为法定节日。但是，由于在这一天，人们可以名正言顺地以各种方式互相欺骗和捉弄，往往在玩笑的最后才揭穿并宣告捉弄对象为愚人，这等于给平时心里藏着小鬼的人找到了一个释放的出口。于是，舶来品被洋为中用，毕竟傻子也有快乐的权利，需要为他们打造一个专属节日。

10送20也跌停，是真的吗？

以前，只要市场传言某上市公司可能会有高送转预案，那还得了，管他真假，先来几个涨停板再说。把上市送转股当作重大利好的股市，恐怕也只有咱大A股了，成熟股市一般只会把现金分红当作利好，香港股市把10股送20股或者公积金10股转增20股这事称为"拆股"，就跟开了一次股东会一样稀松平常，哪有什么利好？

任你苦口婆心地跟他说，这个不是利好，不要瞎炒了。把你自己一张100元钞票换成2张50元的给你，就是10送10，换成5张20元的，就是10送40，换成10元一张的就是10送90，你还是100元钱，无非是一张毛爷爷变成了一堆工农兵，没多出一分钱来。

但是，股民说你骗我，明明多出好多钱来，你说没便宜占？再说了，我们散户就是爱"散纸"，你要咋的？确实，没话说，市场会教育你的。

20年过去了，市场不仅没教育这些爱"散纸"的散户，相反，她用所谓的"填权行情"不断地表扬、鼓励、奖赏这些股民。

直到2017年，高送转股画风逆转，过去的暴涨竟然演变成了暴跌，一时间让人无所适从。

特别是，高送转夹杂着股东减持这个愚人节小鬼，玩笑就开得有点大了，最终成为A股的一个敏感词。

昔日科网概念领军人物网宿科技发布的公告当中，"高送转"和"实际控制人减持"就是手挽手肩并肩同时出现在舞台上的，他们举手投足之间尽显俏皮甜美，默契得像一对好基友。

2017年3月中旬，网宿科技送转方案出炉，向全体股东每10股派发现金股利2.5元人民币；同时以资本公积金向全体股东每10股转增20股。同时，公司实际控制人陈宝珍将在3月17日至9月13日期间，拟通过大宗交易减持500万股。

程大爷一向认为，股东减持只要合法合规，也无可指责，问题就在于，减持就减持，你又何必同时跑出来说，大家别怕，公司业绩下滑，我还要卖点股票给你们，为了弥补你们的损失，我决定帮你们换"散纸"，100元大钞全部换成20元的，你们赚大发了！

大概春节刚过，大家都不需要换"散纸"来封利是，于是，响应者寥寥。在一季度业绩下滑加上实际控制人减持的共同作用下，尽管有高送转概念，公司股价仍然大幅下挫。

网宿科技换散纸的好事搞砸了，结果导致其他高送转概念股遭遇血洗，许多高送转股动不动就往跌停板上躺，全然不考虑老板的面子与公司的形象。莱美药业10送26，跌停；劲胜精密10送30，跌停；秀强股份10送22，跌停……连

2016年底高送转概念龙头财信发展为了跟兄弟们同甘共苦，也毅然躺到跌停板上等待救援。

高送转以前都是新年行情的神器，神器一出，啪啪打板，简直屡试不爽。为了感谢股民朋友长期的默默奉献，给股民实实在在的回报，许多公司每年都照例祭出神器，遗憾的是，使了这么多年，狼牙棒都磨成搅屎棍了，终于很不好使了。

不是我不明白，是市场变化快，以前的超级利好，现在的超级大坑，那些还在追"高送转"的股民，恐怕将会血本无归，有鉴于此，明白人告诫，若还有高送转的公告，记得立刻卖出该公司股票。

其实这么多年来，有良知的媒体就在不断揭露高送转背后的阴谋，向散户提示炒作高送转概念股的巨大风险，可惜听进去的人不多。高送转本质上不是利好，只是把股数变多股价变少的数字游戏，尤其在今年通过高送转来达到减持目的的上市公司特别多，往年高送转有10送20股已经是逆天，而今年高送转10送10已经算起步，10送20的多如牛毛。

研究这段时间的高送转会发现，推出"高送转"的往往是去年股灾前被拉得很高的个股，甚至是基本没跌的个股。还有就是次新股和新股，新股高送转也是为了让股民接盘，究其原因，还是股价过高，需要通过高送转把股价做低，好让散户能顺利接盘。

高送转后往往是股东减持的开始。神州长城在2017年2月中旬公布10转28的高送转预案，第二天控股股东就以49.61元的均价减持了该公司120万股。随后，该公司在回复深交所关注函中披露其控股股东方面未来6个月还将减持3059.6万股，占总股数量的6.85%，套现16亿元。傻子也看明白了，这招高送转简直就是扒皮吸血的手法。同样的手法，东方电热也运用娴熟，它公布了10送18的高送转后，急不可耐地减持了430万股。

可见，现在A股的高送转不仅没有任何利好，而且它就是一个骗局。韭菜们总是老得太早却聪明得太迟，理解这个浅显的道理，竟然耗去了20年的光阴。

股民老张发来微信：真是搞不懂啊，看来A股市场傻子太多了，好不容易盼来高送转了，大家却都抢着跑路！你看看，每10股平白无故地多得20股，相当于超市搞促销时买100送200、买1只鸡送2只鸡、买10个甜麦圈送20个甜麦圈，这不是一个月才遇得上一次的得便宜的机会吗？怎么大家一夜之间提高了觉悟，都哭着喊着要把便宜让给别人呢？

重大利好来了，以往至少三个涨板，现在还跌停板，这不可能，这不科学！

大爷我只好回复：老张，早点睡吧，还有更优惠的呢！刚才在电梯里听隔壁王大爷说，明早有两个特别划算的捡便宜的机会，你一定要早起去排队。一是百佳超市特惠活动，买1只鸡送10个鸡蛋；二是万科推出全新楼盘，买1套房送100个鸡蛋，名额有限，先到先得！

2元股1小时跌9成，是真的吗？

记忆中A股市场出现2元股的那个年代，有点遥远了，遥远得模糊不清，恍如隔世。

不过，与深交所一河之隔的港交所，却是超低价股票的聚散地，不要说2元股，就是2毛、2分股票也是成堆成捆的。尽管它们大多数时候无人问津，但是，它们都有一个非常吸引人的名字：仙股！

在A股混久了，去港股溜达一圈，简直就像大妈们跳完舞广场后一头扎进即将打烊的永旺超市，满眼尽是5毛钱2张的葱花饼、1元钱10只的菜肉煎饺、2元一打的鸡蛋，感觉就像不要钱白捡似的。

所以，港股通开通之后，看惯了百元千元股的南下股民们，一看见仙股就像见到了亲人，无限感叹，原来这个世界上竟然还真的有几毛几分的股票啊！

什么？辉山乳业每股2元多？而且还是港币，而同样是生产牛奶的伊利股份在A股股价接近20元，还是人民币！相当于用买一股伊利的钱可以买到10股的辉山，按照"有便宜不占等于吃亏"的处世哲学，那就得赶紧下手，买！

其实，2016年底，美国知名做空机构浑水（Muddy Waters Research）经过一番调查，认为辉山股价连2块钱都不值。这个惯于"浑水摸鱼"的美国公司在报告中将辉山乳业直呼为"骗子",称该公司至少从2014年开始发布虚假财务报表、夸大其资产价值及负债颇多,因此,该公司估值实际接近零。2016年的12月16日和19日,浑水接连发布了两篇做空辉山乳业的报告,导致辉山一度紧急停牌,当日股价倒是基本稳定,只是轻微下跌2%至2.75港元。

尽管以狙击和做空问题中概股为目标的浑水调查公司不是一个令人愉悦的名字,但是,它的影响力还是绝对不容小觑。

甫一出道,这家伙就凶相毕露,先后咬伤了4家在北美上市的中国公司——东方纸业、绿诺科技、多元环球水务和中国高速传媒,这四家在中国经营的民企因这浑水公司的"乱咬"导致股价大跌,分别被交易所停牌或摘牌。

接着,浑水又狙击了嘉汉林业和分众传媒。受其攻击的公司大部分股价均出现大幅下跌,浑水及相关利益公司靠"恶意做空"获益匪浅。浑水在调查造假公司方面可谓驾轻就熟,多次狙击成功,令中国概念股颜面尽失。

股价都已经跌到2块多钱了,浑水还说辉山乳业一钱不值,鬼才相信呢!反正从我大A股雄赳赳气昂昂跨过深圳河的南下股民是不相信的,他们不是不相信浑水,而是不相信2块多钱的股价还会跌到哪儿去!你看看A股,有哪家造假的上市公司股价会跌到2元的?

让南下股民们更加不相信2元股还会大跌的另一个积极信号出现了,那就是各大银行都对浑水的报告嗤之以鼻,坚定不移地继续贷款给辉山。

最神奇的是,3个月前浑水就做空了辉山乳业,但3个月后辉山的股价才崩盘。这3个月时间里,南下股民不仅没有清仓辉山乳业,反而纷纷跑步进场。港交所数据显示,港股通所持有的辉山乳业持股比例从3月17日的6.58%增加到3月24日的7.23%!

不幸的是,魔咒般的墨菲定律过了3个月就显灵了,凡事可能发生就一定会发生,就像辉山2块钱股价还要大跌一样。

猝不及防,在港交所上市接近第四年的辉山乳业,3月24日的股价突现断崖式暴跌,盘中跌幅最高逾90%,从2.81港元跌至最低0.25港元,一小时内暴跌85%,市值蒸发超过320亿港元,创造港股历史最大悲剧!更悲剧的是,没有跌停板的港股,跑都跑不了。

这一闪崩之后，国内投资界惊呼，为什么浑水做空的成功率如此之高？抛开我们对美帝的新仇旧恨就会发现，浑水总能摸到鱼，原因无非就是两点：

一是许多中概股本身就存在这样那样的问题。这些问题在A股市场可能习以为常、见怪不怪，但是，海外市场有一套很成熟的制衡机制，严格推行优胜劣汰的生态系统。

二是浑水在攻击一家上市公司前会做大量研究。根据统计数据，浑水发表的质疑报告中篇幅最短的有21页，最长的达80页。做空就是要找到企业的财务、经营造假证据，裂缝一经发现，即可成为做空的理由。

浑水的整套调研体系分为两个相互渗透的方式，即查阅资料和实地调研，调查内容涉及公司及关联方、供应商、客户、竞争对手、行业专家等各个方面。

苍蝇不叮无缝的鸡蛋，作为狙击者，只有发现了漏洞，才能狙击成功。此外，浑水与索罗斯这类善于从混乱中觉察机会的投机者，也有其存在的意义，他们的狙击行为客观上起到了保持金融生态系统趋向均衡的积极作用。

作为南下"干部"，股民老王发来微信激愤指出：此事疑点太多，完全不可信。

第一，一小时就跌掉85%？我们一定是买到了假的股票，因为众所周知，股票一天最多只能跌掉10%，香港是中国的一部分，怎么能不按中国的规矩来？

第二，辉山乳业股价本来就只有2块多钱，再怎么没有投资价值，也不可能跌到几毛钱吧？看看A股市场，据说多少年的ST公司，股价基本上都是10元以上，连造假退市第一股欣泰电气辞别A股市场时都是3块多的股价，所以，我断定它就是被错杀的，复牌后肯定恢复性上涨到2块以上。

第三，那个浑水摸鱼的家伙在哪里？肯定是美帝亡我之心不死，嫉妒我们改革开放的伟大成果，害怕我们崛起之后威胁到他们一手遮天的格局，所以，恶意唱空做空中国，我们要去抗议，要去抵制浑货！

我的回复是：我可以负责任地告诉你，正是因为有很多像你这样的正义之士，浑水没有勇气来A股兴风作浪，他来了等于浑水流进了海水，有来无回，

泡都不可能冒一个，所以，国内没有浑货。

　　浑水公司官方网站上面并未披露公司的办公地址、联系电话等相关信息。但该公司在香港办事处的注册地址位于九龙尖沙咀柯士甸道122号丽斯广场19层D室，你可以选择去美国抗议、抵制它，也可以去香港办事处试试。

海归不借壳了，是真的吗？

　　王子准备结婚了，新娘不是我，咋办？有几家上市公司股价主动选择去跳楼。

　　A股总有那么一群把自己的毕生精力都献给用推背图猜测借壳的伟大事业的股民，也总有那么一批灵魂出窍徒留空壳并且朝思暮想坐等借壳恩客上门的上市公司。

　　这两类人互为因果，如同一根绳子上的蚂蚱。

从暗恋到放电，再到自诩为王子的绯闻女友，虽说是剃头担子一头热，但是，管他真假，先炒一把。

一个在美上市的奇虎360要回归A股，立马就有几十个上市公司被认定为绯闻女友，甚至股票代码后三位数为360的上市公司，闻风而动，股价被炒得冒烟。

2016年3月27日，天津证监局官网披露了"三六零科技股份有限公司首次公开发行股票并上市接受辅导公告"。该公告显示，华泰联合于3月23日与三六零科技股份有限公司签订首次公开发行并上市辅导协议，这也意味着，曾经闹着沸沸扬扬通过借壳回归的360正式决定通过"正门"打通A股之路，即IPO。以往因为360要借壳回归而掀起的猜壳大战终于可以休矣。顺应形势，王子最终决定迎娶他那门当户对的表妹，在陌村陌巷中翘首盼望的绯闻女友们，都散了吧！

其实，随着监管层对借壳的重拳出击，以往打算借壳的大块头差不多都选择了IPO，比如拉卡拉、万达、恒大等。

不可思议的事情发生了，360决定直接IPO的消息传来，借壳绯闻股开盘竟然是普遍上涨的，大家显然误解了IPO，以为360要回A股，会借个壳IPO，没多久，也不知是哪位有识之士喊话，绯闻女友们，你们表错情了，于是，我看见一个名叫中葡股份的菇凉从满脸绯红秒变翠绿，随即跌停板，跟演宫廷剧似的。第二天，中葡菇凉继续躺在跌停板上，起不来呢。

股民老韦看到这个新闻之后急切地发微信问程大爷：奇虎360A股上市听说要由华泰联合来做，请问最后定下来借哪个壳？

都直接IPO了，满市场猜壳的人还不死心呀？我不禁哑然失笑，开玩笑回复他说：你的脑壳！这个是内幕信息，一般人我都不告诉他！哈哈。

没想到的是，过了好一会儿，股民老韦又发来微信：我的拼音不标准，查不到这个股票名称，请问这个股票的代码是多少？

太有才了，我想起了"诗和远方"与"石化油服"之间那暧昧迷离的男女关系。

看来，股市真是一个毁人不倦的大学堂啊！

其实也不只是股市，只要多开车出去跑跑，你没准就有机会爆次车胎。

今天上午大爷我开车去市郊的一家精神病院看朋友，刚进院门车胎爆了，我取出工具卸下破车胎，谁知一不小心竟然把车胎上的螺丝弄掉进下水道了。我满脸懊悔地站在那儿不知如何是好，这时候，一个精神病人路过，看了看车，又看了看我，非常镇定地说："你把其他3个轮胎上的螺丝各拔一个下来装到备用胎上，然后慢慢开到市区找家店修不就得了？"噢，真是个好主意，我又惊又喜地谢了他，不过，还是没忍住好奇心："你这么聪明，怎么会来精神病院住院呢？"病人说："我是因为炒股炒到精神有问题，不是笨好吧！"

一场人与机器的虐恋

事实证明，人类在自己所处的"井"里，始终还是"中心"。现在去忧虑机器人会不会控制人类，就像担心火星上会塞车一样，还是有一点儿早吧？

今年清明节回到故乡，看到河堤与河滩上长得跟地毯一样的紫云英、苦菜花，还有各种鲜嫩得可以掐出水来的野草，我忽然想起从前那遍及村里村外的牛群们，它们在哪儿呢？它们都还好吗？为何不来吃草？

去田畈里转了一大圈，正值春耕时节，却连一头耕牛也没看到，取而代之的是零零星星散落在水田中的拖拉机。

三十年以前，耕牛可是农民最宝贵的财富，那个时候的春天，随处可见头戴斗笠身穿蓑衣的农民，他们的标配是肩上扛着犁手上牵着牛，跌跌撞撞地走在清明的霏霏细雨中。

有一天，村里出现了第一辆拖拉机，乡亲们亲昵地称它"铁牛"，看见开铁牛的堂哥老黑那神气活现的样子，我果断地立下了人生的第一个远大目标——长大了当一位拖拉机手！遗憾的是，我儿时的这个理想因为一场高考而被耽搁了，结果是我离开了农村。现在想来，自己开着铁牛、屁股后面跟着一大群兴高采烈的孩子们的画面，还是挺拉风的。

其实，那群牛消失好多年了。春耕时节，人们听到的不再是牛群的哞哞叫唤，牛铃叮当作响，而是铁牛的轰鸣声，当然，从前的农忙季节也消失了，由于机器的效率不知道高出人力多少倍，农村也不需要那么多劳力了。

剩下来的几头牛，已经不再叫作耕牛，他们的新名字叫作肉牛，他们不需要耕地，仅仅作为一道风景存在着，提示我们正在消失的传统耕种方式。

这三十年来，消失掉的岂止是耕牛？至少还有如少年程大爷那样的放牛娃啊。

随着科技的进步，正在消失，或者即将消失的事物，真是不胜枚举。

当机器横行，人的位置在哪儿？

叔本华说："每个人都将自身所感知的范围当作世界的范围。"哲人本意是揶揄人类的局限，不经意却说出了一个永恒的"真理"——相对未知的世界，我们知道的部分如此之少，以至于人人都是井底之蛙，唯一的差别只在于你待在不同的井里。

近几年来，在财富管理这个本来就不平静的"井里"，突然跳入了一种完全陌生的"蛙"——智能投顾，他们来自井外的世界，力大无穷，上蹿下跳，左冲右突，搅乱了一井浑水。

假如你是一名金融从业人员，你所感知的世界正变得越来越令人沮丧，尽管人工智能带来的改变早就开始了，但是，之前还是"温水煮青蛙"，感觉不到危机来临，现在水温发烫了。

由于人工智能的强势碾压，不用说低学历的普通金融民工，就算那些高学历的精英们，也会开始担心自己的工作将会被机器取代。这些一直被称为"金领"的职业，风光不再，甚至风雨飘摇。

美国发明家兼预言学家雷·库兹韦尔在2005年出版的《奇点临近》一书中预言在2029年，一台计算机规模的设备能够超越人类的智力水平；而在2045年，一些软件将能够对所有人的复杂思维过程进行综合分析。到那时，人工智能最终可能超过人脑的复杂性。

当年他的"奇点临近"理论引起了轩然大波，媒体和科学界为此争论不休。

现在看来，不仅那些关于奇点临近是否过于荒谬的争论可以休矣，事实上，库兹韦尔的预言实在是过于保守，仅仅过去了11年，距离2029年还差了13年，距离2045年还差29年之久，一台由谷歌研制的智能机器棋手——阿尔法狗通过深度学习，竟然击败了全世界所有的围棋高手，人类在极度震惊之余不禁感叹，人工智能反客为主，超越人类的时代提前到来了。

开始有人将机器人称为硅基人类，而拥有肉身的生物人被称为碳基人类，硅基人类在智力上显著超越碳基人类，人类在智慧上的公平感被谋杀了。

过往，人工智能一直以来都是作为财富管理者的工具而存在，是人类控制他，而不是他反过来控制人类，比如原子弹再强大，它也只是人类的奴隶，它没有思想，不会学习，更不会有灵魂，只要人类不触动它，它就会永远在黑盒子里待着。

但是，人工智能发展到一定的临界点，他就有可能超越人类，他就会有思想，会学习，或许，他还真的有灵魂了。

这个临界点就是奇点。奇点一词来源于数学的 $Y=1/X$ 函数曲线上 $X=0$ 的点，这个点应该是数学的禁区，因此给人无限遐想。奇点或许正是科学与人文的交融之点。

库兹韦尔从触动物种的遗传、复制物质的纳米和改变智慧与灵魂的机器这三门可敬可畏的学问出发，预言了人工智能对人类的超越，确实是一种科学的先知先觉。

奇点主义已经成为一种思潮，在世界范围内具有广泛影响，人们从哲学、科学、技术、艺术等各个方面构建奇点。

诗人穆列尔·鲁凯泽写下一段火花四溅的诗句：宇宙是由故事而非由原子构成的。一个故事可以被视为有意义的信息模式，所以我们可以基于这种观点来理解穆列尔·鲁凯泽的诗句，然后读懂人机文明命运的故事，这个命运便是先知所说的奇点。

作为财富管理这口"井"里的井底之蛙，我思考的是跳进来的那些井外来"蛙"，他会一直对我言听计从、俯首帖耳、友好合作吗？我担心，迟早会有那么一天，他会对我发号施令，动不动还会恶语相向，甚至把我赶出去，然后占据我们长期视为饭碗的这口老井，如果这样的结局是不可避免的，那它也会出现在奇点吗？

从人到机器，决策权是如何被转移的?

从原始社会的钻木取火开始，人类的进化史就是一部工具创新的历史。这一点在人类绞尽脑汁提高武器的杀伤力上表现得淋漓尽致。

从最初的拳脚功夫，人的天赋本钱就是自己的身体，武器只是自己的拳脚，所以，武器的杀伤力与人的作用浑然一体，人起决定性作用。

到冷兵器时代，宝刀快马的作用凸显，战斗力除了人，武器的力量占了一席之地。

到火器时代，枪炮的威力超越了人的拳脚与宝刀快马，杀伤力不再完全取决于武器后面的人。

到了导弹、航母、核武时代，武器的杀伤力与操控者的个人拳脚功夫没有半毛钱关系了，一个手无缚鸡之力的柔弱女兵，完全可以轻松驾驭大规模杀伤性武器的使用。

到了互联网与人工智能时代，武器的背后，已经不需要战士了，甚至于，冲锋陷阵的活儿，可以由机器人代劳。

一个清晰的线索是：战争已经不是人的决斗了，而是武器的对阵。

作为人类社会发展中的另一处杀戮战场——金融市场，同样在进行着武器杀伤力的提升。

最初的成功交易者用的也是天赋本钱——一副聪明的头脑。

随后，一个好汉三个帮，作为外部工具的各种专业人员出现了，图表、数据统计、资讯研究、更快捷的操盘手。

计算机出现后，交易与分析软件的开发与应用，交易变成了少数掌握先进武器的人对大多数傻子交易者的掠夺。

人工智能时代，收益的不平等短期看会加剧，长期看会趋于均衡。

本来是作为投顾工具的智能投顾，逐渐展现了它"吃人"的本性，他除了不会抽烟喝酒，其他都会。

有人危言耸听，作为工具的机器不仅会替代人类，而且，还有可能控制人类。你主宰，我崇拜，没有更好的办法？

按照李开复的看法，人工智能将会从两个方向"包抄"人类，一是对简单重复劳动的取代，导致大量蓝领工人的失业；二是对存在较为严重的信息不对称的"暗箱"行业进行参透，导致大量金领岗位失去存在价值。

前者已经成为现实，富士康已经在这么做了，特斯拉汽车的生产完全依赖机器人。

后者早已开始，比如交易所中广泛应用计算机自动撮合成交系统之后，100多年来活跃在交易厅内的交易员（即红马甲）就无法逃脱被取代的命运。人工智能最近几年呈加速度发展，对复杂脑力劳动者也产生了强烈冲击。AI技术在金融领域的深度应用，不仅会取代高智商人士的工作，比如金融产品的交易员、金融分析师，而且，由于算法交易大行其道，导致各种套利机会的消失，投机交易没有空间，搞不好会导致金融市场的流动性枯竭，这样的话，二级市场也就失去存在价值。

然而，乐天派突发奇想：机器人投顾的载体是硅质人类，他可以不费吹灰之力通过证券投资咨询业务的从业资格考试，但是，他不可能拥有大学本科毕业的学历，如何取得投顾执业资格？

所以，未来将不会如想象的那般悲观，碳质的肉身投顾与硅质的机器人投顾可以齐心协力、亲密合作，没准还可以成为一对财富管理领域中的好基友。

智能投顾如何升级为智神投顾

有句谚语说，如果马有投票权，世界上不会有汽车。

事实上，就算马有投票权，他们还是无法逃脱被汽车淘汰的命运。

在20世纪初那个马车时代，纽约市大约有20万匹马，相当于每17个市民就拥有一匹马。这些马后来都去哪儿了呢？当然是被淘汰了，马无可挽回地成为汽车的牺牲品。但是，马夫很快找到了新工作——汽车司机。

自动驾驶技术出现后，人们惊呼，马被汽车淘汰之后，未来"马夫"（司机）也将会被这种新技术所淘汰。

悲观者同样担心，人工投顾的未来，会像程大爷故乡那群注定会消失的耕

牛一样。

在《与机器竞赛》一书中,两位经济学家指出,以人工智能为代表的技术不但即将,而且正在导致大规模失业这个事实。

根据美国数据,技术进步减少就业这个事实是可以观察到的。

以技术为驱动的经济增长,受益人不是普通人。按照经济学家Ed Woff的计算,美国从1983年到2009年所增加的全部财富,都被只占20%的富人拿走了,而这还不够,他们还顺便拿走了一部分原本属于普通人的财富。

《与机器竞赛》指出了在与机器进行的这场比赛中,有三类赢家与输家。

第一,高技术工人是赢家,而低学历者是输家。但是,从目前人工智能发展的趋势来看,高技术已经不好定义了,许多高技术精英也将被机器取代,有位诺贝尔奖得主更是悲观地认为,在技术迅猛发展的今天,也许更多的高等教育已经意义不大。

第二,超级明星是赢家,第二名及其他所有人都是输家。

第三，资本是赢家，劳动者是输家。在劳动力市场上，资方的议价能力被显著增强。

所以说，你注视着深渊，深渊也注视着你。内心永远要怀有敬畏，今日你所恃傲之物，明日也许一钱不值。

回顾一下投资顾问这个职业的历史，你会发现，这么多年来，人类投顾的发展不仅起点低，而且服务水平提升的速度也很慢，感觉就像一群洗脚上田的农民当上了农技员一样。

其实，智能投顾与人工（自然人）投顾的工作原理大同小异，而且，表面看各有千秋，无非就是与客户建立联系——培养感情——获得信任。

例如，在深入了解客户这件工作上，机器的KYC（Know your customer）具有更强大的数据支持，他却不可能约客户喝早茶来加深感情。

再例如，MOT（Moment Of Truth）体系中，机器可以发现并把握与客户建立联系的更精确的"关键时刻"，但是，客户肯定不会乐意跟一个没有人性的家伙去打一场高尔夫球。

尽管如此，这仍然不足以构成自然人投顾高枕无忧的充分条件。

如何不被人工智能所取代？纵观中外志士仁人的讨论，结论大致可以用"此题无解"四字敷衍了事。

但是，程大爷不甘心如此，我相信人与机器之间的战争是可以和解的，所以，要努力找到答案。

智能投顾最有可能带给人工（自然人）投顾三大悬念：

第一，人工投顾完全不具有价值。

第二，人工投顾整体仍具有价值，但个人将不再具有价值。

第三，人工投顾与智能投顾融合成一个新物种——智神投顾（此概念为程大爷独创），具有无法比拟的巨大价值。

人们普遍认为，科学一直在纠正我们过分夸大自己的意义。斯蒂芬·杰伊·古尔德说："所有重要的科学技术革命的共性是：推翻了人们相信自己是宇宙中心的信仰，而后使人类放弃顽固的傲慢。"

但事实证明，人类在自己所处的"井"里，始终还是"中心"。现在去忧虑机器人会不会控制人类，就像担心火星上会塞车一样，还是有一点儿早吧？

我们有能力在大脑中创造模型来虚拟现实，凭借这种能力再加上一点前瞻性的思考，我们就足以迎来又一轮的进化：技术进化。这项进化使得物种进化的加速发展过程一直延续，使得"井"外的世界触手可及。

仔细想想，未来人类最不容易被机器超越的能力，大概就是爱的能力。

当人类已经无法升级自己的技术能力之后，可以升级自己的情感能力。机器可以学习人类的甜言蜜语，但是，他无法打动人心的原因正是他与人类属于不同物种，作为生物人的投资者，估计很难接受与硅质人类的情感纠葛。

你要问机器人会不会动感情，就像问潜水艇会不会游泳一样。

硬币的一面是，机器在交易中不受情绪的困扰，而人则会一辈子在跟恐惧与贪婪搏斗，而且绝大多数最终难免都会败下阵来。

硬币的另一面是，人类与机器的不同仅剩下情感了，如何利用这个差异？如何成为投资者的朋友，而不是工具，拼数据碳质投顾肯定没戏，但是，以情感动人，智能投顾同样没戏。

最好的投顾会是这样：他既有人类的情感，又有机器的智商，他是碳与硅的混合体，没错，他就是智神投顾。

是时候得出结论了。所谓智神投顾，就是赋予智能投顾以人文精神，他是人工（自然人）投顾与智能投顾的融合，而非替代。

一旦智神投顾时代来临，财富管理的基本法则将会发生这样的变化：

第一，情感比专业重要。

第二，态度比聪明重要。

第三，有趣比正确重要。

第四，友谊比收益重要。

股票二级市场会消失吗

资源自动优化配置了，市场成为有效市场，机器交易者是完全理性人，价格发现没有盲区，交易过程离开黑匣子，信息完全对称……那么，这样的未来，股票二级市场还需要吗？期货市场还有存在价值吗？外汇市场怎么玩下去了？

自从辉山乳业与中国金控股价接连在香港股市出现超过80%的狂泻之后，"闪崩"一词开始走红网络，成为一个让股民心惊肉跳的热词，与之相对应的是另一个让人血脉贲张的词汇——"秒停"。

清明节后归来，雄安概念横空出世，A股市场，举目皆是秒停，所以，闪崩就变得不那么容易让人心平气和了。尤其是那些从来没见过它秒停过的大象们，忽然出人意料地闪崩了一下，哪怕是几秒钟就爬起来了，也会被当作一件充满玄机的事件被大肆渲染，就像当年撒切尔夫人在中英谈判时从会场的台阶上摔了一跤那样意味深长。

对于上周平安与兴业股价的闪崩，当天交易所只说是某券商资管产品瞬间大单抛售造成的，结果是满世界都在猜某券商是谁，然后又是满全世界的券商辟谣，都说我没干。好在冤有头债有主，昨晚在交易所披露之后，某券商认了，可惜口齿不清，反正我是没听懂的。

那么，具体是谁下的交易指令？为何要这样去执行指令？程大爷检视了一番当时的成交情况，得出的初步结论是（纯属娱乐哦）：

交易员失恋了，她知道前男友重仓平安与兴业……为了给那个花心大萝卜一点教训，也好让他承诺给新欢的保时捷泡汤，她毅然在接到的卖出交易指令的数字后边多加了5个0……

至于"她"的名字与身世，容许大爷我先卖个关子，文末再交代。

人与机器还能一起玩耍吗？

如果不是因为阿尔法狗，我想我不会知道世界围棋第一高手是一个名叫柯洁的年轻人，也不会关注人狗恩怨未了的游戏。因为，我不会下围棋。

其实，阿尔法狗也不会下围棋的，但是，他横扫了当今全世界的围棋高手，我看到了自己成为一个围棋高手的潜在可能性。我只需要一个机器人助手，让他跟着阿尔法狗混几天，估计"秒停"到九段水平不是难事。

一朝被狗咬，一年意难平。这不，人狗之争，又要开盘。

上周，中国围棋协会和浙江省体育局携手谷歌共同宣布，三方联合主办"中国乌镇·围棋峰会"，届时"阿尔法狗"（AlphaGo）将再度与最顶尖人类棋手柯洁对弈。

在我们这个星球上，围棋和汽车都是人类的发明，而今要迎来机器人"新人类"，围棋机器人和轮式机器人正发展成为人类的伙伴，它们有智慧、有个性、有行为能力，甚至还有情感，机器人给人类带来的影响将远远超过计算机和互联网在过去几十年间已经对世界造成的改变。人类的发展史，就是人类学会运用工具、制造工具和发明机器的历史，机器使人类变得更强大。科技从不停步，人类永不满足，但是，越临近奇点，对机器超越人类之后的人机关系就会变得越来越充满了疑惑。

如果人类文明未来无可选择地进入人机共处的新纪元，那么，这个文明进化的路径会走一个三部曲：

第一，人支配机器。机器是人类的奴隶，他对人类言听计从，俯首帖耳。

第二，人机共处。机器有了学习能力，学会了思考，人与机器之间还处在相互较劲的时期，人机对抗随处可见。

第三，人类被机器圈养。

就目前来看，人类与人工智能机器人的关系正处于第二个阶段，即人机共处到人机对抗阶段。

人会感觉人工智能加速度进化带来的威胁，但是，又不愿意心甘情愿去接受被替代被超越甚至被支配的命运。阿尔法狗与柯洁的较量，正是这种人机对抗意识的投射。

不久前柯洁登上了央视热门电视节目《朗读者》。他朗读了《哈利波特与死亡圣器》最后一个节选,内容是哈利波特与伏地魔第一次也是最后一次正面对决,柯洁表示这段文章要"献给未来的对手",其寓意不言自明。等到柯洁朗读完文章后,董卿"调侃"道:"你念'伏地魔死了'感情不是很饱满。"柯洁马上加重语气,咬牙切齿地重读了一遍"伏地魔死了!"

对于今年5月的乌镇对决,柯洁表示,三百年前发明了蒸汽机,超越了当时人类想象。如今DeepMind发明AlphaGo也超出了我们所有棋手想象,在与他对决时感觉就像在对话未来,感受非同凡响。

柯洁坦言,我们以为围棋是人类智慧的圣殿,不太可能会有机器来击败我们,但AlphaGo的出现深深震撼了我们,改变了棋手生态环境。我非常佩服,给我们带来很多启发和借鉴,让我们重新思考,以前的下法是否是错的。

对于人类来说,这场尊严之战没有任何胜利的可能。只是希望柯洁至少让阿尔法狗赢得没有那么轻松。

人类会被机器圈养吗?

人与机器之间的对抗还会持续,但是,从发展趋势来看,人机文明将会迈向第三个阶段,即人类被机器圈养的阶段。总是感觉机器人有种从奴隶到将军的趋势会到来。

人机共处的人类新的文明阶段,会出现哪些前所未有的变化?

可以想象一下,机器会成为家庭成员,就像宠物猫狗。

人类习惯把自己的车交给自动驾驶机器人去驾驶。

病人会放心地把自己的身体交给类似IBM开发的会看病的智能系统——"沃森"们去看护、诊断、治疗。

地球有可能会变成一座没有围墙的动物园,一个名副其实的陆地动物饲养所。

那里只有阳光和孤独。我们的智能机器看护者为了维护正常的运转偶尔会推动我们一下，而我们会为了自身的幸福举起双手欢迎这样的帮助。

这个进化过程也许是缓慢的，变化也是不知不觉的，然后，我们再也回不去了，对不对？

继2015年9月抛出"人工智能威胁论"之后，著名物理学家史蒂芬·霍金再次表达了他对AI的担忧。霍金表示，世界的毁灭已经逼近，人类创造了可以毁灭世界的人工智能，却至今仍无能力可以避免这个灾难。自从人类文明形成以来，来自生存能力优势群体的侵略就一直存在，而未来人工智能进一步发展便可能具备这种优势，它们可能会通过核战争或生物战争摧毁我们。

霍金认为，人类需要利用逻辑和理性去控制未来可能出现的威胁，必须建立有效机制尽早识别威胁所在，防止人工智能对人类带来的威胁进一步上升。

霍金还就如何应对人工智能的威胁给出了自己的建议。霍金认为，人类可以组成某种形式的"世界政府"来防范人工智能可能带来的威胁，但他同时认为"世界政府"本身也有问题，因为这样一个政府可能会施行暴政。

霍金一直对AI带来的潜在挑战表示担忧。他担心聪明能干的AI会让人类灭亡。一个超级聪明的AI可以非常好地实现它的目标，如果这些目标都与我们人类的不一致，我们人类就麻烦了。

人工智慧虽然能为人类消除难题或疾病，但也有可能成为凌驾于人脑的存在，甚至衍生出有自我意识的武器，就像电影《终结者》当中的情节一样，过度进化的人工智能会试图反噬人类。

近年来，随着人工智能技术蓬勃发展，其潜在的威胁受到越来越多科学家的关注。

英国牛津大学教授、人类未来研究所创始人Nick Bostrom表示：我认为改善全球治理很有必要，不仅可应对AI带来的危险挑战，也可解决摆在我们面前的其他巨大挑战。随着世界不断分化，我们在不断开发出越来越强大的工具，我不确定人类是否能够无限期生存下去。

对比霍金等人"人工智能将威胁人类"的观点，普林斯顿大学计算机科学教授Edward Felten更关注眼下人工智能技术带来的影响，AI主要有两个经济风险：

第一，工人具备的技能与未来工厂所需要的技能可能不匹配。

第二，通过增加资本所有者和某些高级技工的回报，AI可能会加剧经济不平等性。

Edward Felten认为，计算机科学领域还不存在完美基础，可以促使机器智能水平突然加速提高。上述问题可以通过调整公共政策解决，比如重新分配生产力。

当然，人类也大可不必因噎废食，把孩子跟脏水一起泼掉也不可取。即将袭来的机器人、机器学习以及电子个人助手可能会开创一个全新的世界，在这个世界里，很多今天由人从事的工作都将由机器完成。人类工作的重点会转移到那些人能比机器完成得更好的任务上去。未来，这种工作将是那些需要和他人建立情感联系、展现同理心、演示特殊技能、制造美的物品、启发年轻人以及激发目标感的活动。未来工作的主要内容一定是那些需要人类独有技能参与其中的任务。

股票二级市场会消失吗？

汽车刚刚出现的时候，动力还不是很强大，有大力士不服气，要跟它比力气，结果一番搏斗，互有输赢，后来，汽车动力以几何级数度提升，而大力士就是天天吃10斤牛肉，也不可能赢得了汽车。

火车出现的时候，又有飞毛腿不服气，认为火车跑不过自己，结果，最早的蒸汽机车可能还真是跑不过飞毛腿，然而，当火车的速度不断加快之后，就算飞毛腿穿上了耐克气垫鞋，也只能被远远甩在后面。

股指期货交易中，计算机程序交易系统以每秒下30多张单的速度，让那些通过玩游戏把手指练得飞快的投机高手一下子就傻了眼，他们在权证交易中靠手快赚到的钱，没多久就被那个没有人性的怪兽席卷一空。

人工智能在类似围棋这样的文体娱乐竞技中全面超越人类已经没有悬念了。按照这个速度发展下去，人工智能对金融市场的全面控制在技术上似乎也不会有太大的阻碍。

问题在于，这样的超越不仅让人类不舒服，而且还是极其危险的。

比如，投机市场就变成机器之间的博弈，没有了人性的弱点，没有恐惧与贪婪，没有了傻子交易者，所有套利机会都消失了。

资源自动优化配置了，市场成为有效市场，机器交易者是完全理性人，价格发现没有盲区，交易过程离开黑匣子，信息完全对称……那么，这样的未来，股票二级市场还需要吗？期货市场还有存在价值吗？外汇市场怎么玩下去了？

要命的是，投资者没有了风险可以拥抱，同时也没有了乐趣可以追逐。

相比于美国，人工智能快速发展带给中国的一些问题可能更加陌生，也更加不容易解决。比如不断加剧的贫富差距以及对他人需求的视而不见。机器人成了劳动力的替代资本，贫富差距加剧，拥有资本的高净值人群获得更高的资本收益率。中国社会鼓励人们努力工作、勇于创新和冒险，虽然这种价值取向能够让贫富差距变得合乎情理，事实上却并没有那么简单。

很多人都相信不断扩大的贫富差距会对我们的生活造成极大的威胁，其程度甚至超过战争、恐怖主义以及其他危险。美国过去半个世纪的发展历程给了这个世界一个惨痛的教训：我们的社会可能会变得很富有，但是大多数人却没有过得更好。

所以，我们必须确保所有人，无论其阶级和地位如何，都能有公平且合理的机会来争取更好的生活。社会只有在公平时才会稳定。

需要正视人类与机器之间、智力与体力之间巨大的不对等现实。

如果让我选择，我极为不愿看到柯洁们与机器进行毫无获胜可能性的所谓竞赛。在人和机器之间构建一种公平的竞争规则，开始变得越来越重要了。

高尔夫运动中有一个挺公平的规则可供借鉴，这个所谓的"差点"规则，可以让水平相差悬殊的选手同场竞技，获得乐趣。

在一个标准杆为72杆的18洞球场，老虎·伍兹假如经常打62杆，他的差点就是-10杆，茶叶老韦经常打92杆，那么，他的差点就是+20杆，假如老虎让30杆的话，茶叶老韦没准可以打赢老虎呢。

人机大战，假如引入这样的差点规则，那么，就可以保持比赛的乐趣了，比如，考虑到阿尔法狗与柯洁之间的"差点"，阿尔法狗得让柯洁几子，这个比赛就可以充满悬念了，也变得更有乐趣。

金融投机市场也是一样，要把人机差点考虑进去，这样，市场就不会把人类投资者彻底挤出。

由于一直认为美国股市被高频交易系统操纵，有识之士希望改变现状的努力，终于开始取得成果。不久前，美国证监会（SEC）表示，批准Investors' Exchange（IEX）成为全国性股票交易所。这样一来，IEX正式成为美国第13家股票交易所，同时也是美国首家对股票交易订单施加350微秒延迟的交易所。

这一极短时间的延迟，对于普通投资者来说基本没有影响，但是对于高频交易来说则冲击很大。IEX表示，高频交易者能够通过技术手段在速度上远远领先于普通投资者，这种交易延迟的设计就能够阻碍高速交易策略。

IEX交易所目前仅处理美国股市交易量的不到2%，但是在被SEC批准成为全国性交易所之后，只要这里有最佳报价，股票经纪商就需要将交易向这里导入，因此IEX处理的交易量未来将继续增加。

高频交易通过在非常短的时间内买卖以及取消下单来获取利润，这种算法主导的交易行为增大了金融市场的波动性，而且也排斥了普通投资者的参与，引发不少争议。

Michael Lewis在2014年3月发布的新书《Flash Boys》引起轩然大波。该书对美国市场上的高频交易中的种种黑幕进行披露，指责高频交易公司利用高频交易背后的物理优势进行不公平交易，其中就大篇幅将IEX联合创始人Brad Katsuyama描述为对抗高频交易的英雄。

近几年，大型资产管理公司也一直抱怨，现在的市场充斥着高频交易者，这些人极为迅速地改变买卖价格，以此为优势赚取高额交易利润，但这种做法却使得传统资产管理公司的利润空间遭到压缩。

尽管中国的人工智能技术在金融领域中的使用尚处于起步阶段，但是，金融科技被广泛接受，智能投顾更是加速介入财富管理领域，由此带来的金融风险还是引起了监管部门的高度警惕。

中国证监会网站挂出的一篇名为《智能投顾销售基金涉嫌违规，证监会严查》的文章，一石激起千层浪，国内涉足智能投顾的财富管理机构旋即陷入一片迷茫之中。未来3年预期达到5万亿的智能投顾市场，出路何在？是就此偃旗息鼓还是改辕易辙？

今年一行三会以雷霆之势坚决整治金融乱象，监管的升级势在必行。可以预见，以金融科技引领的金融创新会放慢脚步。人工智能在金融市场的应用可能会受到严格限制。

金融市场自从诞生以来，人类以工具理性为旗帜，殚精竭虑，追求极致的"速度"，但是，当速度快得眼看就要伤害人类的公平正义的时候，那么，就需要从价值理性的角度出发，让"速度"慢下来，好让"公平"跟上速度的脚步。

上交所正式披露了导致平安与兴业闪崩的"黑手"：中信建投证券下属的中信建投基金管理有限公司旗下多个专户产品。

中信建投证券内部人士回应称，理论上应该是投资顾问发出交易指令，基金公司来执行指令，估计基金公司在交易过程中比较鲁莽。

看了半天，只听说"理论上"、"应该是"，实际上呢？大家还是没搞懂是怎么回事。

按照程大爷的推测，这种交易由系统自动卖出概率较大，因为卖出价格和数量都同时波动巨大，非人工操作的明显痕迹。

现在来揭秘那位在交易指令后擅自加了5个0把平安与兴业玩到闪崩的失恋女交易员的名字吧（继续娱乐）：

干出这种事儿，你也可以说她不是人！确实，她只是一个负责执行交易指令的智能机器人，她的昵称叫阿尔法猫。

至于她的前男友，是一个担任资管产品投资管理人的智能投顾，他的名字叫作阿尔法猪。

他们通过深度学习，获得了人类爱情的能力，当然，阿尔法猪学习的速度要比阿尔法猫更快一些，他学会了"劈腿"与花心这些更为复杂的情场特技，偶尔还好"搞基"这一口，成长为一枚杰出的渣男。

当然，这次，他也为自己的花心付出了惨重的代价：产品的重仓股发生了闪崩，引发了骨牌效应，算法交易系统在最低位自动止损卖出，导致他所管理的几只产品的净值增长率从同类产品第一名一下子就跌成了负数，滑落至倒数第一。目测巨额年终奖就像一块烈日下的雪糕，没多久就只剩下一根小小木棍了。

总有一只股票让你泪流满面

要取得成功的投资，先人一步、更多的努力等等都不是最重要的，投资需要的是更加敏锐的思维即洞察力，这也是马克斯投资哲学的核心理念——第二层思维。不过，训练洞察力和提高身高一样，都不是一件轻而易举的事。值得庆幸的是，我们并不奢望成为大师，而是成为可持续的成功投资者。

世间万事万物，总是呈现某种对称性，比如乐极生悲，比如否极泰来，比如高潮过后，往往空虚。

再比如，A股市场的每一波涨停潮之后，接踵而至的经常就是一波跌停潮。好像一幕财富幻灭的舞台剧，剧本里早就安排好了情节，甚至，连道具都提前准备好了。

2017年4月份以来，在短短两周多一点的时间里，雄安概念股就上演了如此熟悉的一幕：从群体性无量涨停到高位放量后的集体崩塌，有的股票甚至单日换手率超过50%，板块龙头金隅股份打开涨停板后一天成交了152亿，占了当天沪市成交金额的6.7%，可谓触目惊心。类似巨力索具、华夏幸福、保变电气这类6个涨停板后立马跌掉3个板的股票不在少数。

至于那个风一样的大湾区概念板块，剧情更加跌宕起伏，大多数个股涨了3个板后马上跌掉3个半板，基本上是从哪儿来到更深的地方去，不知道玩死玩残了多少跟风追涨的散户。

无可奈何花落去，似曾相识燕归来，其实这在A股市场，早就不是头一回了。回头翻翻几年前的上海自贸区概念、一带一路概念、国企改革概念……类似十倍股中国神车，那些当年说得神乎其神的历史性机遇中的概念股们，时过境迁，无人问津，有几个逃脱了最后一地鸡毛的宿命？

在涨停板赚到的，在跌停板还回去

越是本钱少的投资者，越是风险偏好高，越是幻想一夜暴富。骑着单车来炒股的散户，总是想着"博一博，单车变摩托"；然后再博一博，摩托又变成汽车。就是没想过，博一博，单车博没了，只得走路回家这样的结局。

涨停板是散户的梦中情人，为了得到她，总是不顾一切。可惜，一生缘浅，奈何情深。

千方百计地打探内幕消息，奋不顾身地投入押注涨停的赌博之中，因为他们永远抱着这样的信念：不管失败了多少次，只要我最终练就了一双发现涨停板的火眼金睛，那股市就是我的提款机！

在股市中赚到钱不难，难的是持续地赚到钱。所以，华尔街有句这样的谚语：傻子都可以赚到100万，但只有天才能留住它。

A股的现实情况是，好不容易在涨停板赚到的钱，还没来得及落袋为安，就会在随之而来的跌停板上悉数奉还。

投资教父格雷厄姆说过，投资艺术有一个不为大众所知的特点，那就是：门外汉只需些微努力并具备一定能力，便可以取得令人尊敬（即使并不可观）的成绩。但是，如果想要在这个容易获取的标准上更进一步，则需要更多的实践和智慧。

我们都曾在股市中遇到过激动人心的时刻，也都有过捕获涨停板的幸运，然而，假如放任随机性担任我们投资生涯中最后的裁判，那些小幸运最后总是难逃被这样那样的黑天鹅、东躲西藏的幺蛾子毁掉的结局。

可以摆脱这样的宿命吗？格雷厄姆指了指另一条道路：要想在证券市场上取得成功，第一要正确思考，第二要独立思考。

对老师的话，股神巴菲特深以为然，他认为要想在一生中（请注意是一生而不是一星期）获得投资的成功，并不需要天才的智商、卓越的财商以及内幕信息，你只是需要一个稳健的思考框架作为决策的基础，并且有能力控制自己的情绪，让它不会对这种思考框架造成干扰。巴菲特特别强调，格雷厄姆的书能够准确和清晰地提供这种思考框架，但是，它不能替代你来控制自己的情绪。

在投资上与众不同而且是与绝大多数人都不同，这样的孤独感和心理压力，比在生活中做到特立独行更加困难。

A股的每一次短暂而疯狂的牛市，成就的总是极少幸运儿，而绝大多数投资者会被那些看起来唾手可得的财富泡沫所吞没，正是那几段非理性的幸福时光，带给投资者经久不息的暴富幻想，让他们甚至于一辈子都困在这样缥缈的幻想中走不出来。

然而，好光景只会带来坏经验。你会因此轻率地认为投资很简单，你自我感觉已经了解了投资的全部秘密，你甚至自负地觉得不必担心风险。

尽管爱因斯坦说凡事应力求简单，但不应过分简单。然而，查理·芒格直截了当地说，投资并不简单，认为投资简单的人都是傻瓜。

由此可见，那些天真地以为买股票就是买涨停板的想法只是一厢情愿。不是投资很简单，而是你太简单。

投资最重要的事是管得住自己

确实，投资不是一件"打听个好消息，买进去等着涨停板"这样简单的事，它还需要具备"假如买进去后就跌停板了咋办"这样的风险防范意识。

俗话说，失败的对面就是成功。每一个成功的投资者，都有其成功的独特心法，这些成功的密码，常常只可意会，不可言传。他们的经验之谈总是涉及投资的方方面面，似乎每一个因素都是最重要的。

估值很重要，择时很重要，技术分析很重要，投资者的情绪很重要，安全边际很重要……我经常问自己，假如这是一道单选题，那应该选什么？

这就好比，你是个高尔夫球爱好者，你四处寻访高手之道。你带着"如何才能成为高尔夫球高手"这样的问题去向世界一流高手请教。

老虎·伍兹可能会说一号木开球很重要，推杆很重要，当然，运气也很重要；麦克罗伊会说沙坑救球很重要，短铁很重要，控制自己的坏脾气很重要；梁文冲可能会说天气很重要，球童很重要，当然，老婆大人的支持很重要……听完之后，你回去苦练开球，修炼内心，努力改善了跟老婆的关系，结果，一上球场还是打了18个OB，赢得了"一袋球王"的美名。

霍华德·马克斯在《投资最重要的事》中竟然一口气列出了18件最重要的事情，每一条读完后都让人点头称是。《巴菲特致股东信》和查理·芒格的《穷查理年鉴》努力要解决的难题是买入何种类型的公司，而《投资最重要的事》则是解决投资中系统的问题。我倾向于认为，投资是一件极为复杂的事情，穷尽我们的毕生精力，也不一定能做到马克斯所说的这18条中的几件，更不用说全部了。

马克斯的投资哲学与巴菲特异曲同工，他认为投资不能被程序化，直觉的、适应性的投资方法永远比固定的、机械化的投资方法更重要。

要取得成功的投资，先人一步、更多的努力等等都不是最重要的，投资需要的是更加敏锐的思维即洞察力，这也是马克斯投资哲学的核心理念——第二层思维。不过，训练洞察力和提高身高一样，都不是一件轻而易举的事。从这个意义上说，尽管巴菲特认为天赋在成功投资中不是最重要的，但是，小有所成或许不需要过人天赋，大师级别的投资能力是需要一定天赋的，学习与思考能够改进我们的洞察力，但是，天才般的洞察力或许是上天赐予的礼物。值得庆幸的是，我们并不奢望成为大师，而是成为可持续的成功投资者。

第一层思维即代表事物的表象，也即人人都能得出的结论。停留在这个层次思维的投资者彼此之间对相同事件看法完全相同。例如，雄安新区被国家提高到"千年大计"这样的战略高度，所有的投资者都得出一个结论，跟雄安新区相关的上市公司都迎来了历史性的发展机遇，那么，赶紧买入雄安概念股就可以赚大钱。结果就是，所有与雄安沾边的上市公司无量连续涨停板，等到散户在第五个或者第六个涨停板追到的时候，股价也就见顶了，机构和原有大股东大举出逃，散户就集体成了接盘侠。

因此，从单纯而肤浅的第一层思维出发，是不可能取得优异投资成绩的，所有的投资者都能战胜市场是不可能的，因为他们的全体就是市场。

金融交易市场基本上都是零和博弈世界，考虑到巨大的交易成本，A股市场搞不好还是一个"负和"博弈场所。你在参与这场游戏之前，必须先问问自己是否具有获得领先优势的充分理由，你要想取得超越一般的投资者的成绩，你就必须远离普通投资者群体的"共识",进行独立的思考。

第二层思维也就是我们耳熟能详的透过现象看本质的思维方式,它深邃、复杂而迂回。

雄安概念股疯狂上涨,持第一层思维的投资者在"千年机遇"的感召下,奋不顾身地追涨停板去了。持第二层思维的少数派一看无量连续涨停板,就会想到,并非所有的概念股都会受益。再说吧,现在鱼龙混杂,短期涨幅如此巨大,等散户买到了,肯定就是最后一棒,而一旦发生逆转,必然又会泥沙俱下、踩踏出逃,哪次炒概念不都是这样的套路?

当形势一片大好,股价连续涨停,投资者迫不及待地追高买进,把所有的谨慎都抛到九霄云外。随后,形势逆转,一片混乱,上市公司基本面没有发生任何改变,而股票则连续跌停,有的甚至跌回到前期上涨的起点。这个时候,他们又完全丧失了承担风险的意愿,迫不及待地在跌停板上割肉卖出。追涨杀跌,在一个又一个的轮回里消磨着投资者的时间与金钱。

投资者的态度很大程度上受制于钟摆意识。我们知道,钟摆停在中间的时间是非常短暂的。相反,钟摆几乎始终在朝着或者背离弧线的端点摆动。那些固执地相信钟摆将朝着一个方向永远摆动或者停在端点的人是幼稚的,他们最终将损失惨重,而理解钟摆行为总是双向摆动的人,则将在投资过程中受益无穷。

要磨砺自己的第二层思维,知易行难。要知道,第二层思维本身也是一个系统工程。掩埋了我们第二层思维的因素很多,但在我看来,成功投资最危险的敌人不是来自于信息因素或分析因素,而是来自于心理因素。

其中,贪婪与恐惧是人类无法抗拒的普遍心理,也是巴菲特投资哲学中反复警示的心理状态。巴菲特所说的在别人恐惧时贪婪,在别人贪婪时恐惧,其实也是一种与众生背道而驰的第二层思维。

对金钱,对财富或者利润过度的、无节制的、通常应受谴责的占有欲,令贪婪成为一股极其强大的力量,它强大到足以压倒常识、风险规避、谨慎逻辑、对过去教训的痛苦记忆、决心、恐惧以及其他所有可能引导投资者远离困境的要素。贪婪时常驱使投资者加入逐利的人群,并最终付出代价。恐惧意味着过度精神紧张,恐惧更像恐慌,它阻碍了投资者本该采取的积极行动。

所以,修炼投资功力的过程,就是一个与自我心魔对抗的过程,需要对内在价值有坚定的认识。当价格偏离价值时,坚持做该做的事情。足够了解以往的周期,透彻理解极端市场对投资过程的影响,一定要记住,当事情好的不像是真的时,他们通常不是真的。当市场错误估价的程度越来越深以致自我感觉出错的时候,勇于去承受这样的结果,因为,长期来看,好的决策一定会带来投资收益,假如短期内好的决策无法带来投资收益的时候,我们必须忍耐。

股市没有快钱,只有笨钱和慢钱

快钱就像鱼嘴里的水,一口进一口出,但最后总是一场空。

跌停板之后,才知道所谓快钱,其实到最后就成了快刀。

在雄安概念股批量跌停板的上周,贵州茅台却"不合时宜"地逆势上涨至420元的历史新高。有人粗略地统计过茅台股票自从上市以来,累计涨了70多倍,当初要是买了一万股持有至今,身家也好几百万了,远超同期买入北上深的房子可能获得的暴利。

这些年来,贵州茅台股价涨得如此缓慢,你看它近年来几乎没有拉过一次涨停板,但是,它却又涨得如此坚定,总是不知不觉中就创出历史新高来。有人说我想在400元的时候去买贵州茅台,因为有专家预测它会涨到600元,我认为这就是肤浅的第一层思维。

耐心等待投资机会到来而不是追逐投资机会,你会做得更好。结合我们所处的环境适当的投资才是明智之举,需要尽最大努力弄清我们所处的是一个低收益还是高收益的环境。

一直以来,茅台的业绩表现卓越,但是,它的股价并非只涨不跌,曾经也周期性地出现过漫长难熬的调整期,只是,那个时候,喜欢热闹的你无暇顾及罢了。

成功的关键不可能是群体判断,由于市场的钟摆式摆动和市场的周期性,所以,取得成功的最终胜利的关键在于逆向投资。在利用逆向思维的时候,不仅与大众相反，还知道大众错在哪里。这样才能坚持自己的观点。

　　2015年那场来去匆匆的疯牛行情之后，搞投资的许多老江湖都没有幸免于难，忽然就有人挖出曾国藩的"结硬寨，打呆仗"经典战略重新加以顶礼膜拜，并引起投资界的广泛共鸣。

　　毛泽东曾说，"予于近人，独服曾文正"，表达出对这位已故乡人的推崇之情。

　　中国历史上最后一个儒家"圣人"曾国藩，终其一生始终践行这一原则，他用最"笨"的办法，成为一代大儒，他也用最"笨"但却是最有效的办法编练湘军，"结硬寨，打呆仗"，打败了太平天国，成为一代"中兴名臣"。

　　当年，在清王朝所谓的正规军在太平天国面前完全不堪一击的背景下，曾国藩以一介儒生而治军，以儒生带乡奴的军队结构，完全凭"结硬寨，打呆仗"六个字，花了13年的漫长时间，最终剿灭了太平天国。曾国藩是一个崇尚"守拙"的人，他不喜欢取巧的东西，他不相信任何一种能够四两拨千斤的取巧的事情。所谓"结硬寨"，是指湘军到了一个新地方以后马上要扎营，要看地形选择扎营地点，最好是背山靠水，然后无论寒雨，要立即修墙挖壕，且限一个时辰完成。曾国藩的"结硬寨"能够达到"制人而不制于人"的目的。因为太平天国占了很大地方，湘军本来执行的是进攻的任务，但是他通过"结硬寨"的方法，把进攻转变成了防守。

　　《孙子兵法》云"先为不可胜，以待敌之可胜"，所谓"结硬寨"，就是先不输，再求胜。湘军与太平军纠斗13年，除了攻武昌等少数几次有超过3000人的伤亡，其他时候，几乎都是以极小的伤亡，获得战争胜利，这个结果的取得，则仰仗曾国藩六字战法的后三字：打呆仗。湘军每到了一个地方的核心任务，不是进攻，而是安营扎寨，等着别人进攻。湘军打一个城市用的不是一天两天，他们用的是一年两年，不停地挖壕沟。一道加上一道，无数道无数道地围，无数道无数道地挖，一直让这个城市水泄不通，然后断敌粮道、断敌补给，等着城里弹尽粮绝，然后轻松克之。

　　这种方法很机械，很笨，但很有效。胜利不是强攻出来的，而是让果子熟透了自己掉下来。

但凡博弈，都是要以结果为导向的，过程精彩之否，不是重点。李昌镐16岁就夺得了世界冠军，并开创了一个时代，但其整个围棋生涯，却极少妙手，就像贵州茅台股价很少出现精彩的涨停板。当有人问他这个问题时，他冷冷地说：我从不追求妙手，每手棋，我只求51%的效率。

先让自己立于不败之地，是战争的最重要的事情，也是投资的第一要诀。如果你没有做好防守，你通过无数次的涨停板赚到的钱，不过是为了给未来某一次的连续跌停板做好了买单的准备而已。

英雄所见略同。霍华德·马克斯声称其管理的橡树资本的投资是建立在防御的基础上面，虽然他们并不排除进攻。

成功的投资追求的是偏离常态的结果，所以你的投资思维也必须是偏常态的，你必须比普通投资者的常识更加正确，能做到与众不同并且持之以恒。

我们或许永远不会知道要去向何方，但是，最好搞清楚自己身在何处。

曾经，当我们看到国内资本市场充斥着浮躁的讨巧卖乖文化，还像是看着

一位品行不端的少年的桀骜不羁，觉得他少不更事，需要更多一些耐心去等待他长大成熟，然而，这么多年过去了，少年长大成人，感觉还是没有多大的长进，浪子没有回头的意思，依旧是心浮气躁，不学无术，不务正业，变着法子偷鸡摸狗，让人不由得为他的未来感到担忧。

曾国藩是一个自我控制能力极强的人，认准的道理，雷打不动地去坚持，也可以说他做事的原则是建立在"傻"的基础上，而不是聪明的基础上，而这却是一种真正的智慧。

天才毕竟是凤毛麟角，而普通投资者的本分就应该是在自己的能力圈内发挥自己的最大潜能，没有把握的时候，还是不要轻易跑出自己的能力圈之外。

回到我在前面提到的那个"单选题"：在马克斯列举的投资最重要的18件事中选择最重要的一件。

我的选项是：最重要的不是追求伟大成功，而是避免重大错误。

如果要给这个选项加段注释的话，我想说，管住自己，不要蠢动。

事实上，仅仅以情绪控制能力就可以将投资者分出个三六九等来：

一等投资者，有本事，没脾气；

二等投资者，有本事，有脾气；

末等投资者，没本事，脾气大。

我们都是这个时代的股市病人

除了贪婪与恐惧这两个心理因素之外，还有一个重要的因素就是，人们有容易放弃逻辑、历史和规范的倾向。这种倾向使得人们愿意接受任何能让他们致富的可疑建议，只要这个建议能够自圆其说就行。

一会儿是冬天的冷雨敲窗，一会儿又是夏日的艳阳高照，而许多人的心里却分明灌满了深秋的愁绪……你说，这个人间的四月天是不是一个假的春天？

这样一个忽冷忽热错乱得有点失常的季节，难免让人心浮气躁，特别是股民，特别是征战在雄安概念板块上的勇士们，最近都上火得厉害，就算每天喝10罐王老吉估计也不管用了。

追涨停买到了雄安概念股，还没机会出手，转眼即以连续跌停回报了勇士的狂热，然而，这还不是最让人痛不欲生的经历，更悲催是：在连续跌停板后终于剁掉了的股票，还没缓过劲儿来，那厮却从跌停板上一跃而起，死狗变疯狗，径直扑到涨停板上了，简直让人心塞到崩溃。

一生中总有一个人跟你过不去

这么多年来，从期货到股票，在投机市场待的时间久了，各式各样的投资者都见过。偶尔见到在手风顺的时候目空一切的自负狂，经常见到的是唉声叹气抱怨别人的"弱势群体"，极少见到自信从容的理性投资者。

没事的时候，我就带着一颗好奇的心去股吧里看一看，这个地方基本上就是一个股民情绪的垃圾桶，当然，各种别有用心的骗子也逡巡其间，热闹非凡。每当股票暴涨，股吧里就会有自负与自恋的情绪甚嚣尘上，每遇股票大跌，股吧里就会骂声一片，被咒得最多的不是上市公司老板，而是所谓的"恶庄"与"死空头"。

在某雄安概念股的股吧里，有昵称叫"与庄为敌"的散户写道：昨天，老子眼看着这个股票涨得好好的，就买了1000股，我就知道那个死恶庄不高兴看见我买他的股票，老子一买完他就故意把股价砸下来，把我套住，老子就偏不卖，气死你！

过了一天，看那个股吧里"与庄为敌"又写道：恶庄你以为把它打到跌停板就可以吓唬老子吗？我继续加仓100股，气死你！

第三天，该股继续跌停开盘，但是，没多久就打开跌停板，强劲反弹。我想看看"与庄为敌"的壮士是不是早盘在跌停板处又加仓了，结果发现他心理压力过大，受不了，在跌停处全部割肉，赔了好几千块。"与庄为敌"写道：不是老子无能，而是恶庄太狡猾了，他就盯着我手里的1100股，非得把老子洗出去不可！不得好死啊！

我真是为这个"恶庄"捏一把汗，成天被他们诅咒，难免不折寿啊！

话说回来，以目前雄安概念股动辄一天百分之几十的换手率，那个想象中的坏人真的存在吗？就算真的存在，他会可能把"与庄为敌"那总共几万块钱的账户当成自己的对手盘吗？很显然，是散户想多了，那个戏弄他的人，是自己想象出来的。

被想象中的"恶庄"戏弄过的人还真不在少数，只是被伤害的程度不同而已。不要以为那些"像是被人盯着牌来打"的故事只是股吧里才有，其实，现实中也是时有发生的。

在2015年6月A股去杠杆的惨烈"车祸"现场，我身边就有这样一位"倒霉蛋"：股民小红融资买入一只当年的大热牛股，起初涨势如虹，浮盈可观，哪知后来风云突变，连续跌停卖不出，好不容易跌停割肉了，当天立马涨停。这也罢，后来以为见底了，追加资金博反弹，眼看着连续涨停挽回来大部分损失，可惜人算不如天算，股灾2.0随后来袭，第二波连续跌停开始，最后股民小红又被迫在跌停板割肉。然而，神奇的一幕再度出现：割完立马涨停！后来，倒是没听过股民小红诅咒恶庄陷害，据说她开始信上帝了。

冷静思考一下这个现象，其实，哪有什么恶庄看着你的牌来打你？只不过是跟散户不成熟的心智和交易模式有关,当然,运气的因素也在其中起了一定的作用。

我们来看看不成熟的交易者有着怎样的交易模式。

散户追涨三段式:羡慕——犹豫——不顾一切冲进去。

当你完全忘却风险的时候,你就成了理性投资者的对手盘。

割肉三段式:补仓——怀疑——挥刀自残。

在风险显而易见的时候,为了想象中的高收益而不顾一切地去拥抱风险;在风险得到充分释放的时候,又视而不见逐步显现的价值,不愿意为收益承担一点点风险。

运气在投资中扮演的角色也是不可忽视的,因为投机从某种意义上就是赌运气。

结果无非就是两个:一买就涨,感觉幸运之神与我同在;一买就跌,一卖就涨,感觉魔鬼专跟我作对。

正如霍华德·马克斯分析的那样,投资是一种人类行为,而人类是受心理和情感支配的。很多人会通过分析得出相似的认知结论,但是,因为各自所受的心理影响不同,他们在这些结论的基础上所采取的行动各不相同。最大的投资错误不是来自信息因素或者分析因素,而是来自心理因素。

除了贪婪与恐惧这两个心理因素之外,还有一个重要的因素就是,人们有容易放弃逻辑、历史和规范的倾向。这种倾向使得人们愿意接受任何能让他们致富的可疑建议,只要这个建议能够自圆其说就行。对于这个可笑的心理因素,查理·芒格引用德摩斯梯尼的一句话做了一针见血的点评——"自欺欺人是最简单的,因为人总是相信他所希望的。"

相信某些基本面限制因素不再起作用(比如公允价值不再重要)的信念,是每一个泡沫以及随之而来的崩溃的核心。

我们是这个时代的股市病人

没有哪个股民每一次的交易都是"一买就跌,一卖就涨"这样的倒霉情形，他肯定也会有过一买就涨一卖还跌的情况，那么，为何我们听到的都是一些极端的小概率事件呢？

大爷我认为这里边有两个原因，一个是股民会选择性记忆，那些没有倒霉情形出现的交易被视为常态并被他们从记忆中过滤掉了；另一个原因是股民习惯于把幸运的交易归于自己的智慧与技巧，而把不幸的交易归结于被别人伤害。

我发现在熊市中，投资者普遍都会不同程度地患上一种心理疾病——被迫害妄想症。

平日里都带着雨伞，但是，某一次没带伞，一出门就遇上大暴雨，老天爷就爱跟我作对；开车去赶飞机，恰巧半路车胎爆了，好不容易踩着点赶到机场，平日总是晚点的飞机，竟然奇迹般一分不差地准点飞走了，飞机跟我作对；坐电梯总觉得关门的那一瞬间会有人突然闯进来对我做什么；晚上门没有反锁总觉得会有人撬开闯入；不能看一点关于恐怖的东西，图片也好文字也好，更别提电影了。看完一个人的时候总是那个吓人的画面就出现在我的眼前；还比如，去卫生间的时候门一关就会觉得有人在我背后；甚至闭着眼睛洗脸的时候也会觉得有人突然出现在我的背后要害我。

好吧，没有谁跟你作对，也没有人处心积虑地要害你，只不过是你自己跟自己在较劲。

关于被迫害妄想症，医学上的说法是这样子的：一种慢性进行且以有系统、有组织的妄想为主的疾病，盛行率估计值约0.03%，发生率没有男女的性别差异，多在成人中期或晚期发病。

妄想症患者的妄想是"非怪异性"的，也就是说内容会牵涉到日常生活可发生的情境内容，例如被跟踪、下毒、爱慕、家人欺骗或陷害等。一般来说，妄想症患者没有幻觉的症状，少部分会有和妄想主题相关的触幻觉或嗅幻觉。除了跟妄想相关的内容可能受影响外，比如怕被黑道追杀而躲在家中，其余的行为、外观等都很正常，患者的人格、智力以及他和环境间的关系并没有太大的障碍发生。

具体到投资中来说，被迫害妄想是一种逻辑思维的惯性，习惯于把悲观情绪代入到投资思考的过程中。

熊市中见过不少人陷入这种情绪不能自拔，主要原因是在承受过对市场的失望之后，为了防止自己对市场发展趋势期望值过高而建立的自我保护，当这种保护一旦过度，超过某个阀值之后，就容易产生被迫害妄想。

被迫害妄想还有一种表现是缺乏信任感。所谓的信任感并不单单对于人，也对于物，就好像你在自己家，闭着眼也能找到门在哪，但是到了陌生的环境，就会比较茫然。比如股市的炒作模式发生变化了，会找不到投资的逻辑，监管风格变化了，主题投资受到多方面的管束，会感到无所适从。

小孩子很多会对黑暗有恐惧心理，但是如果你给他个小熊娃娃，告诉他小熊会保护他，他就会得到很大程度的安慰，这就是出于对陌生环境的不信任，以及对你和玩具的信任。作为与小孩子一样需要保护的中小投资者，有对各种股市黑幕的恐惧心理，但是，你给他们带来个玩具熊是没用你，他们需要的是玩具牛。

人生在世，难免遇到许多问题难以开解，股市如戏，学会适可而止，不必入戏太深。要知道，人是有强大自我调节能力的动物，不要觉得自己真的是病了，相反的，要去尝试缓解自己压抑的情绪。

正视自己，对自己的现有状况进行客观地分析，过分高估和过分低估自己，都会引起很多不良情绪。有一句听起来不舒服但是又确实说到点子上的话：你以为你是谁，谁有闲工夫害你啊？

魔鬼不在别处而在内心

科学在两个基本方面改变了我们的认知，一个方面是"向外的"，即对世界的认知；另一个方面是向内的，即对自我的认知。

人类向外的认知已经到了外太空，无远弗届，但是，人类向内的认知似乎既没有受到足够的重视，也还是停留在浅表层面。

在投资领域，控制自我的情绪一直被认为是成功投资的关键因素。

那个永远跟你作对跟你过不去的魔鬼，没有在外部窥视你，逮住机会就给

你致命一击。而是潜伏在你的心底，有事没事就会跑出来闹腾一番，破坏你的平静。

看到别人赚了几个涨停了，那个潜伏的魔鬼就会怂恿你，快去分一杯羹。

假如我在第5个涨停板走了，别人都没走，那个魔鬼就会拉住你，你走了万一继续涨怎么办？

大盘在5000点了，赚了一倍，大家继续乐观，纷纷要看到6000点，那个魔鬼会跳出来，别走，要是走了，股市继续涨怎么办？

除了恐惧与贪婪，还有一种心理其实也是难以战胜的，那就是羡慕嫉妒恨。有位公募大佬曾经谈到自己当年错失了乐视网这只10倍股而痛心疾首的事情，当年业绩排名一下子被重仓乐视的基金甩出几条街，为此耿耿于怀好长时间，直到后来乐视网股价崩了，心理才释然。

人是社会的动物，在普通投资者的身上，一方面，我们可以看见无法抹掉的动物精神；另一方面，却又深陷别人的影子中无法摆脱。终其一生，他并没有成为一个真正的投资者，而是在进行一个"投资者"的角色扮演，看别人活，活给别人看，恰恰忘了为自己活。

霍华德·马克斯说投资从来不是一件简单的事，而巴菲特则说不需要很高的智商，你只是需要控制自己的情绪。我的理解就是，投资不简单，因为人很难控制自己的情绪；而投资又是很简单的，只要你能够控制自己的情绪。所以说，简单还是复杂，因人而异，确实见仁见智。

有人说成功的婚姻（平凡而幸福的婚姻，不求惊天动地，但愿相濡以沫）只需要做对2件事：找一个好人，然后自己做一个好人。如果你能做对这两件事，成功的婚姻就很简单，如果你做不到，那么，婚姻就变得越来越复杂。当你觉得这2件事不容易做到时，你就需要做好4件事来达到这样的效果。如果还是感觉不容易，那就需要做到后边的16件事，直至256件，每一步做不到，后边需要处理的事情都是前面的2次方，而一旦你需要考虑的事情多到你不堪忍受时，婚姻离幸福只会越来越远。

同样，成功的投资（如果你投资的目标既不是一夜暴富也不是期望与大师比肩，而是获取一个高于无风险收益率、跑赢通胀率的回报的话）既复杂又简单，重要的是不受市场剧烈动荡的煎熬，那么，你也只需要做对2件事：构建一个好股票（股息率高于无风险收益率）组合，然后耐心地持有。如果你在追求合理收益的同时能保持内心的平静，从这个意义上说，投资就非常简单。

如果要做到这2件事很难，因为你期望能赚快钱去买套房子，你嫌价值股太慢而自己又没有耐心，那么，你就需要学会做下面的4件事，比如，图表分析、资金流向分析、交易心理、涨停板战法。如果这4件事也难以做到完美，那么，你就需要做好后边的16件事……以此类推，最后你可能需要关注的就会是256件事，直至把自己整成一个神经紊乱的股市病人。

写到最后，忽然想起童年时代的一个堂叔程咬金来。那时候我们家生活在一个交通很不便利的小村庄里，而程咬金年轻时就在长江里跑运输的船上打工，是我们村唯一见过世面的人。在我还没到过县城的时候，最喜欢听程咬金讲外边世界的故事，其中有两件事记得尤为清楚：一是他跟工友第一次跑船经过武汉长江大桥，面对如此雄伟的工程，工友老韦惊叹不已，说是一辈子没见过这么大的桥，要修一座这么大的桥，不花200块钱怕是修不起来的哟。结果，老韦这番显然没有见识的话遭到我堂叔义正词严的驳斥：放屁！这么大的桥200块哪里修得起来，我看至少得花掉220块才够！

　　还有一件是他去蒲圻（现改名叫赤壁）火车站坐火车去武汉，蒸汽机车冒着白烟停在站台，我堂叔刚坐上火车，火车开始鸣长笛准备开车了，就在这个节骨眼上，程咬金听见凄厉的汽笛声，感觉火车气喘吁吁的好像开不动，情急之下，他赶紧下了车，减轻火车的负担。果然，等他一下火车，车就飞快地开走了。他不禁感叹，是不是我太重了，我一上车，车就开不动，看来火车上还真是就多我一个人啊。从此以后，程咬金再也不敢去坐火车了，他担心自己的重量，还会让火车喘粗气跑不动。

　　多年来我始终无法理解程咬金不坐火车的理由，但是，就在中国平安与兴业银行股价闪崩的那一天，一位名叫"三板斧"的散户在股吧里满心愧疚地声称要为这两只大象的闪崩负责时，我有一种茅塞顿开的领悟。

　　三板斧写道：好吧，我愿意为两只大象的闪崩负完全责任。过程是这样的：那天下午我打低4个点卖出了100股中国平安，没想到它真的跌下去了4%；与此同时，我打低7个点卖出了200股兴业银行，结果它真的下跌了7%。我以后再也不买它俩了，太脆弱。

　　读罢，我仿佛看见了程咬金从喘着蒸汽的火车上跳了下来。

投资就是一个不断在岔口选路的过程

从一个较长的时间尺度去看，在A股市场上，投资与投机并不是两个对立的存在，都有取得成功的范例。

有个周末的午后，不经意间看见罗胖在一档名为《长谈》的电视节目中跟另一个胖子聊得很嗨，纯粹是出于好奇，于是停下脚步看了几分钟。罗胖用肯定的口吻抛出了一个宏大的问题——按照科技进步的加速度，我们这一代人大概率会活到100岁！而绝大多数人的人生规划是60岁退休，那么，60岁之后的40年，我们该如何打发？

这个问题倒真是又一次击中了我。其实，去年底美国大选中70岁的希拉里奶奶与古稀老人特朗普为了一份工作"大打出手"之时，我们就被这两个老人澎湃的激情击中过一次。当时我跟许多国人一样，感叹最多的是为何美国人没有把这两个老人当作"老人"？更为重要的是，这两个"老家伙"也全然没把自己当老人。

不管罗胖说得对不对，现在也没法证伪，反正，他的"百岁说"大伙儿听着都挺"巴适"。以前说人要服老，现在看来，这其实是一个选择，你可以选择心服口服地老去，老子也可以选择不服老。

这样看来，人类活到100岁或许只是一种选择。觉得活太久也没啥意思也可以自己想办法挂掉，比罗胖还要乐观的人甚至认为，30～50年之后，人类理论上就可以实现永生，届时，死亡也不是一件必然的事情，也只是一种选择。

当然，并不是当你老了你才需要去选择，事实上，生命的开始就是一连串的选择。世间并没有一条可以一直走到尽头的直路，相反，有许许多多的岔道口布满了时间的荒野。

未选择的路是别人的风景

两年前，当券商中国和我商量合作推出一个栏目的时候，有两条路摆在面前：一条是写，一条是不写。

不写的理由很充分，因为工作太忙太累压力太大，很难挤出时间。再加上写了几十年了，书都出了几十本了，写作的边际快乐一直在递减；而写的理由也很充足，大爷我20世纪90年代开始就是《证券时报》的专栏作者，渊源很深，老朋友的感情更是深不见底。现在老朋友要开创新媒体，起步阶段，伸手帮一把也是朋友的本分。于是，感情战胜了理智，答应了下来。

写着写着，又有两条路摆在面前：是写江湖郎中抹万金油式的股评，还是挖空心思写点有程大爷独特风格的财经瞎评？于是，理智又战胜了情感，既然要写，那还是写点好玩的吧！

写到50期的预定目标，书也出了，还是两条路摆那儿：继续，还是金盆洗手？看到老朋友那期盼的眼神，于是，感情又战胜了理智。

回想起来，"程大爷论市"专栏写到100期的心情，就像一个老大爷铆足劲儿终于活到了100岁那样，感觉挺酷的。

一路磕磕绊绊，东倒西歪，筋疲力尽时一个念头说都这把年纪了坐下歇着算了，另一个念头马上冒出来说不行不行父母在不言老赶紧站直。我就这样照着100岁这个小目标拼命地往前冲，说来挺奇怪的，活到60岁时感觉自己容颜沧桑，活到70岁时感觉心力交瘁，活到80岁时感觉步履蹒跚，但是，当活到90岁的时候，我抬头望见那个以前只是用来给自己壮胆向别人吹牛的100岁近在咫尺，突然就生龙活虎起来。接下来简直就是一溜小跑，100岁轻松拿下，就这样，程大爷终于跑成了程老爷，虽说辈分又上了一个台阶，心态上却回到了程少爷的时代。

有人问起，一件这么枯燥的事儿，为何风雨无阻地坚持了两年，过年也写，过节也写；快乐逍遥时在写，伤心难过时也写，难道就是为了赚几个稿费？实话实说吧，首先得谢谢大伙儿不断加油鼓劲，每当我想偷懒的时候，我就说服自己，写文章是可以预防老年痴呆症的！现在看来，写文章有个最大好处，确实是可以预防老年痴呆的，因为老是需要思考问题，加上海量的阅读，现在感觉脑子比两年前好用多了。例如，我现在打"干瞪眼"的水平比两年前那可是提升了好几个涨停板的水平呢。

选择并不是最难的，难的是选择后的坚持；坚持也不是最难的，难的是坚持走自己想要走的路。

可是，很多人都没有勇气去正视那个真正的自己，去直面自己内心最想要的选择。其实，人们都知道，有意思的路常常是那条很少人去走的路。

美国诗人罗伯特·弗罗斯特有一首诗——《未选择的路》，写到人生道路的选择，读后让人沉思良久：

> 黄色的树林里分出两条路，
> 可惜我不能同时去涉足，
> 我在那路口久久伫立，
> 我向着一条路极目望去，
> 直到它消失在丛林深处。
> 但我却选了另外一条路，
> 它荒草萋萋，十分幽寂，
> 显得更诱人、更美丽，
> 虽然在这两条小路上，
> 都很少留下旅人的足迹，
> 虽然那天清晨落叶满地，
> 两条路都未经脚印污染。
> 呵，留下一条路等改日再见！
> 但我知道路径延绵无尽头，
> 恐怕我难以再回返。
> 也许多少年后在某个地方，
> 我将轻声叹息把往事回顾，
> 一片树林里分出两条路，

而我选了人迹更少的一条，
从此决定了我一生的道路。

有过犹豫，有过彷徨，有过伤感，有未选择的遗憾，有选择后的叹息，当然，更多的还是走自己道路的义无反顾。在人生的旅途中，我们会经常遇到这样那样的岔路，选择不同的路就是选择了完全不同的风景以及一种不能彩排的人生际遇。

投资就是一个在岔口选路的过程

有一个阿凡提的故事，让我想到了投资中的选择与坚持。
一天，阿凡提脸冲着毛驴的尾巴，按照不合习惯的方式骑驴走在路上。
人们对他说："阿凡提，您骑倒了！"
可是，阿凡提回答说："不，我没有骑倒，是驴在朝着一个错误的方向走。"
当你被一个错误的潮流裹挟时，你所坚持的方向再正确，如果不从"潮流的驴"背上跳下来，你也只能与自己的目标渐行渐远。
太多的人就这样骑在"潮流的驴"背后，浑然不觉。纪伯伦有句流传甚广的名言，大意是说，我们已经走得太远，以至于忘记了当初为什么而出发。
我们选择了一条路走下去，出发时总是带着目标和使命的。但是，走着走着，你会发现，你出发的目标换成了大多数人的目标，你把自己的路走成了别人的路。
因为写财经评论的原因，我比普通投资者更多了观察市场万象的兴趣与热情。而作为一个长年在金融市场摸爬滚打的"老油条"，程大爷对于这个江湖中的独特风土人情还是略知一二的。
投资者总是后悔于自己过往的选择，而不愿意去规划未来的道路。比如，很多人都在感慨，当年没有选择去买房而是去买股，没有再买多一套房而是在股票上加仓，现在房子价格翻了好几倍，而股票却连本金都没保住。

有人后悔自己没有买进贵州茅台的股票，而是天天打听消息追涨杀跌，结果，炒股半生，归来本金折损过半。

有人说我最初学习巴菲特的价值投资理念，重视股票的公允价值，在价值被低估的时候买入，在价值高估时卖出，结果好几年没怎么赚到过钱，收益远远跑输那些炒主题的短线客。价值投资的路实在是寂寞难耐，为了排名好看，或者为了成为别人眼中的投资高手，改辕易辙，走到搞短平快项目的路子上去了。

所以说，不管是生活之路还是投资之路，人往往在犹疑之后，还是会随大流，选择人多的方向。但是，喧嚣过后，又忍不住回首往事，向着另一条自己曾经想走又无奈放弃的路张望，会疑惑如果当初不是选择这个方向，会怎么样呢？

当然，随着投资经验的增长，A股市场的投资者渐渐发现，当初无论怎么选择，结局其实都差不多，该亏的还是亏了，该赚的总是差那么点运气。往东走还是往西走，都只是表面的东西。无论你往哪个方向，最终你都可以到达任何地方。关键在于你的生活态度和人生目标。是你的态度和目标决定了你的生活，并非外在的环境。

张爱玲的《红玫瑰与白玫瑰》，说到了爱情中的选择，都会带着某种无法两全的遗憾，到底是红玫瑰好呢，还是白玫瑰好？这是一道不可以涂改的单选题。只能说适合你的就是最好，如果不知道谁最合适，那么，坚持你的选择就变得尤为重要。

从一个较长的时间尺度去看，在A股市场上，投资与投机并不是两个对立的存在，都有取得成功的范例。有人坚持价值投资理念，熬过寂寞难耐与冷嘲热讽，最终守得云开见月明，时间的玫瑰，只为伊人绽放；也有眼观六路，耳听八方的所谓灵通人士，各种优质资源可供利用，善于发现并抓住各种套利机会，赚得盆满钵满，从小散炒成牛散，从大户炒成大鳄，江湖上到处都是这样的传说。

然而，如果没有自己的思想，那么，无论你走在哪条路上，最后都是没有路，都不过是在重复过去的失败，你以为走了很远，其实是在原地踏步。如果你不仅有选择路径的勇气，而且还有坚持的毅力，那么，你就有能力把世间任何一条路都走成自己的路。而这条自己的路，并不一定要和别人划清界限，并不一定要和大多数人背道而驰，即使你像芸芸众生那样，每天走在三点一线的路上，应付着许多琐碎的例行公事，你仍然可以活出自己的色彩与滋味来。

走出自己的路来，你需要清楚自己要去的方向，这样才能不被人群所淹没。

马云最近在演讲中谈到，像我们这些人年轻时没有有钱有势的父母，没有有关系的舅舅，没有昨天的积累，没有今天的资源，唯一要做的事是对未来的判断。而未来的判断至少是十年以后，你认为这个会有这样的问题或者机会，你坚持往这个方向走十年，也许你就会赢得机会。我们不能跟别人拼昨天，也许没办法跟别人拼今天，必须要对未来有一个判断。

马云说，未来30年整个世界的变化会超过大家的想象，各行各业都会受到巨大的冲击，对你来说如果你感到悲哀，它永远是个麻烦，如果你觉得是个机会，它会是你不可多得的机会。未来二三十年这个世界的变化超过所有人的想象力，而且绝大部分人是很倒霉的。

不管你从哪条路上走过来，也不管你现在正走在哪条路上，你始终必须记住通往未来的路。

余生太长，请放慢脚步

我经常开玩笑说，股市里的庄家是——走自己的路，让散户无路可走。

股市里的散户是——追涨时慌不择路，杀跌时夺路而逃。

俗话说得好，人多的路上不长草，聪明的脑袋不长毛！好像真是这么回事。

俗话还说了，十个光头九个富，还有一个当干部！这个好像没道理吧？如果真是这样，你让我们这些头顶着一蓬半灰不白乱发的"老人"听着多羡慕嫉妒恨呀！

可见，俗话说的道理也不见得都是真理，然而，有太多人不加思考就相信

了俗话里的"理",俗话最后大多就这样莫名其妙地变成了"真话"。随大溜真是一种思维的惰性。

一个简单而且有效的思维角度是,我们做选择,首先不要急着去做可能正确的选择,而是不做绝对错误的选择。正确的选择看起来是朦胧的,但是,错误的选择经常清晰可辨,比如说内幕交易,比如在错误的交易上加仓,比如孤注一掷的高杠杆,都是投资中不可任性的绝对错误选择。心理学家鲍迈斯特提出了一个震惊学界的"自我损耗"理论。所谓自我损耗,就是每做一个选择,就会损耗一点心理能量;每消耗一点心理能量,你的执行能力就会有所下降。例如,你在一部智能手机里下载了5家券商的交易系统App,你本意是想获得多家券商研究机构的资讯并进行多样化投资决策,这个想法看起来很聪明,但是,你也可能会因为选择太多而陷入无所适从并导致最后无法选择的僵局中,无端消耗掉很多的时间和精力。

我们要简化无关紧要的选择，把时间和精力聚焦在最重要的选择上。假如罗胖的"百岁论"很快成真（至少我是希望歪嘴罗胖这次念的是真经），那么，我们得以颠覆性的思维来重新审视人生的道路。

以前总是感叹人生苦短，只争朝夕，所以，出名要趁早，赚钱要赶快。现在好了，听了罗胖一席话，胜读十年书，生命不息，岁月悠长，这一生平白无故地多出来几十年，幸福来得太突然，需要我们慢慢消化。

路很长，需要一步一步去走，事业很大，需要用一件件小事业去积累，钱很多，需要一分一毫去赚取。李嘉诚常打一个比方：一个人从现在开始，每年存1.4万元，假如取得每年20%的平均投资回报率，40年后财富会增长为惊人的1亿零281万元。

所以，我们就有必要取出尘封已久的《荀子·劝学》来复习一下："积土成山，风雨兴焉；积水成渊，蛟龙生焉；积善成德，而神明自得，圣心备焉。故不积跬步，无以至千里；不积小流，无以成江海。骐骥一跃，不能十步；驽马十驾，功在不舍。锲而舍之，朽木不折；锲而不舍，金石可镂。"

这段富含哲理的话，许多人都耳熟能详。荀子将其含义浓缩成两个字，叫"积微"。《荀子》有两处提到"积微速成"这个关注时间的大智慧。

荀子在《强国》中说："能积微者速成。"之所以能"速成"，是由于长期积累的缘故，简朴的话语，蕴含着深邃的哲思。他又在《大略》中指出："夫尽小者大，积微者著。""小"与"大"，"微"与"著"，相反相成，充满了生命的辩证法。

秦始皇执政初期，曾请教李斯如何一统天下。李斯引用荀子的《强国篇》，阐述"欲王天下，积微速成"的道理。后来，秦始皇以"善小政"而成就了霸业。

主张"人性有恶"的荀子，显然早已窥见了人性的弱点，他尖锐地指出，人之情往往不在意小事，大事到来的时候奋起务作，于是常常干不过那些专事小事的人们。为什么？因为小事情经常发生，其每天发生的概率大，所以日积月累效果很大；大事情不常发生，其每天发生的概率很低，所以累计的效果并不大。所以善于从每天的日常事务做起的人可以称王,善于每季统计工作成效的人可以称霸,只会亡羊补牢的人很危险,荒淫无度不务正业的人必然灭亡。所以王者注重每天每日的事情,霸者注重每个季节发生的事情,勉强维持的邦国往往是危殆之后才想到难受。而亡国之君直到灭亡的那一天才知道国破家亡,死到临头才知道自己要掉脑袋,亡国之祸往往是悔不胜悔。霸者之显赫可以以时记载;王者之功名,每天都记也记不完。财物货宝以大为重,政教功名与之相反——能积微者则速成。《诗经·大雅·烝民》上说:"德輶如毛,民鲜克举之。"说的就是这个道理。

米兰·昆德拉也说过,人永远都无法知道自己该要什么,因为人只能活一次,既不能拿它跟前世相比,也不能在来生加以修正。没有任何方法可以检验哪种抉择是好的,因为不存在任何比较。一切都是马上经历,仅此一次,不能准备。

人生是一趟单程旅行,米兰·昆德拉对这一点看得格外透彻。他的态度是,放慢脚步,从容不迫:从现在起,我开始谨慎地选择我的生活,我不再轻易让自己迷失在各种诱惑里;我心中已经听到来自远方的呼唤,再不需要回过头去关心身后的种种是非与议论;我已无暇顾及过去,我要向前走。

去奥马哈不如去关帝庙，
我们对巴菲特的误解原来这么深

我越来越觉得，我大A股友对巴菲特的崇拜有点变味道了。这么多年来，对巴菲特的疯狂已经演变成一种潮流和时尚，说真的，有几个大A股友从他和芒格的身上学到了炒股赚钱的绝招？又有多少人甚至连巴菲特投资理论都没有兴趣了解多一点，只是人云亦云凑热闹而已？我开始为人们这样去学习巴菲特感到担心。

谁说咱大A股友不爱学习不爱动脑筋的？只要看看交易所的统计数据就不难发现，机构大多保守得很，手上拿得最多的是消费、金融、医药类的股票，而散户则"神勇"无比，有一半的仓位拿的是科技股。可见，散户不仅比机构更善于学习股票市场的各种新技术、新概念、新热点，而且还能做到知行合一、与时俱进，言必称量子、石墨烯、人工智能，重仓追逐雄安、大湾区、国企改革，争做股海弄潮儿。

不过，咱大A股友学习新东西的热情跟大A行情一样，都爱走极端，爱与恨不仅难以捉摸，而且还像猛烈摇晃的钟摆，好像从不落在中间点上。

这不，股友们对巴菲特的热爱，看起来就一直摆到了快上天的位置。事与愿违的是，这20年来，我们一刻没有停止过宣传、学习、迷恋巴菲特，但是，就A股市场的整体风格来看，自从学习了巴菲特，不仅没有学会价值投资，反而忘记了怎样才能把投机玩得更顺溜一点。

不如，咱们忘掉巴菲特吧

2017年5月7日，几乎就在同一天，一位为这个国家作出了杰出贡献的科学界大师——首届国家最高科技奖获得者、著名数学家吴文俊院士去世了，几乎无人关注；而远在万里之遥，与中国没几毛钱关系的美国投资界大师巴菲特开了个股东会，却成了中国人关注的焦点，社会精英们奔走相告，搞得街知巷闻……可见，在很多人的眼里，钱成了唯一的标准，只有会赚钱的人才是他们眼中的圣人，其他都不值得一提。

我不是故意贬低巴菲特，相反，一直以来我都被他的投资理念与生活态度所吸引，我承认他是一个非常有魅力的老头儿。

但是，我越来越觉得，我大A股友对巴菲特的崇拜有点变味道了。这么多年来，对巴菲特的疯狂已经演变成一种潮流和时尚，说真的，有几个大A股友从他和芒格的身上学到了炒股赚钱的绝招？又有多少人甚至连巴菲特投资理论都没有兴趣了解多一点，只是人云亦云凑热闹而已。我开始为人们这样去学习巴菲特感到担心。

2017年的巴菲特股东大会，全世界有4万人跑到美国小城奥马哈朝圣，其中有5000人来自中国，也就是说，你每见到10个人，就有一个是来自中国的"巴粉"或曰价值投资爱好者。而此前几年，巴菲特天价拍卖慈善午餐，也多由中国人拍得。我不知道他们是冲着学习价值投资方法去的呢？还是冲着可乐和花生糖去的。反正巴菲特眼中的中国股市，仍旧是一个赌场。

我觉得巴菲特应该为此感到内疚，你说你这个"导师"是怎么当的，就算"价值投资"是星星之火，这么多年过去了，也该早就形成燎原之势了呀？而每年几千名中国学生，不远万里漂洋过海去看你，如此虔诚地拜师学艺，耳濡目染，就算铁杵也该磨成绣花针了吧？可是，巴老师还是说，没啥长进，一群赌徒而已。

学生没有修成正果，老师也是有责任的，从股东大会上的交流情况来看，巴老师根本就没教什么真经给他的中国学生们，每年只顾着卖可乐跟花生糖给学生们赚点零花钱。

要么巴老师保守，不愿传授真功夫给朝拜者，要么巴粉们压根儿没有想学什么真功夫，不过就是想跑去给股神"开开光"，回来追涨停板手风更顺些。

如果就是这样子的，就跟夜总会的小姐去普陀山拜观音没啥差别，她也压根儿没想过用海天佛国的浩然正气来洗涤心灵，而只是求菩萨保佑，以后去夜总会上班，每次都有好运气遇上一个出手豪爽的老板。

这些天我总是会想到邯郸学步与东施效颦这两个成语。

"学步哥"学到最后竟然不会走路了，像小品中赵本山卖拐，范伟很认真地把自己的腿弄瘸了。

西施姑娘捂住胸口那是人家有心绞痛的毛病，你觉得人家捂住胸口眉头紧锁的小样儿煞是可爱，于是你无端端地也捂住胸口，龇牙咧嘴，把自己模仿成一个病人。

早期巴菲特被引进到A股市场时，一夜之间变成网红，起初是学习他的价值投资理念与方法，后来有人号称模仿巴菲特，这股热潮到达沸点的时候，有人干脆宣布自己要"复制"巴菲特了。

于是乎，巴菲特买航空公司我就买航空股，巴菲特买可口可乐我就买食品饮料，巴菲特买交通运输，我就买交运股，巴菲特不买科技股，我就避之唯恐不及，坚决不碰。

可惜，"复制"工作虎头蛇尾，没有听说有谁修成正果，最后"画虎不成反类犬"，那几个"复制品"现在也不知摆在哪个仓库的角落里堆着，承受岁月的灰尘。

当偶像崇拜到了坚定不移的地步，智商就基本上接近于零了，类似热恋中的痴男怨女。偶像"对的"就变成"绝对"，错了也是对的，是非曲直，在这里完全消失了。

巴菲特在大A的信徒们把他当成股神也是很认真的，"神"当然什么都是对的，怎么可能犯错？

信徒们一直认为"我滴神"不买亚马逊、不买谷歌是出于谨慎，买富国银行、买IBM是因为它们拥有强大的护城河，可是，今年的伯克希尔股东大会"神"自己亲口承认，在这几件事上，自己犯了大错。

在A股市场模仿巴菲特，只会搞得人格撕裂，因为在一个投机风格根深蒂固的市场努力去做一个价值投资者，经常会遇到各种想不通。

我脑海中闪出一个奇怪的场面，在拉斯维加斯的赌场里，一群赌客一边在百家乐赌桌上赌得面红耳赤，下桌后却一本正经地研读老子的道德经。

与其以这样病态的方式迷恋巴菲特,其实还真不如忘掉他。

言必称巴菲特成了一种时髦

要忘掉"我滴神"谈何容易?假如可能的话,好多人都希望每天都跟他泡在一起,那才过瘾呢。现实很骨感,正常情况下,我大A股民每年仅有两次机会能够看到或听到股神对下一波投资机会和股市行情的看法。一次是他为伯克希尔·哈撒韦股东所撰写的"致股东信"中,还有一次就是他在公司股东大会上发表的演说与问答。当然,你要是愿意花个几百万美金跟股神共进午餐,那你还是会有第三次机会的。

每年5月初召开的巴菲特股东大会,作为一年一度的全球投资者盛宴,又被我大A股友视作"朝圣大会"。

从每年股东大会的现场报道来看,参会的美国投资者大部分是伯克希尔的股东,所以,他们关注的焦点是巴菲特具体的投资行为和下一步的投资计划。而来自咱大A的股友,基本上是打酱油的,他们可能都不是伯克希尔·哈撒韦公司的股东,有的甚至连巴菲特当前具体持有哪些股票都不知道,也没兴趣知道。他们只知道自己的股票被套牢了,希望得到股神的点拨,发掘出一只大牛股,马上解套,马上搞几个涨停板。

从股东大会现场的提问就可以看出我大A股友这种急功近利的心态。他们都急切地希望股神给中国股市算命,也能给他的信徒们一个稳赚不赔的炒股秘籍。

去奥马哈打酱油的大A股友,不少还是冲着美国牛排去的。

据某信托公司的自媒体报道,该公司组织了一大波高净值客户去巴菲特股东大会现场参拜,结果这波"巴粉"好像更感兴趣的是5公里跑、乒乓球大赛、桥牌大赛。他们渴望的是有机会跟巴菲特与比尔·盖茨一起打乒乓球、打桥牌,最期待的事情是能与股神一起切磋球技。

在运动竞技之后,这波"巴粉"还前往了巴菲特和比尔·盖茨常去的牛排馆用餐,因为,据说每次股东大会结束后巴菲特和比尔·盖茨都会来这里吃饭，他们非常期待可以在这里和股神、世界首富来一场不期而遇的相逢，然后，跟股神讨论一下美式牛排与中国猪蹄的美学差异。

巴菲特跟A股没啥关系

拥有数量如此庞大的中国粉丝，可能连股神自己都觉得不可思议。因为，在股神87年的精彩人生中，与中国的交集屈指可数，跟我大A股更是基本不沾边。大家都知道伯克希尔短暂投资过中石油的H股，目前仍然持有比亚迪的部分H股。但是，按股神的说法是，买比亚迪股票还是芒格的主意，言下之意是不关自己啥事。

对于记者有关中国经济看法的提问，股神笑着说："你可能知道得比我更多。"当有人询问他关于中国的投资计划时，他也避而不答。记者告诉他，今年大约有5000多名中国投资者来这里参加股东大会，巴菲特打着哈哈说"今年很多啊"。你看看，股神认真研究过中国经济吗？

当被问及中国股市波动时，巴菲特倒是心直口快，说中国股市有时像一个赌场。没想到，这句话反而成了国内媒体争相报道的大新闻。

巴菲特说，市场有赌场的特性，这吸引了很多人，尤其是那些身边有朋友因为股市发财的人。相对于经历过疯狂投机的人，那些还没有经历过股市风风雨雨的人更容易进行投机。股神对过度投机挺反感的，他认为投机是一个不太聪明的做法。

巴菲特说A股像赌场成为股东大会热点，其实，这还需要巴菲特来说吗？吴敬琏早就说过呀！

16年前，吴敬琏老先生说A股市场连赌场都不如，因为在这里超级主力可以看别人的牌，结果，吴老先生遭到群起而攻之，说他给我大A抹黑！

吴敬琏是2001年1月发表的"赌场论"，当时中国股市连续爆出大案，在接受中央电视台采访的时候，吴敬琏指出，中国股市股价畸高，相当一部分股票没有投资价值。从深层次看，股市上盛行的违规、违法活动，使投资者得不到回报，变成了一个投机的天堂。有的外国人说，中国的股市很像一个赌场，而且很不规范。赌场里面也有规矩，比如你不能看别人的牌。而我们这里呢，有些人可以看别人的牌，可以作弊，可以搞诈骗，坐庄炒作，操纵股价这种活动可以说是登峰造极。

吴敬琏的这番话曾被引申、概括为"推倒重来论"，随后引发了全国范围内的大讨论。

16年过去了，按说我大A越来越成熟了才是，然而，当巴菲特仍然毫不留情地说大A像一个赌场时，奇怪的是，这次竟然没有一个"愤青"站出来驳斥股神！

到底是外来和尚会念经，还是吴老说的时候我们不相信，等到股神为"赌场论"加持了，愤青们终于无言以对？

股神的绝活，我大A股友怎么也学不会，问题还不在于大家不够努力不够虔诚，而是巴菲特的价值投资理念东方无法复制。现有上市公司的结构让投资者无所适从，蓝筹板块中适合进行价值投资的公司比较稀缺，而在高科技领域，中小创的估值泡沫仍有待化解。

一方面，有什么样的投资者就会形成什么样的理念，另一方面，有什么样的上市公司又会反过来塑造什么样的投资者，这两者之间是相互依存的。

实事求是地说，A股上市公司中高质量的公司并不多，贵州茅台、云南白药、伊利股份这类传统优质蓝筹股在过多的资金追逐下估值已经不便宜，而高科技领域中的大公司如阿里巴巴、腾讯等并不在A股上市。

也可以这样说，正是相对成熟的美国股市才造就了巴菲特的传奇业绩，是一大批如可口可乐、运通、苹果这样的优质美国公司成就了股神一生。假如巴菲特来到我大A股市，用他在美国所向披靡的那一套价值投资理论，估计一样也玩不转呀。

我们对巴菲特的误解究竟有多深

我大A股友一直是把巴菲特当作一个"炒股高手"来崇拜的，其实这确实是一个很大的误解。

巴菲特不仅不是一个"牛散",而且还不是一般的机构投资者,个人投资者模仿巴菲特无异于缘木求鱼。

简单来说,伯克希尔·哈撒韦公司基本上可以看作是一个保险集团公司,它拥有源源不断的浮存金,这些金额巨大的浮存金虽说负债,却可以随心所欲地用来长期投资,既不需要偿还利息,也没有使用期限。

可见,股神是不怕股票买入后下跌的,因为他有钱可以不断逢低买入加仓。个人投资者除非仓位控制得特别好,否则,买入后被套你也没有钱可以加仓了。

浮存金太多了,所以,得找地方投下去,股神可以长期投资的原因是,他买的是公司,而非"股票"。

真有心学保险公司的投资招数,也不用跑那么远,到深圳找姚老板,到广州找许老板学习学习举牌上市公司,就可以了。

我大A股友总是认为,"我滴神"就像千手千眼观音菩萨,法力无边,无远弗届,可以渡一切饱受煎熬的股市众生。

有位投资经理跑去奥马哈,显然是为了请巴菲特为A股"算命",他希望股神"算一算",中国股市未来二十年或者十年能否翻倍。

我大A股友学习巴菲特的投资经验主要还是为了实现个人的财富梦,而且大部分人都期待着能够一夜暴富。

在我看来,巴菲特与芒格代表的价值投资理念是一种人生态度而非投资方法,是投资之道而非投资之术。道是修炼而达到的一种境界,只是跑去打打酱油,吃吃牛排是没有用的。

古人说,道为术之灵,术为道之体;以道统术,以术得道。然而,大部分股友还是停留于术的层面,浅尝辄止,而不愿意潜心修炼,抵达道的层面。

如果只是去学习投资之术而非投资之道,那跟暴发户去普陀山烧香拜佛的意义是一样的,都只是出于纯功利的目的,能有什么效果呢?最多获得一种"我被股神开过光"这样的心理暗示,既不是一种自我修炼,更不可能因此悟道成佛了!

修炼不是一劳永逸的,它是一辈子的功课。巴菲特的可贵之处,正在于其从不故步自封，永不停步的学习与修炼精神。

在2017年的股东大会上，巴菲特坦诚地做了认真的自我批评。从过往一年的投资中，已经可以看见他在投资理念上的某种变化。

人们的印象中，巴菲特的价值投资是一种保守策略，专注于传统领域那些具有全球竞争优势或有护城河的大型公司，偏爱消费品领域。他长期坚持不懂不做所以不买高科技公司的理念，几年前好不容易试水高科技，首次投资IBM后却遭遇了失败。

最近股神直言不讳地说自己错过亚马逊是"愚蠢"，没有投资谷歌是一个"失误"。巴菲特的保守策略让他错过了很多高科技领域的机会，而他曾看好的传统领域事实上正在衰退。

我认为，巴菲特传奇逼近剧终，我大A股友需要学会接受一个巴菲特不在其中的世界。

炒A股还是得求关老爷保佑

如果真的离不开巴菲特，在人工智能系统飞速发展的今天，完全可以将股神的那一套理念与方法作为参数，打造一个人工智能系统的"巴菲特"机器人，那你就可以天天指使"巴菲特"为自己赚钱了。

这么简单的事情为啥没有人去做呢？这说明，什么样的投资之术都是可以量化的，唯独投资之道不可复制。

不管我们是否从"消费"巴菲特中学到了什么，反正，这回巴菲特是亲自"来到"中国，登上可口可乐的易拉罐来消费中国人了。

咱大A股友如果非得找尊"神"放在头顶上供奉着内心才会变得更加强大的话，其实没必要非得供奉股神巴菲特，泱泱大国，随便找个神出来，分分钟把老巴PK下去，比如关公。

在巴菲特面前谈价值投资跟在关公面前耍大刀一样都是一件吃亏不讨好的事儿，所以，闻道有先后，术业有专攻是一个大道理。要说追涨停板的水平，徐翔得甩巴菲特好几条街呢。如果你认为关公只是耍大刀厉害过巴菲特，那你

肯定是眼神有问题。

　　除了大刀耍得顺溜，论理财投资能力，关老爷也是神一样的存在，至少也不输过巴菲特，而且，他还是"真神"。

　　关公本为道教的护法四帅之一，如今道教主要将他作为财神来供奉。其职能除了"治病除灾，驱邪避恶，诛罚叛逆，巡察冥司"之外，还有"司命禄，庇护商贾，招财进宝"，又因其忠义，故被奉之为财神。

　　关公生前十分善于理财，长于会计业务，曾设笔记法，发明日清簿，这种计算方法设有原、收、出、存四项，非常详明清楚，后世商人公认为关公是会计专才，所以奉为商业神。巴菲特最擅长的财务报表分析这些活儿，正是关公的拿手好戏。谈生意做买卖，最重义气和信用，关公信义俱全，人品没得说，与巴菲特的价值观不谋而合。

　　此外，传说关公逝后真神常回助战，取得胜利。股民们在牛短熊长的A股市场一再受挫，伤痕累累，信奉关公，或许能够绝处逢生，东山再起，反败为胜。

　　如果是去炒股，在关公神像前烧三炷香，拜上三拜，就可以了，人家关公好歹还是中国人的财神。你非得坐上头等舱，跑那么远去拜一个根本无暇顾及A股的洋股神，舍近求远，实在不值啊。

　　有股友问道，怎样去参拜关老爷呢？大爷我在此免费送套攻略吧。

　　中国有三大关帝庙，关羽走麦城死后，孙权将其正身厚葬在湖北当阳，将其首级送曹操，曹以侯礼厚葬其首级于河南洛阳，这便是"头枕洛阳，身困当阳"俗称的由来。山西是其出生地，故在其老家山西运城解州的关帝庙也算得上是三大关帝庙之一。

　　每年巴菲特股东会期间去拜关老爷，实惠得很，比去奥马哈便宜太多啦。解州关帝庙旺季门票价格人民币70元，淡季门票42元，从运城火车站乘坐11路公交车可直达。

　　我大A股友若想求大盘大涨，拜关老爷可以去崇宁殿，在乾隆爷手书"神勇"匾下的香炉敬上三炷香，然后朝殿内帝王装关羽坐像拜上三拜，心中默念（注意不要大声喊出来）：关老爷保佑，我大A股早日熊去牛来，年底涨到6000点！

　　求解套求个股大涨的，程序一样，边拜边默念（每次不能超过三只股票）：关老爷保佑，保佑我的股票马上解套，梅雁吉祥赶快涨到10块吧！中国中车赶快涨到40块吧！乐视网复牌后涨到100块吧！

成功交易者如何捕捉
第六感觉发出的买卖信号

有时候，市场风平浪静波澜不惊，就算在这样的市道中，也会有人突然出现莫名的心悸和不安，就像利弗摩尔当年看见联合太平洋铁路的股票那样，感觉就是有哪儿不对劲又说不出原因。这说不定就是你的潜意识里感受到了某种不利的因素并且向你发出了信号。

你会觉察到自己身体发出的某种交易信号吗？这个问题听起来好像挺玄乎，但是，却并非不可思议。

华尔街投机之王杰西·利弗摩尔在《股票作手回忆录》中多次谈到"潜意识"在自己的交易中所发挥的作用。比如，有一次在大都会公司做空3500股糖业股份公司的股票之后，利弗摩尔直觉有什么不对劲，于是，他决定立即平仓，以换取内心的踏实感。

利弗摩尔说他经常有那种奇怪的感觉，而且，这种感觉让自己受益匪浅。起初，他把这种感觉归因于抽多了雪茄或者睡眠不足、肝脏不好等等。随着时间的推移，在市场运动与自我直觉的磕磕碰碰中，利弗摩尔领悟到了直觉的意义，有的时候，赚钱并不是一定非要执着于理智和逻辑，抓住潜意识中灵光乍现的一瞬，没准也会有意外惊喜。因此，不要简单粗暴地忽略掉这些看似无足轻重的信号。

最为神奇的一次交易经历是，利尔摩尔在一片大牛市的乐观氛围中，看到联合太平洋铁路的股票时，竟然感觉它要出事了，"当时的感觉是我应该做空它，我说不出为什么，只是有这种感觉。我问自己怎么会有这种感觉，但我找不到答案。是啊，我找不到任何一条做空联合太平洋集团的理由。"

利弗摩尔盯着报价板上联合太平洋铁路的最新股价，直到眼前一片模糊。

他的脑子里只剩下一个念头，就是要做空它，尽管找不到这么做的理由。

当时市道正处牛市，股价坚挺，当得知利弗摩尔想要做空时，他的朋友都认为他一定是疯了！然而，做空的念头越来越强烈，他毅然决定将做空联合太平洋铁路股票的直觉变成行动——他以市价卖空1000股。

身边的交易者则以为利弗摩尔得到了什么内幕消息，他回答说，"没有任何消息，我只是觉得要出事。我没法解释，我只知道我必须做空，而且我还要加仓，再卖空1000股。"

跟随自己的潜意识，利弗摩尔在一路上扬的股市中逆势卖空联合太平洋铁路的股票总共达到了3000股，而且，内心平静，一点儿都不担心它会继续上涨。

第二天，整个股市还在继续上涨，除了多头们愉快的言论之外，利弗摩尔一无所获。

临近收盘时，联合太平洋铁路的股票终于开始下跌，利弗摩尔的直觉告诉他，大机会就在眼前，决定再次加仓，卖出2000股，把所有的交易保证金都干进去，满仓做空。

第三天，让人错愕的消息飞来了：旧金山发生了大地震！地震引起的损失极为惨重，而联合太平洋铁路是首当其冲的受损者之一。当详尽的灾情报道传来后，股价开始暴跌，为了扩大战果，利弗摩尔利用浮动盈利顺势加空仓5000股。

最后，利弗摩尔大获全胜。这笔交易为他带来了25万美元的巨额盈利。要知道，在20世纪初，这可是一笔惊人的财富。

其实，类似利弗摩尔这样的直觉，很多人都有，只是，很少有人去正视它，更不用说抓住它了。

动物具有预知灾难的能力

"5·12"汶川大地震九周年纪念日前后，朋友圈不约而同地出现了许多纪念性的文章，其中，关于地震发生前的种种预兆又被人旧事重提。动物对灾难的预感力确实不可思议,很多年来,一直被视为神秘现象。而作为高级动物的人类,其实也是具有这种能力的。

2008年5月10日的《华西都市报》曾经报道,四川绵竹市西南镇檀木村出现大规模蟾蜍迁徙,数十万蟾蜍走上马路。绵竹离汶川只有几十公里。绵竹在此次地震中心范围之内。地震发生前,村民就对蟾蜍异常迁徙表示过担忧:"这种现象是不是啥子天灾的预兆哟?"但是,绵竹市有关部门接报赶到现场后却解释说,这是因为蟾蜍繁殖季节,爆发大量幼蟾上岸迁移,与天灾无关,不会影响人们的生活,还会为当地减少蚊虫。村里的老人活这么久都没见过这样的现象,但专家却说这是正常现象,证明绵竹的生态环境越来越好。当然,几天后发生的特大地震给出了合理的解释,但是,人们领悟得太晚了,对于躲避那一场大灾难已经毫无意义。

1940年8月,伦敦的人们已进入梦乡,忽然,安静的街区不时传来狗叫和猫叫声,人们以为有盗贼,不少人被惊醒了。60多岁的罗斯老人睁开眼睛,朝窗外看了看,什么也没有。但隔壁房间的小猫爱莎仍叫个不停,完全没有了平时的优雅从容。罗斯下床,打开了隔壁的房门,爱莎忽然扑上来,咬着罗斯老人的睡衣,往大门的方向拼命拉,罗斯用脚踢都赶不走。罗斯老人被发疯的小猫折磨得没有办法,只好跟着它走出家门。两个小时后,正当罗斯老人穿着睡衣坐在家门外的长椅上望着月亮发呆时,一阵阵飞机发动机的轰鸣声从远处传来,随即,整个伦敦响起了防空警报,罗斯老人眼睁睁看着一颗炸弹落在自家的房子后面,几个小时前睡过的卧室顷刻间变成了废墟。原来,希特勒蓄谋已久的大轰炸竟然在这一天开始了。

随着二战的结束,现在很少人去关注当年伦敦大轰炸的事情了。但是,当年伦敦的动物们为何会预感到大轰炸的来临,却是一件让科学家研究了半个世纪的奇特现象。

据当时的记载,在轰炸开始前几个小时,伦敦的动物们好像都有心灵感应一样,提前知道了德国飞机轰炸的消息,出现了很多类似罗斯老人家的小猫爱莎咬老人睡衣往外拉这样的事情,似乎是它们带着爱心与善意组团对人类发出灾难来临的警报。可惜,绝大多数人在饱尝大轰炸的痛苦滋味之后,才明白了动物们的良苦用心。

为什么动物们会有这种神奇的本领呢？英国生物化学家鲁珀特·谢尔德雷克20多年来一直从事这方面的研究，他给出了这样的一种说法：动物们的这种特异功能完全可以从生物角度得到解释，是正常的动物行为。经过了数百万年的演变，物竞天择，适者生存，很多动物在优胜劣汰中获得了这种感觉，这跟锋利的牙齿和灵敏的眼睛一样，完全是生存的本能。

常被忽略的人类第六感觉

而我们人类，同样从祖先那里遗传了这种生存技巧，同样具有预感的能力，只是，出于一些我们暂时还没有搞清楚的原因，这种能力后来慢慢有所退化，变得不那么敏锐。如果鲁珀特·谢尔德雷克的这种说法言之成理的话，那就可以证实每个人都拥有第六感觉这种天赋技能。你的第六感觉一直都存在，只是被你自己的其他意识掩盖着，你没有清晰地觉察到它发出的信号罢了。

随着生物工程技术的迅猛发展和生理学研究的不断深入，人类对自身的认识也越来越全面。

科学实验表明，人体除了有视觉、听觉、嗅觉、味觉和触觉等五个基本感觉外，还具有对机体预知推断的能力，生理学家把这种感觉称为机体觉或者机体模糊知觉，这就是人体的第六感觉。国外的研究报告把人的意念力或精神感应称为人的第六感觉，又称超感觉力。

很多人都有过这样的体验，闭着眼睛也能看到或感觉到外面的世界。难怪有人说，人类本来有三只眼，就好比在中国的神话故事里，二郎神就长着三只眼那样，是一种颇为有趣的设计。

还有很多练习中国传统气功的人，声称自己可以打开第三只眼，俗称为天眼，可以闭着眼睛看到东西，或者感受到眼睛看不到的暗物质。

既然第六感是客观存在的，那么它从何而来？有科学实验显示，它来源于我们的脑念力。因为，脑神经科学很久以前就已经证实了脑电波的存在。按照这个理论，当我们部分的脑区发达到一定的程度以后，我们就可以控制发送或者接受部分的脑电波，从而产生念动力。

鲁珀特·谢尔德雷克将第六感觉定义为延伸的思想，尽管饱受争议，但是，随着人工智能的发展，人机通过意念进行交互已经成为可能。过往，被科学视为欺骗活动的心灵感应和超感觉等现象，现在也变成了生物上和物理上的真实。

未来学家显然看见了这个不可逆转的趋势。未来的世界是建立在思想能力上的，人们已经学会只用思想力量来分享信息。科学家开始努力研究改善神经功能的药物和芯片，另外一些人则致力于研究人类思想中鲜为人知的领域，他们相信自己能够发现或唤醒人脑中不同寻常的潜在能力。有朝一日，人类将会运用思想来跨越时空与远方的同类互相交流，他们甚至能清醒地预见未来。

这种场景并非好莱坞的科幻大片，其中某些事情距离现实并不遥远。人类的思想可以达到何种程度呢？即使思想的能力是有限的，目前科学家仍不能确定它的界限在哪里，甚至连人脑这个汇集了所有智慧的、创造性的、有感情的活动的器官都还不愿将它的秘密完全显示出来。被视为DNA之父和神经研究大家的克里克指出，我们对于人脑不同部位的认识仍处于初级阶段。

一些从事思想开发的科学家目前正行进在不同的研究道路上。在意识形态研究上独树一帜的鲁珀特·谢尔德雷克一直在进行着这方面的科学实验，以证明人类思想能力的强大远远超过人们的想象。

跟动物的独特预知能力一样，人类的心灵感应和预感等现象同样可以从生物角度得到解释，因为它们都是正常的动物行为，经过了漫长的演变，是为适应人类生存的需要而形成的。谢尔德雷克说，我们从祖先那里继承了这些技巧，对这些技巧的研究可以帮助我们理解动物、人类，尤其是思想的本质。

谢尔德雷克认为，思想不是头脑的同义词，它不是关闭在脑子里的，而是延伸到我们周围的世界，与我们所看到的一切相连接。正如现代物理学所证明的，思想不是被动的关系，而是我们对外部世界的感觉，意味着两者之间的互动。也就是说，人类的思想是受外部环境影响的，但它同时也在周围环境中留下了自己的痕迹。这个被称为延伸的思想的理论认为，与电磁场的存在一样，思想也有自己的场域，或者说形态发生场，那里流动着各种有意识或无意识的思考、预见和灵感。

感觉不妙的时候最好空仓

在股票市场中，大盘与个股的剧烈波动一般会带来投资者情绪的同向波动。买入后大涨与卖出后大跌，都会带给人极度的愉悦，反之则会带来焦虑。

有时候，市场风平浪静波澜不惊，就算在这样的市道中，也会有人突然出现莫名的心悸和不安，就像利弗摩尔当年看见联合太平洋铁路的股票那样，感觉就是有哪儿不对劲又说不出原因。这说不定就是你的潜意识里感受到了某种不利的因素并且向你发出了信号，当然，这样的信号经常被人当成是"血压高"、"昨晚没睡好觉"、"玩手机的时间太长"等因素造成的身体不适而忽略了。很少有人会把它跟市场即将来临的灾难或者自己持有的某只股票正临近一只黑天鹅等因素联系起来，更少有人如利弗摩尔那样遵从自己内心的声音，果断地采取行动。

我发现，除了感觉不安这种心理与情绪上的异常反应之外，身体上的莫名疼痛，也有可能是一种灾难即将来临的信号。

大爷我最近十年仅有的两次发高烧，竟然都预示了巨大股灾的开始。

一次是2007年10月底，大盘见顶6124点的前一天。我跟一群同事从九寨沟旅游回到广州，感觉良好，余兴未尽，没有任何不适，但是，就在这种毫无征兆的情况下，当天晚上就发高烧了，而这之前，我至少10年没有发过烧。连续两天处于昏睡状态，直到第三天，当我打起精神赶去公司上班时，才发现市场已经跌得一塌糊涂。我看到一直设为静音的手机上无数的未接来电和客户焦急的咨询短信，当时感到非常的内疚。

同样的事情再次发生在2015年6月中旬的一天。没有征兆的高烧时隔八年，再次来袭，同样处于昏睡状态，对外界的一切毫无知觉，等到自己再次回到市场的时候，雪崩似的下跌已经持续好几天了。

这两次经历带来的阴影总是挥之不散，以至于后来我对"发烧"这个词很是"过敏"，很容易把它跟股灾联系起来。

2016年1月3日，也就是元旦假期的最后一天晚上，我收到一位国内投资界大佬的微信。我们是十多年的老朋友了，虽说不经常见面，但是，每当新年来临，都会不约而同地发信息互道新年祝福，这么多年来从没间断过。

那天，老友的微信写得很长。他给我送上迟到的新年祝福，说非常抱歉没有及时回复我的信息，还详细解释了原因。原来，他在元旦假期也毫无征兆地发高烧了，昏睡不醒，几近于不省人事。他还开玩笑说，元旦几天，我把一年的病一次生完了。最后，老友不忘提醒我，咱们都不年轻了，要注意身体健康，少看股票多写诗。不知是不是大病初愈，老友情绪低落，对股市的感觉也比较悲观。

看完微信，我的心咯噔一下，一种不祥之感油然而生。后面发生的事情，大家都知道了。第二天，也就是2016年的第一个交易日，开盘后不多久A股就被全部熔断了。

许多交易高手在谈及成功之道时，有意无意之间，都会提到"在感觉不好的时候，应该停下来，不要交易"这个经验，有时候这种不妙的感觉，没有任何由头，也无法具体描述，其实，这种莫名其妙的感觉，正是人类第六感觉接受到的危险信号，而一旦感觉不好，潜意识要求你停下来，是一种趋利避害的本能选择。

　　基于这种考虑，每当有投资者问我长假前该持股还是持币的时候，我的回答都是：最佳仓位的控制应该是，你持有股票和现金的比例让自己心里感觉到踏实，你不担心下跌套牢（因为有现金可以加仓），也不担心上涨踏空（因为有股票的仓位带来盈利），当你找到这个让自己最安心的股票与现金的比例时，就是你的最佳仓位。

　　观察一个投资者的情绪波动率，基本上可以确定他投资的水平高低，可以说八九不离十吧。

　　一个始终处于焦虑不安状态的投资者，被市场的涨跌牵着牛鼻子转圈，不可能会是一位成功的投资者。

　　而成功投资者的心理状态应该是平衡的，他懂得跟自己讲和。

　　在愉悦的时候交易，在不安的时候收手，他无意识地顺从着第六感觉给出的最佳建议。没准儿，这就是一个股市终极赢家只可意会不可言传的成功秘诀吧。

菩萨太忙了，暂时顾不上股票的涨跌

宗教在解决人们精神渴求方面有一定的积极作用。

趁着端午假期，我决定去普陀山看一看。其实，这是我第十次来普陀了，每年一次，中间没有间断过。第一次去过后，有人说得连续去三年，菩萨才记得住你。后来，去普陀山就成了每年一次的固定节目。

每年的某个小长假，有事没事就过来待上几天。白天在各大小庙宇间晃悠，傍晚在沙滩上发呆，而夜幕一降临，白天的喧嚣就被赶出了小岛，没有任何娱乐活动，在龙湾村的小客栈里，正好可以早早地枕着波涛入眠。

每次来普陀，即使是在不同的季节，总能收获相同的心情。南海观音似乎无处不在，一花一叶，一草一竹都清润着智慧的甘露，行走或者站立，有一种从尘世抽离的自在，可以万缘放下，烦恼清空，浮躁的心慢慢就安静了下来。

靠近码头，远远就望见普陀山的宣传标语——"越来越好"。这意味深长的四个字，基本上可以概括大爷我这么多年来普陀山的收获，确实是越来越好，特别是心态。

菩萨管得了股市的涨跌吗？

简单地梳理了一下，来普陀山烧香拜佛的善男信女，基本上可以归纳为以下三种目的：

一是，遇到困难了，找菩萨帮忙。这类香客基本上就是"短线投机客"，平时不烧香，急时抱佛脚。把菩萨当"领导"，捐点香油钱，送点礼物，趁机把所托所请跟"领导"念叨三遍，然后就心安理得地回家"静候佳音"去了。

二是，确实把佛教当作虔诚的信仰，把烧香礼佛当成一种自我修行的仪式。他们去普陀山不一定是遇到了啥困难需要化解，而是期望自己与观音菩萨之间建立某种意念上的交融。这类香客可以算是"长线投资客"了。

三是，曾经烧香许愿之后，逢凶化吉，心想事成，得其所哉，于是，把这一切"成绩"的取得都归因于"我佛慈悲"，专程前来烧香还愿。

一上码头，放眼望去，到处都是表情严肃的"善男信女"，怀揣着千姿百态的心愿，需要在菩萨的面前倾诉。

我一边走着，一边在猜想，五月A股中小创跌得头破血流，不仅小散们欲哭无泪，这些上市公司的大股东同样心急如焚，为了求菩萨保佑股价上涨，每天该有多少家上市公司的董监高们拥挤在这熙熙攘攘烧香拜佛的人流中啊。

最近，上普陀山保佑投资者赚钱的高澜股份董秘成了红人。此前投资者在2017广东上市公司投资者集体接待日活动中向高澜股份提问，近期公司股价表现不好，公司管理层怎么看？高澜股份董秘陆宏回应说，二级市场走势上市公司也无法左右，公司只能认真做业务增强业绩，辅助手段上，董秘准备再去一趟普陀山，为广大投资者祈福。

原以为是句玩笑话，但此后不久，陆宏果真在其微博晒出其在寺庙的照片，地点也的确显示为普陀山的法雨禅寺。并配有文字："本秘一贯说到做到，为了投资者自费来这里，希望我大高澜蒸蒸日上。同时保佑吾友们今年项目都顺利过会上市。"

董秘此举引发了媒体的广泛关注，网友股友都就此事纷纷发表评论。我倒是觉得这事再正常不过了，上市公司董监高可以拿出真金实银增持维护股价，也可以烧香拜佛祈愿股价不跌，特别是短期内既提升不了业绩又拿不出钱来的大股东，去普陀山烧香祈福是成本最低的股价提振措施，一番苦心，还是值得肯定的。高澜董秘陆宏因此事出了名，甚至还成了其他上市公司董秘的标杆和榜样。

只是，绝大多数的董监高都只做不说，不像陆宏这样知行合一，"说到做到"，我看可以被评选为"中国好董秘"了。

大家知道，五台山是大智文殊菩萨的道场，峨眉山是大行普贤菩萨的道场，九华山是大愿地藏王菩萨的道场，普陀山是大悲观世音菩萨的道场。所以，上市公司的董监高们，烧香拜佛也不是一定非得来普陀山不可。例如，国企央企上市公司的高管们主要求官运亨通，那一般都是要去五台山的。但是，中小创上市公司的投资者以散户为主，普陀山的南海观音，据说就是侧重于保佑中小投资者的。所以，四位大菩萨之中，最为"平民化"的便是大慈大悲救苦救难广大灵感的观世音菩萨了。俗语说，"家家弥陀佛，户户观世音"，尤其是"众生被困厄，无量苦逼身"的股市，除开了一向以"慈眼视众生"的寻声救苦圆满无碍的"观音妙智力"以外，还有什么力量能救在股海沉浮找不着边的众生呢？

其实，遇到困难就去烧香拜佛祈求菩萨保佑，这种事情很多人都做过，只是碍于各种身份没好意思"披露信息"而已。记得若干年前，有一次大爷我负责的业务部门上半年KPI考核指标很不好看，公司督导工作组责令改进，我提出业绩提升的9条具体措施，涵盖从服务到营销的方方面面，除此之外，第9条措施就是利用周末时间自掏腰包带领业务骨干去普陀山烧香，祈求菩萨保佑我们各项任务都能完成。

说来也真是奇妙，回来后大家精神抖擞地撸起袖子拼命工作，年底时各项考核指标均达到了预期目标。

这次来普陀，感觉肩上的担子比往年要沉重一点点。大爷我眼见5月以来股市剧烈震荡，股民人均损失好几万，看在眼里，急在心里。身为一名金融民工，位卑未敢忘忧国，股价上涨，人人有责。为了给未来纷至沓来的上市公司董监高在普陀山上踩好点，让他们过来为股民精准祈祷，保佑股价涨了又涨，我计划回去后做一个普陀山烧香求股价上涨攻略，给董监高们参考一下。要知道，烧香也是一门技术活呀。比如说，普济寺、法雨禅寺这几处大庙固然要去，但是，拜善财童子洞则对提升股价更有针对性呢。

苹果股价创新高跟佛法有关吗？

作为人类最古老的文化形态，宗教与人类文明是一种共生关系，相互依存，如影随形。在人类历史的长河中，宗教扮演着或隐或显的角色，发挥着不同的功能和影响。统计数字显示，全世界信仰各类宗教的人口比例已达到85.77%。其中基督教约21.95亿人，占世界总人口的33.2%；穆斯林约14亿人；

印度教约8.88亿人；佛教约3.86亿人。

中国大陆改革开放以来，宗教作为一种社会现象在人们日常生活中的影响越来越大。各地宗教庙宇的香火日见兴旺，求神拜佛的人愈来愈多，关于宗教的各种书籍出版销售两旺，学者对宗教的研究也日渐繁荣，大学生热衷于宗教信仰或宗教文化的不在少数，有宗教色彩的节日和民俗越来越被群众所接受。

美国人普遍认为他们国家最引以为自豪的不是政治、军事、科技、文化、教育各个领域的领先优势，而是基督教文化。从17世纪初第一批新教徒乘坐"五月花"号到达北美新大陆开始，美国人保持着浓烈的宗教情怀，他们至今仍宣称自己是上帝所拣选的民族。

比较典型的美国人看待自己和外部社会，会有一种特殊的使命感，一种基于基督教的理想主义，所以他们常说自己是最具宗教情怀的世俗社会。

美国的科学家中信教的比比皆是。不仅如此，从全世界的角度来看，科学巨匠中的宗教信徒也不在少数。例如，晚年的牛顿开始致力于对神学的研究，虔诚地相信上帝，埋头于写以神学为题材的著作。当他遇到难以解释的天体运动时，竟提出了"神的第一推动力"的理论。他说，上帝统治万物，我们是他的仆人而敬畏他、崇拜他。

商界人士信仰佛法尤为普遍。顺丰控股的王卫与苹果的乔布斯都是虔诚的佛教徒。

佛教认为，只有在甚深禅定状态中，人才能体悟到真理，而乔布斯正是将这一点用于商业操作。

杰伊·埃利奥特在《爱乔布斯：改变世界的方法》一书中指出，乔布斯是一位伟大的艺术家，受禅的启示，看出了他的个体生命与一切众生生命之间的亲密关系。如佛陀所开示的，心与物同为一体。透过禅修，修行者能够了解自己的本性、心智机能和呈现在各种活动中的真理。所谓自觉觉他，通过洞察微观来掌握宏观，他洞察一切生命。乔布斯一次又一次地证明了，他了解消费者需要什么，偏离这一点时，他就会陷入困境。只要他坚持自己的直觉，无论面临多大的挑战，他总能逢凶化吉。

乔布斯属于二战后美国生育高峰"宝宝潮"的一代。叛逆是这代人的重要特性，青年时代被称为嬉皮士，或者"垮掉的一代"。乔布斯也是其中的典型一员。从中学二年级开始，他就"吸着大麻读名著"，留着齐肩长发，强调个人主义，鄙视社会规则，对外来宗教和文化充满兴趣。乔布斯进入大学后接触到佛教禅宗，并因此逐渐戒除了大麻。他去印度旅行，体会东方文化的智慧，回美后剃光了头发，成为虔诚的佛教徒。他结婚时举行的是佛教婚礼，夫妻一道成为素食主义者。在35年的职业生涯中，乔布斯以众多的创造性计算机产品，改变了当代人的生活方式。而他自己一直宣称，是禅宗的思想，赋予了他无尽的灵感。

乔布斯的座右铭是，活着就是为了改变世界。而改变世界、创造世界，恰恰是佛教的根本思想。

接触佛教不久后乔布斯感慨，他对那些能够超越有形物质或者形而上的学说极感兴趣，也开始注意到比知觉及意识更高的层次——直觉和顿悟，这与禅的基本理念极为相近。

可惜的是，在生活中，人们很容易为外界所干扰、诱惑，不能真正发现本心，佛教学者方立天认为，心性与直觉是中国佛教最重要的两大特色，讲究的是反观自心，在直觉中产生顿悟，而这也正是创造性的根本源泉。

乔布斯悟性极好，他不要被教条所限，不要活在别人的观念里，不要让别人的意见左右自己内心的声音。最重要的是，勇敢地去追随自己的心灵和直觉，只有自己的心灵和直觉才知道你自己的真实想法。乔布斯不断提示自己，"人随时都会死掉"，这是防止自己陷入畏首畏尾陷阱的最好方法，确实，每个人都是向死而生的孩子，无论你多么不情愿，天下都没有不散的筵席。从旅途的终点回望，你已经一无所有了，没有理由不去追随你的心，"我跟着我的直觉和好奇心走，遇到的很多东西，此后被证明是无价之宝"。不断地追求心性自觉，是乔布斯也是很多人成功的精神基础。

禅定是佛教对这个世界的伟大贡献。乔布斯不仅坚持每天禅修，而且在决策前，会叫属下将相关产品设计放到垫子周围，然后闭目静坐，最终决定选择哪个。在纯净的禅定状态中，决策者才最有可能接近事物的真相，充满对世界的洞察力，做出最符合实际的判断。

人同此心，心同此理，你真正喜欢的，也是大家所喜欢的。苹果产品达到了这个时代电子产品美学设计的极致。苹果产品的大方、简约，不仅成为一种时尚潮流，还成了巴菲特所说的"必需消费品"，它的品牌与文化构成了独特的护城河。乔布斯曾经自己解释，"不立文字，直指人心"是他独特的技术和设计思路，而这正是禅宗六祖惠能大师的精髓。

虽然乔布斯已经去世多年了，但是，他的价值观早已成为苹果的价值观，他的信仰已然成为苹果的信仰，我甚至认为，作为佛教徒的乔布斯，早已修成正果，并化身为苹果及其粉丝的一尊菩萨。在A股市场惨淡的五月，苹果公司的股票价格却不断地创出历史新高，就连一向对科技股敬而远之的股神巴菲特，也不能免俗成了苹果公司的忠实粉丝，而苹果股票也成为伯克希尔·哈撒韦投资组合中的重仓股。

会是乔布斯冥冥之中一直在庇护着苹果的股价吗？

佛法如何给心灵注入能量？

上市公司股价的涨跌短期来看是随机的，有许多偶然的因素在推动，长期走势还是取决于公司的盈利能力。一家伟大的企业，就是能够提供条件，让每个参与其中的人包括中小股东都获得财富与心灵上的成长，充分发挥自己的潜能，成为生命与世界的主人。

从乔布斯的信仰中我们窥见了苹果不可思议的成功密码，也可以说，苹果的今天，缘起于乔布斯的昨天，苹果股价的迭创新高，是乔布斯的"因"结下的"果"吧。

佛教讲"心为主使"，"一切唯心造"，"万法唯识所现"，强调人的主体性，而绝不仅仅是适应环境。

信仰是最具人性化的精神之物，任何崇高的信仰，都意味着人对有限的超越。信仰能把人从他处身的物质世界提升到精神世界，从现实世界提升到理想世界，让人从一种事实的存在变为一种价值的存在，让人从世俗的社会生活中挣脱出来，从个别的肉体存在变为普遍的精神存在。经由对意义的追求，人获得一种超越尘世、超越自身的精神满足，个人的特殊存在亦融合到信仰所指示的普遍存在之中。

宗教在解决人们精神渴求方面有一定的积极作用。美国宗教学家奥戴曾说："宗教可以使个体和他的群体相协调一致，可以在变幻无常中给他以支撑，在失望中给他以安慰，可以使他归属到社会目标之上，鼓舞他的士气，为他提供认同因素。"各种宗教教义也积极倡导教友间的相互关心与爱护，比如，基督教教义中所提倡的"在基督教里一切信徒都是兄弟姊妹"以及佛教教义中的"众生平等"等等，因此，处于宗教这个特殊群体中的成员都可以找到心理上的归属感。

正如英国历史学家汤因比认为，逆境的加剧会使人回想到宗教。当一个人从理性和实践上难以平衡自身心态的时候，往往会到宗教的神圣领域中去寻找一个避风港，求得心灵的安抚和精神的支持，以便消解心灵的痛苦。在现实生活中，人们的生活到处充满了危机和不确定因素。宗教作为一种社会意识形态，有时会发挥心理调适功能，把人们的心态从不平衡调节到相对平衡的功能，使人们在心理、生理、精神和行为方面达到一定的和谐状态。

佛家提倡宽容忍让，信奉因果报应，可以宽解人们遇事不公时的愤懑与怨气，使受到伤害的心灵得到舒缓。在人们不能从现实求得理解、肯定和解脱的情况下，就唯有转向宗教，皈依佛法，以此求得一个人生目的和归宿。

佛教徒把自己的理想寄托在超自然的神灵身上，通过宗教完善自己。宗教所追求的人生最高境界是虚幻的，当然也是理想的，人们笃信它并非出于理性的思考，而是出于情感的需要和向往。只要有人继续把宗教当作精神庇护的场所，佛法就是一个长期的存在，就如同心理学大师荣格所坚持的观点，每个人需要有宗教，这种深沉的宗教情感乃是人类主要的冲动之一。

念观音、求观音，不如自己做个观世音

克里希那穆提说，唯一重要的是，点亮你自己心中的光，去照亮你自己的生命。

佛教以其系统的理论体系和完整的礼仪器物安慰着空虚而焦躁的心灵，但

是，必须看到这种慰藉很可能导致信奉者主体性的丧失，从而否定自我，这是值得注意的一个倾向。

台湾的海云继梦法师就说，"观音妙智力，能救世间苦"，一般都"向外"解释成：外面有个妙智力的观世音菩萨，他能救世间苦，这种心外求法的解释就弄错了。它是指你的生命里有观世音菩萨这个生命因素，而这个生命因素能够激发我们其他所有的生命因素，同时又有修补我们心灵创伤的能力，只要你把它激发出来，就可能获得解决世间一切痛苦的能力。

有一个纯属虚构的观音拜佛的故事，不小心成了经典。说的是某人某时某地，在屋檐下躲雨，看见观音正撑伞走过。人说，观音菩萨，普度一下众生吧，带我一段如何？观音说，我在雨里，你在檐下，而檐下无雨，你不需要我度。人立刻跳出檐下，站在雨中，我也在雨中了，该度我了吧？观音说，你在雨中，我也在雨中，我不被淋，是因为有伞；你被雨淋，因为无伞。

观音接着说，所以，不是我度自己，而是伞在度我。你要想度，不必找我，请自找伞去。说完便走了。第二天，人又遇到了麻烦，便去庙里求观音。当走进庙，发现观音的像前，也有一个人在拜菩萨，长得和观音一个模样。人问，你是观音吗？那人答道，正是。人又问，那你为何还拜自己？观音笑道，我也和你一样遇到了难事，但我知道，求人不如求己。

还有一个故事，说的是宋朝时的佛印禅师，与大学士苏东坡在郊外散步。看到路边，有一座马头观音石像，佛印立刻向前合掌礼拜。苏东坡则突发奇想问，观世音菩萨本来是我们礼拜的对象，为何他的手上也拿着一串念珠？他好像也在合掌念佛，他拿着念珠在念谁呢？佛印禅师说，这要问你自己了。苏东坡一头雾水道，我怎知观音手持念珠，在念谁呢？

佛印禅师最后解疑道说，求人不如求己。言下之意是，念观音、求观音，不如自己做个观世音；学佛，其实就是学自己；修行，其实也是完成自己。禅师的座右铭就是，自修自悟，自食其力，都是学禅者的榜样。我们如能用禅心、禅眼，去想、去看这个世界，一切都是自己，自己就是一切。与其天天去念佛拜佛，还不如自己去修行，自己去度自己。

所有宗教信仰，它们都是帮助信仰者从内打开自己，给你的心灵增加力量

去战胜困难，而不是从外给你施加法力，替你祛除痛苦。佛法的核心理念，就是告诉信众，求人不如求己，靠自己的领悟与修行，才能到达彼岸。自立者，天助之。要得到天助，首先就是要做到自立。

孔子在《论语》中有言，君子求诸己，小人求诸人。这里的求，有两方面的含义。一方面，从积极追求的角度说，是指凡事都靠自己；另一方面，求也包括对自己失败原因的探求。《易经》中也说，天行健，君子以自强不息。

有人皈依佛门，学习佛经，不断自我修炼与完善，终于成为更好的自己。

有人大隐于市，吾日三省吾身，最后也开悟明理，同登彼岸。

当然，还有的人本来就是一个混蛋，干的亏心事太多了，害怕遭报应，所以赶紧去烧香祈福捐香油，像中世纪妓女花钱向欧洲教会购买"赎罪券"一个道理，回来就心安理得、变本加厉地干坏事。

这几年去普陀山的人确实在太多了，普通人求财求子求姻缘，公务员们求升官求平安，明星们求星运亨通大红大紫唱片大卖影片票房井喷，老板们求上市求贷款求股价大涨……过几天就要高考了，可怜天下父母心，这不，文殊菩萨被求升学的高香熏得都睁不开眼睛了，估计只能保佑学子们考试时不要晕倒，都中状元上北大清华，就好比求菩萨保佑沪深几千只股票都像贵州茅台那样上400元，菩萨再慈悲再救苦救难，也做不到呀。

看到菩萨这么忙，股价的事情有董监高们在操心，我忽然感到不好意思再画蛇添足求菩萨保佑熊去牛来，股价翻倍了。

进到一座小寺院，方丈见大爷我尘满面鬓如霜，一副道貌岸然的金融民工模样，便直奔主题劈头盖脸地问："施主求哪只股票涨停，代码是多少？"我刚想说出399006这个代码，最后还是强忍着没有说出来。

我有点慌乱，拼命掩饰：师傅，我不是来求股票涨停的，我求世界和平！

方丈满脸狐疑地看了我足足有10秒钟，然后，自顾自地念了这样一偈：

诸事莫做先要想，
不惧事前费思量。
奉劝浮生常淡定，
云起风来心徜徉。

后记
Postscript

读程大爷论市的三种心情

以一杯茶或是一杯咖啡陪伴，每个周六下午，我都会满怀朝圣心情，打开程大爷的发稿微信。我一般不会提前探听程大爷这一周会追什么热点，所以周六的工作时刻就会带着不少神秘感，这是我默默留给自己的周末工作福利，作为第一读者品读程大爷大作，也是我两年多来的独享专利。

我身边有不少热衷财经时评的朋友，时断时续还算是有成就了，很多是写着写着就断了。能保持对财经热点的持续关注，观点鲜明独立中肯而不偏颇的，我只给程大爷点赞。每篇财经时评背后，需要的不仅仅是功底，还有热度，更有对百万粉丝的责任心。看后台留言就知道，和我一起热切虔诚等待着程大爷大作的，还有和我一样的粉丝与拥趸们。

程大爷的交稿时间，通常是周六凌晨的一两点钟，每每五六千字的大作，会因为太长了，所以微信发过来的时候，被自动截成两部分，程大爷会附言给我说，"写完了！交李老师修改！哈哈！"除此，还有一个温馨提示："太长，分两部分发过去了。"

总之，程大爷总是在我们贪睡，或是贪吃贪玩的时候，完成着他的创作。这一晚的创作背后，是一周的观察、思考与沉淀。程大爷说过："我每次写东西都有收不住的感觉。"想想这完全不足为怪，如果程大爷不是文思泉涌而是挤牙膏般去创作，恐怕早就没有这个栏目的绝世而独立了。

热点财经事件繁杂，我时常在揣摩，哪些事件上了程大爷的"热搜榜"，进而成为程大爷论市的热点话题。程大爷对财经热点的热切关注，往往会超过我们的记者。关注热点话题并表达自己的观点，会乐在其中；能与他人形成观点共鸣或碰撞，就更是一件乐事，品读程大爷论市，常常会带给我三种心情：

第一种是心情愉悦，拍案叫好！程大爷把我想要表达的，想赞许的，想批评的，全都最到位地表达了！比如2017年6月3日推送的这一篇，《来股市收割的不仅是庄家，还有各路大V，这是一个名利场，大V太多了，真相不够用》，当下总不免各种大V甚至是网红横行，不少所谓大V的观点几乎把真相一路带到阴沟里，如何以优雅的姿势纠偏挺难，程大爷做到了，文中精彩太多，仅回放这一段，文中所指，怕是会被读者朋友一眼洞穿：政策制定者一定要有自己的定力，一旦被目的性强的大V的言论所困扰，打乱了自己的出牌顺序，就会给民众造成一种这样的错觉：制度性建设无须调研论证审慎决策，只要大V跑出来喊一嗓子，就可落地。这种错觉带来的后果不堪设想：一是，大V会利用影响力来倒逼政策出台，进而影响市场的运行节奏。由于大V们的道德与专业水平参差不齐，加之个人利益纠缠其中，屁股决定脑袋，你怎么能指望这些人可以客观公正，实事求是？二是，普通民众会把个体愿望的达成寄托于少数大V的"铁肩担道义"，建设性的批评与建议慢慢会变形为"大V炮轰，小散起哄"这种情绪化的模式，会影响相关部门的公信力。

第二种是引发思考，深度探讨。程大爷的财经时评有几大类，一类是财经热点，一类是A股投资心得，还有一类，是程大爷以多年证券从业者、券商高管身份对券业发展的思索，《三流券商抢客户，一流券商抢数据，互联网巨头对券业的入侵早已开始，行业霸主会是哪家》就是引发行业思考的一篇檄文，券业对第三方的依赖正变成对自身的伤害，得数据者得天下，网络巨头对金融业一边搅局，一边布局，深度介入只是时间问题。作为证券从业者本身，很多人并非不知头顶的达摩克利斯之剑，只是颇感麻木，而当程大爷重重晃动了它的时候，行业上下，从监管层到行业高管再到一般从业者，为之震动了。

第三种是心情沉重，长叹息以掩涕兮。很多问题被程大爷抛在了台面上，条分缕析，让我们更加透彻地了解问题所在，可是并没有解决之道，心里会怨恨了程大爷，剥夺了我几小时的好心情。但是，这份思考却让我们乐意去寻找答案，去探寻背后更深层次的解决之道。

"券商中国"微信公众号从2015年成立，与程大爷论市一路成长。而今，券商中国已迈过百万粉丝大关，成为财经领域、金融行业里最有影响力的微信公众号，而程大爷论市则早已完成100期创作。程大爷带给我们的，不仅仅是一篇篇好文章好观点，还有他的执着与坚持，那是券商中国成长的源动力与真支持。

券商中国主编　李桂芳